"十二五"职业教育国家规划教材
经全国职业教育教材审定委员会审定

微课版

网络营销

（第七版）

新世纪高职高专教材编审委员会 组编

主　编　刘喜敏　梁娟娟
副主编　迟晓曼　李朝红
　　　　陈文文　高　飞

大连理工大学出版社

图书在版编目(CIP)数据

网络营销 / 刘喜敏，梁娟娟主编. -- 7 版. -- 大连：大连理工大学出版社，2022.6(2024.1重印)
ISBN 978-7-5685-3290-7

Ⅰ.①网… Ⅱ.①刘…②梁… Ⅲ.①网络营销－高等职业教育－教材 Ⅳ.①F713.365.2

中国版本图书馆 CIP 数据核字(2021)第 220746 号

大连理工大学出版社出版
地址：大连市软件园路 80 号　邮政编码：116023
发行：0411-84708842　邮购：0411-84708943　传真：0411-84701466
E-mail：dutp@dutp.cn　URL：https://www.dutp.cn
辽宁星海彩色印刷有限公司印刷　　大连理工大学出版社发行

幅面尺寸：185mm×260mm	印张：19.25	字数：493 千字
2003 年 8 月第 1 版		2022 年 6 月第 7 版
2024 年 1 月第 3 次印刷		

责任编辑：刘丹丹　　　　　　　　　　　　　责任校对：夏圆圆
　　　　　　　　　封面设计：对岸书影

ISBN 978-7-5685-3290-7　　　　　　　　　　　定　价：59.80 元

本书如有印装质量问题，请与我社发行部联系更换。

前 言

《网络营销》(第七版)是"十二五"职业教育国家规划教材,也是新世纪高职高专教材编审委员会组编的电子商务类课程规划教材之一。

中国互联网络信息中心(CNNIC)发布的第49次《中国互联网络发展状况统计报告》显示,截至2021年12月,中国网民规模达10.32亿,互联网普及率达73.0%,较2020年12月增长4 296万。我国网民普及率突破70%大关,我国也随之进入了互联网强国之列。互联网行业实现跨越式发展,其基础支撑、创新驱动、融合引领作用更加凸显,在国民经济和社会中的地位显著提升。工业互联网正在推动数字技术与传统实体经济深度融合,赋能千行百业数字化转型,成为助推经济社会高质量发展的重要引擎。新时期互联网络发展呈现出一系列新特点,如数字消费、数字贸易、人工智能、工业互联网等,这些特点对新时期网络营销提出了新的要求。

《网络营销》(第七版)是在第六版教材的基础上,融入了新的网络营销知识和技能,吸取了教师、企业技术能手和学生的反馈,集成了作者们的又一轮教学经验之后推出的一本理实一体、工学结合、校企合作教材。本版教材在考虑实战性的同时,兼顾了网络营销理论内容的完整性。

教材设有三条主线:一是网络营销知识主线;二是网络营销技能主线;三是网络营销思政主线。三条主线贯穿全书,并巧妙地融为一体。本版教材与上一版教材或者同类教材相比的突破点和创新性具体体现在以下几个方面:

1. 深化产教融合,校企"双元"开发

本版教材是产教融合、校企"双元"开发的结果。教材在第六版的基础上,在编写人员结构安排上进行了调整,除了教学第一线的教师以外,还吸纳了吉林百智荣誉科技发展有限公司的技术和管理人员。本版教材从结构策划、项目任务设计到内容编写均由校企双方共同完成,教材体例、内容、知识和技能更贴近前沿和实际。

2. 知识和技能并重,理论体系完整

编写团队通过对当代大学进行学情分析,针对"00后"学生特点设计和打造项目、任务;通过网络营销知识主线和网络营销技能主线实现工学结合、工作任务引领的全新创作,真正做到理实一体。本版教材与同类教材相比,在理论知识与实践技能的关系处理上独具特色,避免了只注重理论知识、忽视实践技能或者只注重实践技能、忽视理论知识的两种极端倾向。

3. 思政主线清晰，重在立德树人

在本版教材编写过程中增加"思政主线"，即站在网络营销岗位工作视角，将网络营销领域中涉及的"思政元素"进行梳理，并按岗位、项目进行显化和展现。在每个项目、任务开始处设置【思政目标】，在项目或者任务结尾处设置【思政园地】。知识、技能和思政三条主线融合，重在立德树人。

4. 配套资源丰富，打造立体化教材

本版教材配套资源丰富，除附有电子教案、电子课件、教学标准等辅助资源以外，还配有关键知识点、核心技能点、重要素材展示等内容的微课视频，读者扫码即可获取相关资源。最为重要的是，本教材的校企开发团队还以此教材为蓝本，在智慧树网开发了网络营销慕课平台。在该慕课平台，读者可以获取关于本教材更多、更全的配套资源。教材在编写过程中，强调学生学习的主体地位，通过配套线上和线下资源，引导学生主动学习、积极思考、乐于实践，从而提高学习效果。

5. 教材结构清晰，体系严谨完整

本版教材的校企合作开发团队共同设计和开发了教材的结构、内容和功能，以"项目导入和任务驱动"的方式重构教材的体系结构。本版教材共四篇 14 个项目：第一篇为网络营销基础，包括 4 个项目；第二篇为网络营销方法，包括 7 个项目；第三篇为网络营销策略，包括 2 个项目；第四篇为网络营销创业，包括 1 个项目。

本教材是集体智慧的结晶，由吉林交通职业技术学院刘喜敏、广东职业技术学院梁娟娟任主编，由吉林交通职业技术学院迟晓曼、长春职业技术学院李朝红、吉林百智荣誉科技发展有限公司陈文文和高飞任副主编，由吉林交通职业技术学院王一然、于越、王一涵、张桂铜、吴珊和吉林百智荣誉科技发展有限公司宗雅琪、杜阳任参编。具体编写分工如下：刘喜敏编写项目 1、项目 3、项目 5；梁娟娟编写项目 9、项目 11 和项目 13；迟晓曼编写项目 2、项目 6、项目 7、项目 8；李朝红编写项目 4 和项目 14；王一然、于越、王一涵、张桂铜、吴珊共同编写项目 10、项目 12；陈文文、高飞、宗雅琪、杜阳负责全书项目、任务、实训、案例的策划、设计和编写。全书由刘喜敏负责总策划与统稿。

在编写本教材的过程中，我们参考、引用和改编了国内外出版物中的相关资料以及网络资源，在此对相关资料的作者表示深深的谢意！请相关著作权人看到本教材后与出版社联系，出版社将按照相关法律的规定支付稿酬。

限于水平和时间，书中仍可能会出现错误和疏漏，恳请读者批评和指正，并将意见及时反馈给我们，以便及时改进。

编　者

2022 年 6 月

所有意见和建议请发往：dutpgz@163.com
欢迎访问职教数字化服务平台：https://www.dutp.cn/sve/
联系电话：0411-84707492　84706671

目 录

第一篇 网络营销基础

项目1 网络营销的准备工作 ………………………………………………… 3
 工作任务1 学习网络营销的基础知识 …………………………………… 4
  步骤1:认知网络营销的概念 …………………………………………… 4
  步骤2:了解网络营销的特点 …………………………………………… 4
  步骤3:了解网络营销的产生与发展 …………………………………… 6
  步骤4:分析网络营销与传统营销的关系 ……………………………… 7
 工作任务2 认知企业网络营销工作 ……………………………………… 8
  步骤1:认知企业运营网络营销的原因 ………………………………… 9
  步骤2:认知企业运营网络营销的优势 ………………………………… 9
  步骤3:了解企业开展网络营销需要具备的条件 ……………………… 10
  步骤4:打造企业网络营销团队 ………………………………………… 11
  步骤5:认知网络营销的内容、方法及工具 …………………………… 12
 任务回顾与总结 …………………………………………………………… 16
 小试牛刀 …………………………………………………………………… 16

项目2 网络商务信息的收集、发布与网络市场调研 ………………………… 17
 工作任务1 认知网络商务信息收集 ……………………………………… 18
  步骤1:学习网络商务信息收集的原则 ………………………………… 18
  步骤2:熟悉网络商务信息收集的步骤 ………………………………… 19
 工作任务2 利用搜索引擎搜索网络商务信息 …………………………… 19
  步骤1:认识搜索引擎 …………………………………………………… 20
  步骤2:熟练运用搜索引擎收集网络商务信息 ………………………… 22
 工作任务3 利用微信公众号进行网络商务信息收集 …………………… 29
  步骤1:获得客户的关注 ………………………………………………… 29
  步骤2:公众号内容输出 ………………………………………………… 29
  步骤3:注册第三方信息采集工具 ……………………………………… 30
 工作任务4 利用工具软件采集网络商务信息 …………………………… 31
  步骤1:了解网络商务信息采集软件的功能 …………………………… 31
  步骤2:掌握网络商务信息采集软件的特点 …………………………… 32
  步骤3:熟悉常用网络商务信息采集软件 ……………………………… 32
 工作任务5 发布网络商务信息 …………………………………………… 34
 工作任务6 网络市场调研 ………………………………………………… 39
  步骤1:认知网络市场调研的内涵 ……………………………………… 40
  步骤2:了解网络市场调研的优点 ……………………………………… 40

步骤3：了解网络市场调研的缺点 ·· 41
　　步骤4：确定网络市场调研的环节 ·· 41
　　步骤5：选择网络市场直接调研的方法 ·· 42
　　步骤6：选择网络市场间接调研的方法 ·· 42
　任务回顾与总结 ·· 43
　小试牛刀 ··· 43

项目3　网络消费者与网络市场分析 ··· 44
　工作任务1　企业网络营销的SWOT分析 ·· 45
　工作任务2　网络消费者与网络市场定位 ·· 47
　　步骤1：了解网络消费者的消费特征 ··· 47
　　步骤2：认知网络市场细分 ·· 48
　　步骤3：选择网络市场细分变量 ··· 49
　　步骤4：分析网络市场细分的必要性 ··· 49
　　步骤5：进行网络市场定位 ·· 50
　　步骤6：确定网络目标市场的规模 ·· 51
　工作任务3　体验拼多多的网络市场策略 ·· 52
　　步骤1：认识拼多多 ··· 52
　　步骤2：分析拼多多的商业模式 ··· 53
　　步骤3：了解拼多多的市场定位 ··· 54
　任务回顾与总结 ·· 54
　小试牛刀 ··· 54

项目4　构建企业的网络营销平台 ··· 55
　工作任务1　选择企业的网络营销平台 ··· 56
　　步骤1：分析企业网络营销平台的构建方式 ······································ 56
　　步骤2：分析企业自建网站的优缺点 ··· 56
　　步骤3：利用第三方B2B电子商务平台创设企业商铺 ························· 57
　工作任务2　创设企业营销型网站 ·· 61
　　步骤1：网站域名的设计、注册与交易 ·· 61
　　步骤2：设计网站的内容与功能模块 ··· 65
　　步骤3：规划与设计企业网站的首页 ··· 67
　　步骤4：设计网站的用户体验 ·· 69
　　步骤5：规划网站的后台管理 ·· 70
　　步骤6：安装网站流量访问统计软件 ··· 71
　工作任务3　建设第三方B2B电子商务平台企业商铺 ··························· 74
　　步骤1：选择适当的第三方B2B电子商务平台 ································· 74
　　步骤2：建设基于第三方B2B电子商务平台的企业商铺 ····················· 74
　　步骤3：体验第三方B2B电子商务平台企业商铺建设示例 ·················· 75
　任务回顾与总结 ·· 78
　小试牛刀 ··· 78

第二篇　网络营销方法

项目5　网站优化与网站推广 … 81
- 工作任务1　分析当前企业网站存在的问题 … 82
  - 步骤1：探究浏览者访问企业网站的目的 … 82
  - 步骤2：分析企业网站存在的主要问题 … 82
- 工作任务2　掌握网站优化的方法与技巧 … 85
  - 步骤1：认知网站优化 … 85
  - 步骤2：网站优化之关键字优化 … 88
  - 步骤3：网站优化之产品名称及产品图片优化 … 94
  - 步骤4：网站优化之其他方面优化 … 95
  - 步骤5：网站设计与优化评价 … 98
  - 步骤6：网站诊断 … 100
- 工作任务3　网站推广 … 107
  - 步骤1：利用传统媒体推广网站 … 107
  - 步骤2：利用搜索引擎推广网站 … 108
  - 步骤3：利用其他网络手段推广网站 … 111
- 任务回顾与总结 … 113
- 小试牛刀 … 113

项目6　许可E-mail营销 … 114
- 工作任务1　认知真正意义上的E-mail营销 … 115
  - 步骤1：认知许可E-mail营销 … 115
  - 步骤2：了解电子邮件营销的分类 … 116
  - 步骤3：掌握电子邮件营销的应用技巧 … 116
  - 步骤4：界定垃圾邮件 … 117
  - 步骤5：避免企业电子邮件成为垃圾邮件 … 117
  - 步骤6：利用电子邮件营销帮助企业实现营销目标 … 118
- 工作任务2　营销邮件设计 … 118
  - 步骤1：营销邮件主题设计 … 119
  - 步骤2：营销邮件正文设计 … 120
  - 步骤3：营销邮件发件人设计 … 121
  - 步骤4：营销邮件收件人设计 … 122
  - 步骤5：掌握邮件营销技巧 … 122
- 工作任务3　营销邮件发送 … 123
  - 步骤1：分析邮件发出后到达对方收件箱的过程 … 124
  - 步骤2：信誉度分析 … 124
  - 步骤3：获取用户E-mail地址 … 124
  - 步骤4：总结营销邮件发送的技巧 … 125
- 工作任务4　E-mail营销效果监控与评价 … 125
  - 步骤1：认知E-mail营销的评价指标 … 126

步骤2:分析影响 E-mail 营销效果的主要因素 …………………………………………… 126
　任务回顾与总结 …………………………………………………………………………………… 128
　小试牛刀 …………………………………………………………………………………………… 128
项目7　网络广告营销 ………………………………………………………………………………… 129
　工作任务1　认知网络广告 ……………………………………………………………………… 130
　　步骤1:认知网络广告的内涵 ………………………………………………………………… 130
　　步骤2:认知网络广告的形式 ………………………………………………………………… 133
　工作任务2　认知网络广告的计费模式和计费水平 …………………………………………… 139
　　步骤1:认知网络广告的计费模式 …………………………………………………………… 140
　　步骤2:了解网络广告的计费水平 …………………………………………………………… 141
　工作任务3　网络广告的创意与策划 …………………………………………………………… 145
　　步骤1:打破思维定式 ………………………………………………………………………… 145
　　步骤2:了解网络广告策划人员应具备的基本素质 ………………………………………… 145
　　步骤3:把握网络广告策划的原则 …………………………………………………………… 146
　工作任务4　网络广告发布 ……………………………………………………………………… 146
　　步骤1:锁定目标受众 ………………………………………………………………………… 147
　　步骤2:做好广告文案 ………………………………………………………………………… 147
　　步骤3:选择发布途径 ………………………………………………………………………… 148
　　步骤4:监控网络广告效果 …………………………………………………………………… 148
　任务回顾与总结 …………………………………………………………………………………… 149
　小试牛刀 …………………………………………………………………………………………… 149
项目8　微博营销 ……………………………………………………………………………………… 150
　工作任务1　认知微博及其营销价值 …………………………………………………………… 151
　　步骤1:认识微博 ……………………………………………………………………………… 151
　　步骤2:认识微博的营销价值 ………………………………………………………………… 151
　工作任务2　认识微博的认证类型 ……………………………………………………………… 154
　　步骤1:认识微博注册流程 …………………………………………………………………… 154
　　步骤2:认识微博个人认证 …………………………………………………………………… 155
　　步骤3:认识微博机构认证 …………………………………………………………………… 156
　工作任务3　微博用户运营 ……………………………………………………………………… 157
　　步骤1:微博用户定位 ………………………………………………………………………… 158
　　步骤2:增加微博粉丝 ………………………………………………………………………… 158
　　步骤3:微博粉丝的互动维护 ………………………………………………………………… 159
　工作任务4　微博内容运营 ……………………………………………………………………… 161
　　步骤1:微博内容定位 ………………………………………………………………………… 161
　　步骤2:微博内容创作 ………………………………………………………………………… 162
　　步骤3:微博内容传播 ………………………………………………………………………… 163
　工作任务5　体验海尔的微博营销 ……………………………………………………………… 164
　　步骤1:了解海尔 ……………………………………………………………………………… 165
　　步骤2:了解海尔实施微博营销的过程 ……………………………………………………… 165

任务回顾与总结 ……………………………………………………………… 166
　　小试牛刀 …………………………………………………………………… 166
项目 9　微信营销 ………………………………………………………………… 167
　工作任务 1　认知微信及其营销价值 ……………………………………… 168
　　步骤 1：认识微信 …………………………………………………………… 168
　　步骤 2：认识微信的营销价值 ……………………………………………… 169
　工作任务 2　了解微信营销公众平台 ……………………………………… 170
　　步骤 1：认识微信公众平台 ………………………………………………… 171
　　步骤 2：微信公众平台功能使用 …………………………………………… 171
　　步骤 3：注册微信公众号 …………………………………………………… 173
　工作任务 3　掌握企业微信营销策略 ……………………………………… 176
　　步骤 1：了解微信营销渠道 ………………………………………………… 176
　　步骤 2：有效利用微信的影响力 …………………………………………… 177
　　步骤 3：微信内容设计 ……………………………………………………… 177
　　步骤 4：运用多种方式进行品牌推广 ……………………………………… 177
　　步骤 5：设置微信账号的相关参数 ………………………………………… 177
　　步骤 6：打造人工客服的优势 ……………………………………………… 178
　工作任务 4　体验 H5 微信页面制作工具 ………………………………… 178
　　步骤 1：选择 H5 微信页面制作工具 ……………………………………… 179
　　步骤 2：利用兔展制作微信营销页面 ……………………………………… 181
　任务回顾与总结 …………………………………………………………… 185
　小试牛刀 …………………………………………………………………… 185
项目 10　短视频营销 …………………………………………………………… 186
　工作任务 1　认知短视频 …………………………………………………… 187
　　步骤 1：认识短视频 ………………………………………………………… 187
　　步骤 2：短视频获得快速发展的原因分析 ………………………………… 190
　　步骤 3：认知短视频平台的类型 …………………………………………… 191
　工作任务 2　内容策划，打造爆款短视频 ………………………………… 192
　　步骤 1：了解短视频内容策划的核心原则 ………………………………… 193
　　步骤 2：做好短视频选题 …………………………………………………… 194
　　步骤 3：掌握构思短视频内容的经典方法 ………………………………… 197
　　步骤 4：讲故事，增强短视频的情节性 …………………………………… 200
　　步骤 5：短视频内容优化 …………………………………………………… 202
　任务回顾与总结 …………………………………………………………… 206
　小试牛刀 …………………………………………………………………… 206
项目 11　网络客户关系管理 …………………………………………………… 207
　工作任务 1　认知网络客户关系管理 ……………………………………… 208
　　步骤 1：认知客户关系管理的内涵 ………………………………………… 208
　　步骤 2：了解客户关系管理的意义 ………………………………………… 208
　　步骤 3：了解网络客户关系管理的特点 …………………………………… 209

步骤4:认识网络客户关系管理的工具与形式 ………………………………… 210
　　步骤5:认知网络客户关系管理的核心 …………………………………………… 210
　工作任务2　运用电子邮件管理网络客户关系 …………………………………… 211
　　步骤1:认知E-mail在客户关系管理中的作用 ………………………………… 211
　　步骤2:管理客户E-mail ………………………………………………………… 211
　工作任务3　运用网站FAQ管理网络客户关系 …………………………………… 215
　　步骤1:认知FAQ的内涵 ………………………………………………………… 215
　　步骤2:FAQ内容设计 …………………………………………………………… 216
　　步骤3:FAQ页面与布局设计 …………………………………………………… 217
　　步骤4:FAQ功能设计 …………………………………………………………… 218
　　步骤5:网站FAQ的管理和维护 ………………………………………………… 219
　　步骤6:天涯问答网站的FAQ设计欣赏 ………………………………………… 219
　工作任务4　社交软件客户关系管理应用 ………………………………………… 220
　　步骤1:了解微信公众号的作用 ………………………………………………… 221
　　步骤2:微信公众号操作 ………………………………………………………… 221
　　步骤3:运营微信公众号 ………………………………………………………… 223
　工作任务5　认知其他在线客户服务形式 ………………………………………… 224
　　步骤1:运用免费客户服务电话 ………………………………………………… 224
　　步骤2:运用即时通信系统 ……………………………………………………… 225
　　步骤3:运用会员社区 …………………………………………………………… 227
　　步骤4:运用客服机器人 ………………………………………………………… 229
　任务回顾与总结 ……………………………………………………………………… 230
　小试牛刀 ……………………………………………………………………………… 230

第三篇　网络营销策略

项目12　网络营销策略组合 …………………………………………………………… 233
　工作任务1　运用网络营销产品策略 ……………………………………………… 234
　　步骤1:认识网络营销产品的整体概念 ………………………………………… 234
　　步骤2:了解网络营销产品的特点 ……………………………………………… 235
　　步骤3:进行核心产品定位 ……………………………………………………… 236
　　步骤4:为产品找卖点 …………………………………………………………… 236
　工作任务2　运用网络营销价格策略 ……………………………………………… 238
　　步骤1:认识网络产品的价格 …………………………………………………… 238
　　步骤2:学会网络营销定价技巧 ………………………………………………… 239
　　步骤3:学会网络报价技巧 ……………………………………………………… 243
　工作任务3　构建网络营销渠道 …………………………………………………… 245
　　步骤1:认知网络营销渠道 ……………………………………………………… 245
　　步骤2:建设网络营销渠道 ……………………………………………………… 247
　工作任务4　网络促销 ……………………………………………………………… 249
　　步骤1:认知网络促销 …………………………………………………………… 249

步骤2：学会制订促销方案 ……………………………………………………………… 250
　　步骤3：掌握网络促销的方法 ……………………………………………………………… 252
　　步骤4：了解促销网页制作的关键因素 ……………………………………………………… 256
任务回顾与总结 ………………………………………………………………………………… 257
小试牛刀 ………………………………………………………………………………………… 257

项目 13　构造高效网站运营系统 …………………………………………………………… 258
工作任务 1　打造高效网站运营系统 ………………………………………………………… 259
　　步骤1：认识网站运营 ……………………………………………………………………… 259
　　步骤2：熟悉网站运营流程 ………………………………………………………………… 260
　　步骤3：了解打造高效网站运营系统的注意事项 …………………………………………… 261
工作任务 2　有效训练网络营销精英战队 …………………………………………………… 262
　　步骤1：组建企业网络营销战队 …………………………………………………………… 263
　　步骤2：熟悉网络营销战队每个岗位的工作职能 …………………………………………… 263
　　步骤3：加强对网络营销战队成员的培训 …………………………………………………… 264
工作任务 3　网络营销部门管理与绩效考核 ………………………………………………… 265
　　步骤1：对网络营销部门进行细分 ………………………………………………………… 265
　　步骤2：对网络营销部门进行绩效考核 ……………………………………………………… 266
工作任务 4　网络营销效果评价 ……………………………………………………………… 270
　　步骤1：确定网络营销目标 ………………………………………………………………… 270
　　步骤2：计算网络营销目标的价值 …………………………………………………………… 273
　　步骤3：记录网络营销目标达成次数 ……………………………………………………… 273
　　步骤4：计算网络营销目标达成成本 ……………………………………………………… 274
工作任务 5　撰写网络营销策划方案 ………………………………………………………… 275
　　步骤1：确定网络营销策划方案的格式 ……………………………………………………… 275
　　步骤2：确定网络营销策划方案的内容要点 ………………………………………………… 276
任务回顾与总结 ………………………………………………………………………………… 277
小试牛刀 ………………………………………………………………………………………… 277

第四篇　网络营销创业

项目 14　网络创业实践 ………………………………………………………………………… 281
工作任务 1　网上开店前的准备 ……………………………………………………………… 282
　　步骤1：审视个人能力 ……………………………………………………………………… 282
　　步骤2：选择商品与市场定位 ……………………………………………………………… 282
　　步骤3：商品价格设定 ……………………………………………………………………… 283
　　步骤4：选择合适的网络平台 ……………………………………………………………… 283
　　步骤5：网上开店的物流实现 ……………………………………………………………… 283
工作任务 2　淘宝个人店铺的开通与运营 …………………………………………………… 284
　　步骤1：开通网上银行 ……………………………………………………………………… 284
　　步骤2：注册为淘宝会员 …………………………………………………………………… 285
　　步骤3：开通支付宝账户 …………………………………………………………………… 285

步骤4：支付宝实名认证 ·· 285
　　步骤5：网店开通与实名认证 ··· 286
　　步骤6：发布商品 ··· 286
　　步骤7：对店面进行装修美化 ··· 286
　工作任务3　淘宝企业店铺的开通与运营 ··································· 287
　　步骤1：开设公司 ··· 288
　　步骤2：约定银行开设公司账户 ·· 288
　　步骤3：企业支付宝注册及账户绑定 ···································· 288
　工作任务4　网店的运营与推广 ·· 289
　　步骤1：区分企业网站推广与网店推广 ································· 289
　　步骤2：掌握网店推广的方法与技巧 ···································· 290
　　步骤3：打造完美的售后服务 ··· 292
　工作任务5　防范网上开店的经营风险 ····································· 293
　　步骤1：了解网上商店经营过程中的纠纷类型 ······················· 294
　　步骤2：规避产品品质纠纷 ·· 294
　　步骤3：规避商品细节纠纷 ·· 294
　　步骤4：规避物流问题纠纷 ·· 294
　　步骤5：规避态度问题纠纷 ·· 295
　　步骤6：防范遭到的投诉 ··· 295
　　步骤7：产品合法授权 ··· 295
　　步骤8：关注店铺订单数据 ·· 295
　任务回顾与总结 ·· 295
　小试牛刀 ·· 295
参考文献 ··· 296

第一篇

网络营销基础

项目 1

网络营销的准备工作

项目描述

项目背景

2021年8月27日,中国互联网络信息中心(CNNIC)发布第48次《中国互联网络发展状况统计报告》(以下简称《报告》)。《报告》显示,截至2021年6月底,我国网民规模达10.11亿,较2020年12月底增长2 175万,互联网普及率达71.6%。其中:手机网民规模达10.07亿,较上年增长2 092万;即时通信用户规模达9.83亿,较上年增长218万,占网民整体的97.3%;网络支付用户规模达8.72亿,较上年增长1 787万,占网民整体的86.3%;网络购物用户规模达8.12亿,较上年增长2 965万,占网民整体的80.3%。我国已经形成了一个庞大而生机勃勃的数字社会。

知识与技能目标

- 学习网络营销的基础知识
- 认知企业网络营销工作

思政目标

- 培育正确网络营销价值观
- 增强网络营销人的职业自豪感

工作任务 1　学习网络营销的基础知识

工作任务描述

1. 任务背景

开展网络营销工作之前,我们需要对网络营销工作有一个全面的了解。这种了解首先要从网络营销的基础知识入手,主要包括网络营销的概念、特点、产生、发展、与传统营销的关系等方面,为后续开展网络营销工作奠定基础。

2. 任务目标

【知识目标】　全面掌握网络营销的基础知识。
【技能目标】　理解网络营销与传统营销的关系。
【思政目标】　培育并践行诚信经营、公平交易等健康的网络营销价值观。

工作过程

步骤1：认知网络营销的概念

网络营销实际上是企业整体营销战略的重要组成部分,它是建立在互联网基础上的,借助于互联网这一新型媒体来实现企业目标的营销手段。但网络营销并不等同于电子商务,它只是电子商务的一部分,是企业整个业务流程中与消费者联系最密切的部分,是对市场营销手段的创新。

网络营销以互联网络为媒体,以新的方式、方法和理念实施营销活动,以便更有效地促成个人和组织交易活动的实现。

根据网络营销的形式和实质,我们可以这样定义:凡以现代营销学理论为基础,以互联网为主要载体,为达到一定的营销目标所进行的营销活动,都可称为网络营销。根据这一定义,可以将网络营销的概念具体归纳为下列要点:

(1)网络营销的本质仍然是营销。
(2)网络营销的理论基础是现代营销理论。
(3)网络营销的主要载体是互联网(包括移动端)。

步骤2：了解网络营销的特点

1. 网络营销是一种直复营销

网络直复营销中的"网络"就是互联网,即营销所使用的媒体;"直"其实是直接的意思,即不通过渠道中间商而直接通过网络媒体连接企业和消费者;"复"是指企业与消费者之间的交互,消费者对企业有一个明确的回复(购买与否),企业可以统计到这种回复的数据,由此对营销的效果做出评价。

2. 网络营销是一种软营销

强势营销是工业化大规模生产时代的营销方式,传统营销中最能体现强势营销特征的是两种促销手段:传统广告和人员推销。这两种营销方式试图以一种信息灌输的方式在消费者心中留下深刻印象,而不管你是否需要和喜欢它的产品和服务,这就是一种强势营销。人员推销也是如此,它根本不考虑推销对象是否需要,只是根据自己的判断,强行开展推销活动。

软营销与强势营销的根本区别在于:软营销的主动方是消费者,而强势营销的主动方是企业。消费者在心理上要求自己成为主动方,而网络的互动性使这种要求成为可能。一个网络消费者通常不欢迎那些不请自到的广告,但他们会在个性化需求的驱动下上网寻找相关的信息,企业应注意引导和创造机会。一旦有消费者找到站点,就要使出浑身解数将其留住,让消费者满意而归。

3. 网络营销是一种整合营销

在传统市场营销策略中,由于技术手段和物质基础的限制,产品的价格、产品或服务、宣传和销售的渠道、商家所处的地理位置等就成了企业经营、市场分析和营销策略的关键性内容。美国密歇根州立大学的麦卡锡教授将这些内容归纳为市场营销策略中的 4P 组合,即产品(Product)、价格(Price)、地点(Place)和促销(Promotion)。

以舒尔茨教授为首的一批营销学者从消费者需求的角度出发研究市场营销理论,提出了基于 4P 市场营销组合理论的 4C 组合理论。其要点如下:

(1)以消费者的需求和欲望(Consumer's Wants and Needs)为中心。

(2)网络营销的产品分销以方便(Convenience)消费者为主。

(3)网络营销产品和服务以消费者能接受的成本(Cost)定价。

(4)网络营销的促销从强势促销转向以与消费者沟通和联系(Communication)为主。

4. 网络营销是一种社群营销

社群营销理论包括两个主要的观点:一是在宏观上认识到市场营销会对范围很广的一系列领域产生影响,包括消费者市场、劳动力市场、供应市场、内部市场、相关者市场以及影响者市场(如政府、金融市场);二是在微观上认识到企业与消费者的关系在不断变化,市场营销的核心应从过去简单的一次性交易关系转变到注重保持与消费者的长期关系。

网络社群营销的核心是保持消费者黏性与忠诚度,为消费者提供高度满意的产品和服务价值,通过加强与消费者的联系,提供有效的服务,保持与消费者的长期关系,并在与消费者保持长期关系的基础上开展营销活动,实现企业的目标。

5. 网络营销是一种数据营销

数据营销即利用企业经营过程中收集、形成的各种消费者资料,经分析整理后作为制定营销策略的依据,并作为保持现有消费者资源的重要手段。从理论上说,数据营销并不是网络营销特有的手段,在传统营销(如直邮广告、电话营销等)中,数据库营销也是一种常用的手段,不过,在网络营销中,数据营销有着更加独特的优越性,因而成为网络营销的重要策略之一。

网络数据由于种种独特功能而在网络营销中占据重要地位,网络数据营销通常不是孤立的,应当从营销目标阶段开始考虑,将其列为网络营销的重要内容。此外,数据库营销与个性化营销、一对一营销有着密切的关系,消费者数据资料是消费者服务和消费者关系管理的重要基础。

6. 网络营销是一种病毒式营销

所谓病毒式营销,是指通过用户的口碑宣传网络,信息像病毒一样传播和扩散,利用快速

网络营销

复制的方式传向数以百万计的受众。也就是说,通过提供有价值的产品或服务"让大家告诉大家",通过别人的宣传,实现"营销杠杆"的作用。病毒式营销已经成为网络营销最为独特的手段,被越来越多的商家和网站成功使用。

电子商务专家将一个有效的病毒式营销战略归纳为六项基本要素,一个病毒式营销战略不一定包含所有要素,但是,包含的要素越多,营销效果越好。

(1)提供有价值的产品或服务。
(2)提供无须努力即可向他人传递信息的方式。
(3)信息很容易从很小的范围向很大的规模扩散。
(4)利用公共的积极性和行为。
(5)利用现有的通信网络。
(6)利用他人的资源。

网络营销——电子商务的必由之路

步骤3:了解网络营销的产生与发展

1. 网络营销的起源

> **小资料**
>
> • 1971年,电子邮件诞生,电子邮件的发明人是雷·汤姆林森。但电子邮件在20世纪70年代并没有应用到营销领域。
>
> • 1994年10月,网络广告诞生。网络广告发轫于1994年的美国。1994年10月14日,美国著名的《Wired》杂志推出了网络版Hotwired,其主页上开始有AT&T等14个客户的广告Banner。这是广告史中的一个里程碑式的标志。
>
> • 1994年,基于Internet的知名搜索引擎Yahoo!、Web Crawler、Infoseek、Lycos等诞生,从此人们可以搜索互联网。
>
> • 1995年7月,网上商店亚马逊成立。
>
> • 1996年,美国的两位律师劳伦斯·坎特和玛撒·西格尔夫妇合作写了一本书——《网络赚钱术》,书中介绍了通过互联网发布广告信息,只花费了20美元的上网通信费用就吸引来25 000个客户,赚了10万美元。这两位律师于1994年4月12日把一封"绿卡抽奖"的广告信发到他们可以发现的每个新闻组,这在当时引起了轩然大波,他们的"邮件炸弹"让许多服务商的服务处于瘫痪状态。从这次事件以后,人们才开始认真思考和研究与网络营销有关的问题,网络营销的有关概念也逐渐形成。
>
> • 1997年3月,中国第一个商业性的网络广告出现在网站Chinabyte中。

在上述事件中,真正能表明网络营销产生的里程碑事件是网络广告的诞生。

2. 网络营销产生的原因

(1)互联网络的发展是网络营销产生的技术原因。随着现代电子技术和通信技术的应用和发展,互联网络在全世界得到迅速发展和普及,它是一种集通信技术、信息技术、计算机技术于一体的网络系统。它将入网的不同类型的网络和计算机联系起来,构成一个整体,实现了网上资源和网络信息的共享。网络是计算机之间进行信息交换和资源共享的最佳方式。企业利用互联网开展经营活动,是社会经济发展的必然。

(2)消费者观念的变革是网络营销产生的观念原因。满足消费者的需求始终是市场营销的核心和目的,在市场经济快速发展的今天,消费者对产品的选择性、营销过程的参与积极性都在显著增强,消费者主导的时代已经来临。人们的消费观念发生了很大的变化,由过去的被动接受变为现在的主动搜寻。互联网这一媒体恰恰迎合了消费者观念的变化,世界各地企业纷纷上网,为消费者提供各种类型的信息服务,并把抢占这一制高点作为获取未来竞争优势的重要途径。

(3)激烈的竞争是网络营销产生的现实原因。随着市场竞争的日益激烈,企业为了在竞争中获得优势,不断地推出各种营销手段来吸引消费者,传统营销已经不能帮助企业取得优势,企业必须寻求营销的创新,在更深的层次上对传统企业进行改造,以降低营销成本,提高营销效率。网络营销的产生给企业带来了新的机会。企业开展网络营销,可以避免大量资金占用,经营方面则可以突破地域的限制,真正做到全年无休息日,并且还可以方便地采集并反馈消费者信息。网络营销从根本上增强了企业的竞争优势。

步骤4:分析网络营销与传统营销的关系

> 提示:网络营销是在传统市场营销的基础上发展起来的、借助于互联网络来实现营销目标的一种新的市场营销方式,是营销的创新和创新的营销,是市场营销学在20世纪90年代发展起来的新理论和营销实践,网络营销仍然是市场营销的重要组成部分。

网络营销的手段和网络营销的市场不同于传统营销的手段和传统市场,网络营销有自己的特点,传统营销理论已不能胜任对网络营销的指导。网络营销已发展出独特的理论体系和营销模式。

1. 网络营销是对传统营销的发展

网络营销作为新生事物,是在传统营销的基础上发展起来的,因此与传统营销有着千丝万缕的联系。网络营销并不是孤立的,在很多情况下网络营销理论是传统营销理论在网络环境下的应用和发展,满足需求和让消费者满意仍然是网络营销必须遵循的核心原则。

2. 网络营销不能取代传统营销

尽管网络营销拥有许多优势,但是由于种种原因,网络营销不可能完全取代传统营销,理由很简单,就是消费者需求的多样化及可变性。网络不是消费者唯一的生活内容,它可以满足人们的某些需求,但不能满足所有的需求。人们不是有了汽车就不步行,网络也不能取代其他传媒。网络营销和传统营销将互相影响、融合,最后实现营销的整合。网络营销不能取代传统营销有以下理由:

(1)从目前来看,网络营销的交易额还仅占整个交易市场的一小部分。

(2)网络消费者还只是消费者整体市场的一部分,还仅仅是一个细分市场,另外一些人由于各种原因还不能使用网络进行消费,即使是网络消费者的网上消费也只是其全部消费的一部分。

(3)互联网作为一种有效的沟通方式,更加贴近消费者,使企业和消费者可以"面对面",减少了传统渠道产生的距离感和对双方信息的屏蔽。但是,由于个人的行为及偏好,部分消费者仍愿意使用传统方式进行沟通。

在一个较长的时期内,网络营销和传统营销是相互促进和互为补充的关系,企业进行网络

网络营销

营销应充分地规划,避免出现花钱买摆设的现象出现,真正做到利用网络营销整合企业经营业务,实现以最低的成本达到最佳的营销目标。

3. 网络营销与传统营销的整合

在买方市场下,市场竞争日益激烈。依靠传统的营销手段,企业要想在市场中取得竞争优势也越来越难。网络营销的出现彻底改变了原有市场营销理论和实务存在的基础,营销和管理模式也发生了根本的变化。网络营销是企业向消费者提供产品和服务的另一个渠道,为企业提供了一个增强竞争优势、增加营利的机会。在网络和电子商务环境下,网络营销较之传统营销,从理论到方法都有了很大的改变。于是,如何处理好网络营销与传统营销的整合,能否比竞争对手更有效地唤起消费者对产品的关注和需要,成为企业开展网络营销能否成功的关键。

思政园地

通过本工作任务的学习,我们掌握了网络营销的基础知识,理解了网络营销与传统营销的关系,同学们可以充分认识网络营销市场,以市场营销中"公正""法治""平等"等核心价值观为基础,构筑一个符合市场要求的积极健康的网络营销价值观,培育并践行诚信经营、公平交易等网络营销价值理念。

请思考: 如果人人都没有正确的网络营销价值观,那么我们的网络环境会是什么样子?

工作任务 2　认知企业网络营销工作

工作任务描述

1. 任务背景

企业是网络营销的主体,只有企业对网络营销认可,才会走上网络营销的道路,才会开展网络营销工作。但是,仍然有相当多的企业对网络营销不甚了解,认为网络营销是虚无缥缈的,与本企业关系不大。目前来看,这种理解是错误的,相反,有相当多的企业已经开始意识到,如果不运营电子商务和网络营销,就无法在激烈的市场竞争中立足。

2. 任务目标

【知识目标】　认知企业运营网络营销的原因。

【技能目标】　认知企业运营网络营销所需的条件、企业网络营销团队的构建、企业网络营销的工作内容及工具。

【思政目标】　通过认知企业网络营销工作,增强网络营销人的职业自豪感。

工作过程

步骤1：认知企业运营网络营销的原因

1. 迫于市场竞争

激烈的市场竞争是企业选择网络营销的最主要原因。近些年来，随着互联网的迅猛发展，电子商务、短视频与网络营销的应用也越来越多。一些先行企业已经在电子商务、短视频和网络营销领域占有了很大的市场份额，更多的企业则接踵而至，要分享网络经济的大蛋糕。

2. 降低运营成本

电子商务、短视频和网络营销能降低企业的运营成本。企业进入网络营销领域最初的目的就是降本增效。首先，网络媒介具有传播范围广、速度快、无时间和地域限制以及版面约束、内容详尽、多媒体传送、形象生动、双向交流、反馈迅速等特点，有利于提高企业营销信息传播的效率，增强企业营销信息传播的效果，降低企业营销信息传播的成本。其次，网络营销无店面租金成本，且能实现产品直销，可帮助企业减轻库存压力，降低经营成本。

3. 扩大经营范围

互联网覆盖了全球市场，通过它，企业可方便、快捷地进入任何一国市场，尤其是世贸组织不对网络贸易征收关税，使网络营销为企业架起了一座通向国际市场的绿色通道。

4. 获得竞争机会

在网上，任何企业都不受自身规模的绝对限制，都能平等地获取世界各地的信息及平等地展示自己，这为中小企业创造了一个极好的发展空间。利用互联网，中小企业只需投入极小的成本，就可以迅速建立起自己的全球信息网和贸易网，将产品信息迅速传递到以前只有财力雄厚的大企业才能接触到的市场中去，平等地与大企业进行竞争。从这个角度看，网络营销为刚刚起步且面临强大竞争对手的中小企业提供了一个强有力的竞争武器。

5. 实现个性化营销

网络营销能使消费者拥有比传统营销更大的选择自由。消费者可以根据自己的特点和需求在全球范围内不受地域、时间限制，快速寻找商品，并进行充分比较，有利于节省消费者的交易时间与降低交易成本。此外，互联网还可以帮助企业实现与消费者的一对一沟通，便于企业针对消费者的个别需要，提供一对一的个性化服务。

步骤2：认知企业运营网络营销的优势

随着社会经济和技术的发展，买方市场逐渐形成，卖方竞争相当激烈，消费者的需求出现了多样性和多变性。与传统营销相比，网络营销无疑具有以下优势：

1. 低成本

首先，初始投资少，建设营销平台账号不需要大额投资。以在互联网上设立一个小型虚拟商店为例，其成本主要包括注册域名、租赁虚拟主机、制作网页、购置硬软件费用以及后续维护费用。这比起普通店铺的经常性支出，如昂贵的店面租金、装潢费用、水电费、营业税等要低廉许多。如果与网络服务商合作或者向网络服务商租赁虚拟店铺，则成本更为低廉。

其次，人工成本低廉。虚拟商店省去了店面营业人员和管理人员，降低了大量市场开发与业务销售及客户服务成本，缩短了销售体系的距离。

最后，存货成本低。互联网属于无存货商店，网上商店可以在接到消费者订单后，再向制

网络营销

造厂家订货,而无须将商品陈列出来,以供消费者选择。这样一来,店家不会因为存货而增加经营成本,因而在售价上,能增强虚拟商店对一般商店的竞争力。

2. 高效率

在传统购物方式中,消费者购买商品需要花费大量的时间用于选择、购买和结算,这一过程少则几分钟,多则数小时,再加上往返路程时间,耗费了消费者极大的时间和精力。现代社会的生活节奏日益加快,人们的闲暇时间越来越少,会更加珍惜时间,充分享受生活,因此外出购物的频率将越来越低。而网络营销可以节省消费者的时间和精力,提高购物效率。

3. 减环节

在传统商业模式中,企业和商家不得不拿出很大一部分资金用于开拓分销渠道,让出很大一部分利润给分销商,消费者也不得不承担高昂的最终价格。网上交易则打破了这一局限,使厂家和消费者直接联系,绕过了传统商业模式中的中间商,从而使产品或服务的售价更为合理。

4. 更便捷

省时省力是网上购物区别于普通购物的又一大优点。去商场购物需要出门,需要乘坐交通工具,还可能遇到刮风下雨。而网上购物,无论规模大小,配送公司都会送到家中,节省了购物时间,也更为便利。

5. 降库存

在传统营销方式下,企业为了降低进货成本,只好大量进货,不仅占压企业的流动资金,而且会增加企业的经营风险。而在网络营销方式下,商家可以在接到消费者订单后再向生产厂家订货,实现"零库存",降低库存压力。

6. 个性化

互联网可以更方便地收集消费者的信息资料,从而更能够发现、满足消费者的需求,通过信息提供与交互式沟通,可以实现一对一的个性化服务,使促销更具有针对性,更易于与消费者建立长期良好的关系。企业通过网络来收集消费者的意见,并让消费者参与产品的设计、开发、生产,为每个消费者提供独特化、个性化的产品或服务,实现一对一营销,真正做到以消费者需求为中心。企业可以通过在自己的网站上提供电子邮件信箱、自由讨论区等了解消费者的需求信息和具体要求,并对常见问题进行网上咨询和解答,从而更好地为消费者提供服务。

步骤3:了解企业开展网络营销需要具备的条件

1. 企业没有网站、店铺、短视频账号,甚至没有电脑能进行网络营销吗?

网络营销,顾名思义是指企业在互联网络环境下进行的各种营销活动。只要企业的各项营销活动可以在网络上展开,即使没有电脑的企业也能开展网络营销。例如,企业本身没有电脑,信息化水平低,但企业可以通过以下方式来开展网络营销:

(1)在其他网站上做网络广告。

(2)在其他网站上发布商务供求信息。

(3)让企业员工在家中利用本人的短视频、微博推广企业和发布产品信息。

(4)利用大学生兼职在网络上发布相关信息。

(5)将网络营销业务外包给第三方来运营。

(6)利用第三方信息平台发布信息。

可见,一个企业没有网站甚至是没有电脑,但只要有网络营销的理念和思维,一样可以利用其他环境和条件来运营网络营销。只不过以这种方式开展的网络营销不够充分、彻底。企业若要完整地运营网络营销,让网络营销给本企业带来更大的利益,则需要建立企业网站、店铺或短视频账号,基于不同营销需求开展和运营网络营销。

2.如何构建企业网络营销的运营条件?

一个企业运营网络营销需要什么样的条件组合呢?

(1)企业首先要接入互联网。

(2)企业各部门至少每个部门有一台电脑或手机可以上网。

(3)企业最好有自己的网站、店铺、短视频账号。

(4)企业网站有自己的域名。

企业网站可以存放在自己的服务器上,也可以存放在运营商的虚拟主机上。

从以上条件可以看出,一个企业要运营网络营销,条件很容易具备。但具备条件的企业能否将网络营销运营成功,还取决于企业的管理层对网络营销的认识以及企业是否具有一支强大的网络营销团队。

步骤4:打造企业网络营销团队

互联网信息技术的不断进步让网络营销发生了根本转变、创新变革,并为营销行业带来全新的创新商业模式,从具备单向思维模式的传统营销人才过渡到以数据为指导的数字营销人才。营销相关数字技术赋能网络营销的手段逐渐成熟,在多个领域与层面的实践中帮助网络营销实现大跨越,也催生了对于网络营销人才个人能力和运营团队能力升级的需求。

1.网络营销团队的成员特征

(1)具备用户洞察、用户分析的数据人才。通过网络营销大数据实现从海量的营销数据中进行用户识别、精确画像以及消费偏好、意图行为的预测。

(2)超高的内容创意制作及策划的专业人才。可根据互联网主体用户的个性化需求,实现自动化高效创意的量产或个性化创意内容生成,实现企业营销效果。

(3)掌握网络营销效果评估工具、方法的专业人才。根据营销企业的推广过程、推广链路,实现实时效果追踪、线上线下数据全链接反馈的能力并指导后续的营销推广。

(4)能对企业营销推广传播增效、交互提升的专业人才。掌握和了解媒介适配、程序化投放、实时优化的方式和方法,并可根据网络营销发展提炼语音互动、AR互动等新的交互形式,带来营销效果的增益。

(5)具备跨平台、媒介联动、整合营销的专业人才。精通跨平台、线上线下媒介联动,全场景覆盖、多渠道营销的整合型人才,并具备整合数据分析、营销策划、效果品控的能力。

2.网络营销团队的职位组成

(1)从职位上划分

①网络营销总监(副总)。网络营销总监(副总)是企业高级管理人员,能灵活运用营销知识独立解决复杂的专业问题,能发现工作中的瓶颈问题并采取有效措施改进;精通整个市场环境以及所服务的客户所在行业,能够准确地分析、预测出市场的发展潜力、市场格局及发展趋势,竞争对手的策略手段;能够根据产业发展情况,引导和影响客户需求,通过创新的营销方式,为客户持续创造价值;能独立完成广告主整体策划工作,能完成营销策略的制定,市场策略有一定创新;精通数据驱动营销,能够结合客户、媒体、行业的情况,为客户提供完善的数字化转型方案;除数字营销外,能够在客户的运营数字化、销售与渠道数字化、用户管理数字化、私域业态建设等方面提供一揽子的解决方案;精通数字营销创意生产过程,能够有效管理各类创意生产过程,对创意数据分析、创意洞察、创意项目管理、创意效果评估优化等能够沉淀出方法

论,并对行业创意提效、提质产生深远影响;追踪和分析数据相关法规及政策,向内传递相关动态并调整数据管理规范体系。

②网络营销主管(经理)。网络营销主管(经理)是部门主管,进行网络营销团队的管理,同时还要负责整个企业网络营销策略的规划和管理。首先,网络营销主管不一定在本企业的产品方面有高深的专业知识,但是一定要认清该企业产品目前网络市场的形势及未来发展趋势,并且有能力把握。其次,网络营销主管必须通晓网络知识,包括数字化平台的用户定位和运营方式,搭建数字化营销场景,网络营销的方式和策略,根据企业需求,整合相关资源并制订营销方案,结合营销效果提出品控及优化方向并保证最终实现效果。再次,网络营销主管必须具备一定的销售能力,并且能有效地把这些能力传达给下属,让下属发挥其自身的销售能力,来带动销售。最后,网络营销主管必须掌握一定的网络公关常识,以便更好地协调网络公关人员。当然,作为企业管理人员,执行力和学习能力也是必不可少的。

③网络营销助理。网络营销助理负责营销战略的落地实施和执行,并协助部门主管进行品控管理工作。如果说网络营销主管是在宏观上把握网络营销的方向和政策,那么网络营销助理主要协助网络营销主管实施和执行相关的政策和战略,并作为相关策略实施的第一责任人。

(2)从岗位上划分

①互联网营销师。其主要工作任务包括研究数字化信息平台的用户定位和运营方式;接受企业委托,对企业资质和产品质量等信息进行审核;选定相关产品,设计策划营销方案,制定佣金结算方式;搭建数字化营销场景,通过直播或短视频等形式对产品进行多平台营销推广;提升自身传播影响力,加强用户群体活跃度,促进产品从关注到购买的转化率;签订销售订单,结算销售货款;协调销售产品的售后服务;采集分析销售数据。

②数据分析师。其主要工作任务包括针对企业营销所需相关数据进行搜集、整理、分析;针对相关整合后的数据做出行业研究、评估和预测;掌握数据分析相关工具的使用、优化和反馈;结合数据预测结果与运营岗位人员进行对接并提出营销方向;企业营销推广数据表单的开发与使用;对企业或产品从数据维度提出优化性建议。

③运营推广师。其主要工作任务包括对企业营销所需平台的运营与推广,并保证运营推广效果;针对不同营销渠道、平台定位、方法的熟悉与掌握;结合营销数据反馈,对企业营销方案进行优化与升级;结合不同营销目标开展不同运营推广方法并制作运营方案,上线实施;以运营场景化需求,整合运营相关资源并管理,达成营销效果,对企业或产品从运营维度提出优化性建议;针对营销结果提供售前、售中、售后服务。

④内容制作师。其主要工作任务包括针对企业营销需求完成相关文案、策划类内容输出;结合营销目标完成文字、图片、短视频等标准化营销内容的制作与呈现;以线下、线上为营销场景开展个性化内容的输出;相关内容制作资源的管理与维护;与运营、数据等岗位的高效协同与配合;企业营销推广相关落地页面的制作与开发。

步骤5:认知网络营销的内容、方法及工具

1.网络营销的内容

为了使学生掌握以上网络营销团队职位组成中的两类网络营销人才应具备的知识和技能,我们将本教材内容划分为以下14个工作项目。这14个工作项目涵盖了网络营销领域的全部工作。可以说,如果掌握了这14个工作项目的知识和技能,就可以胜任企业的网络营销工作。

工作项目1：网络营销的准备工作
工作项目2：网络商务信息的收集、发布与网络市场调研
工作项目3：网络消费者与网络市场分析
工作项目4：构建企业的网络营销平台
工作项目5：网站优化与网站推广
工作项目6：许可E-mail营销
工作项目7：网络广告营销
工作项目8：微博营销
工作项目9：微信营销
工作项目10：短视频营销
工作项目11：网络客户关系管理
工作项目12：网络营销的策略组合
工作项目13：构造高效网站运营系统
工作项目14：网上创业实践

网络营销的手段与方法

2. 网络营销的方法

根据企业网络营销是否基于网站、店铺或视频账号来进行，可以将网络营销分为无站点、账号的网络营销和基于站点、账号的网络营销两种，如图1-1所示。

从图1-1中可以看出，没有站点、账号的企业也是可以运作网络营销的。无站点、账号网络营销的方法主要有供求信息发布、网上分类广告、在线黄页服务、网络社区营销、短视频内容发布以及网上拍卖和网上开店等，基本上是借助第三方网络平台或账号来进行。

基于站点、账号的网络营销的方法主要有搜索引擎营销、信息流推广、短视频营销、网站资源合作、病毒式营销、网络广告、许可E-mail营销、网络会员制营销以及网上拍卖、网上开店等。

需要说明的是，企业无论是否有自己的站点、账号，都可以运营网络营销活动。在无站点、账号和有站点、账号两种条件下，企业运营网络营销的方法是有区别的，但也有些网络营销方法在无站点、账号网络营销和有站点、账号网络营销中都适用。当企业已经建立了网站、账号后，企业在无站点、账号的条件下可以运营的网络营销方法仍然有效，这也说明基于站点、账号的网络营销包括了无站点、账号的网络营销。

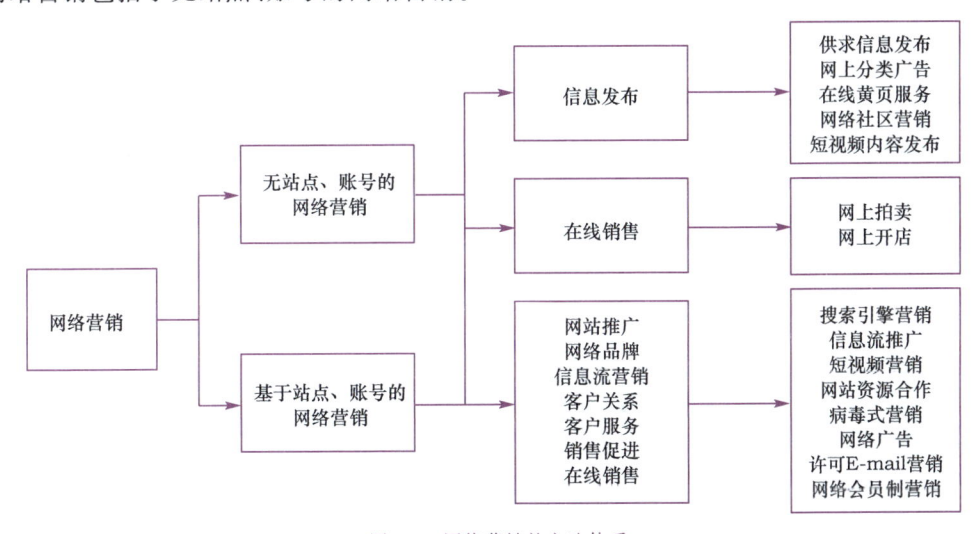

图1-1 网络营销的方法体系

3.网络营销的常用工具和手段

(1)企业网站

企业网站(站点)是开展网络营销的最具综合性的工具,可以称其为企业网络营销的基地,其他网络营销的手段和方法都是在企业网站的基地上发挥作用的。企业网站一般可以分为以下两种类型:

①信息发布型:属于网站初级形式,技术比较简单,主要用于发布企业新闻、产品信息、采购信息、招聘信息等,多用于产品和品牌推广,与消费者沟通。

②网上销售型:具有产品销售功能,涉及支付和订单管理、消费者管理、商品配送等环节,技术比较复杂,获得直接销售收入是其主要目标之一。

(2)搜索引擎

除网站外,搜索引擎是很多企业进入网络营销领域接触到的第一种网络营销工具。搜索引擎营销在某些企业的眼里,几乎等同于网络营销。搜索引擎的主要作用是网站推广、网络品牌建设、产品促销等。搜索引擎的商业化营销模式主要有:

①搜索引擎登录及排名:现在多采用付费登录方式,其排名与费用有关,包括固定排名和竞价排名。

②关键字广告:也称关键字检索,常采用按点击付费方式。

③信息流推广:关键词广告为被动检索企业信息与服务,信息流广告是主动推广企业信息与服务。

(3)电子邮件

电子邮件是比较常见的网络营销工具,常见到几乎被企业忽略的境地。电子邮件营销同时也是备受争议的营销手段,很多企业在电子邮件营销过程中,由于理解和操作不当,产生了大量的垃圾邮件,导致消费者对电子邮件营销十分反感。然而,电子邮件营销在网络营销中却有着不可替代的重要作用。电子邮件营销主要有两大应用:

①电子邮件群发:利用电子邮件群发软件实现电子邮件群发功能。

②电子邮件列表:利用电子邮件列表平台或者企业自建电子邮件列表实现电子邮件列表的管理和维护。需要说明的是,在前几年,邮件列表比较盛行,但最近,由于几个大的邮件列表服务商纷纷转型,邮件列表也逐渐退出了历史舞台。

(4)网络广告

网络广告类似于传统媒体上的广告,只不过发布渠道、发布方式、信息传播的途径和方式发生了变化。网络广告的主要作用是品牌宣传、产品推广、网站推广等。

(5)网站资源合作

每个企业网站均有自己的资源,如访问量、注册用户信息、有价值的内容和功能、网络广告空间等。企业间可以利用资源共享、合作、联盟等方式实现特定的网络营销效果。

(6)病毒式营销

病毒式营销并非传播真正的病毒,而是通过用户的口碑,由用户主动在亲友之间转发信息,使得网络营销信息像病毒一样传播和扩散的网络营销方式。

①主要作用:信息传播和网站推广。病毒式营销中网络商务信息的传播是需要一定的载体的。

②常见形式:免费电子邮箱、聊天工具和免费电子书。

(7) 网络会员制营销

网络会员制营销，国内也有称为联属网络营销、会员制计划的。网络会员制营销现在已经成为电子商务网站推广的主要手段之一，它的出现不是偶然的。企业把传统渠道中的会员制营销理论移植到网络渠道，进而产生了网络会员制营销。

网络会员制营销具有以下主要作用：一方面，从企业角度来看，它已经被证明是网上营销战略的成功模式，从理论到实践都已经比较完善，因此许多国际知名企业都已经将会员制纳入营销计划之中。网络会员制营销对品牌推广的价值也是显而易见的，拥有大量的会员，实际上也相当于把网络广告投放到所有会员网站上，是一种节约在线广告支出的重要途径。另一方面，对于加盟的会员网站来说，也许自身不具备直接开展电子商务的条件，通过参与网络会员制营销，可以依附于一个或多个大型网站，方便地开展网上销售，虽然获得的不是全部销售利润，而只是一定比例的佣金，但相对于自行建设一个电子商务网站的巨大投入和复杂的管理而言风险很小，这样的收入也是客观合理的。

(8) 供求信息平台

互联网上有些网站专为企业提供发布信息的平台，这些网站上有许多供求信息，有些甚至提供二级或三级独立域名。企业可将自身概况、产品信息发布在这些平台上。供求信息平台相当于一个具有部分功能的网站，主要用于发布信息。

常见的供求信息平台有阿里巴巴、中国企业网以及慧聪网等。

(9) 网络社区

这里所说的网络社区是一个总称，泛指论坛、讨论组、聊天室、微博等网上交流空间。这些交流空间集中了大量对同一主题感兴趣的访问者，实际上也是网络营销的重要场所。早期销售人员通过在网络社区中发布广告信息以达到宣传的目的，但不受欢迎。微博作为新的网络交流形式在网络营销中逐渐引人关注。

(10) 网上商城或者网店

网上商城或者网店是建立在第三方提供的电子商务平台上、由商家自行开展电子商务活动的一种形式。其主要特点是：缩短了投入周期，简化了过程，增加了窗口，直接获得了销售收入，不需要过多的专业知识，便于管理。

(11) 微信

继QQ之后，目前微信已经成为人们使用频率较高的一种即时通信工具。微信自诞生之日起，就显现出了独特的营销价值。在微信上销售商品，即"微商"，可以免去淘宝开店等环节，还可以利用微信朋友圈进行免费宣传和推广。

(12) 百度平台

百度知道、百度百科、百度文库、百度视频、百度经验等平台，也是网络营销常用的工具。

(13) 直播带货

可以充分利用各种直播平台，进行直播带货，这是新型的网络营销方法。以直播方式开展企业商品与服务的在线网络营销，可直观利用消费者的体验感、信任度，主播的影响力，提高营销效果，开展不限场景、不限人员的销售活动。

(14) 短视频营销

以企业的品牌、产品、服务为内容载体，开展包括视频、音频、动画等多种呈现形式的短视频内容制作，进行营销行为植入，扩大产品的覆盖面和影响力，减少消费者对固定营销行为的负面情绪，提高品牌忠诚度。

网络营销

思政园地

自新冠肺炎疫情暴发以来,我国政府采取了有效的手段应对疫情。在此期间,我国电商、物流企业为社会做出了重大贡献。居家办公和居家隔离时,大量的食物、生活用品采购都是通过电子商务方式完成的,许多企业纷纷向电子商务和网络营销转型。作为电子商务人或者网络营销人,我们应该为此而感到自豪。

请回忆: 在疫情暴发时,你的生活必需品的购买途径是什么?电子商务和网络营销对疫情防控做出了怎样的贡献?

任务回顾与总结

本项目主要介绍了网络营销的基础知识以及企业运营网络营销的原因、条件、工作岗位、工作内容、方法和工具以及企业网络营销团队的构建等内容。通过本项目的学习,我们对网络营销有了一个整体认知,也为后续的学习打下了良好的基础。

小试牛刀

请以某个尚未运营网络营销的企业为例,考查该企业的信息化水平,并总结其运营网络营销的条件是否充分。如果可能,请为该企业设计网络营销团队的构建方案并向该企业领导说明你的网络营销思路。

项目 2

网络商务信息的收集、发布与网络市场调研

项目描述

项目背景

作为企业的网络营销人员,掌握网络信息的收集、处理、发布的方法与技巧,是运营网络营销的基本技能,也是进行网络市场调研的前提和基础。本项目主要利用搜索引擎等相关的网络商务信息处理工具,对网络商务信息进行收集、发布,为企业的网络市场调研打下基础。

知识与技能目标

- 认知网络商务信息收集的方式和方法
- 利用搜索引擎搜索网络商务信息
- 利用微信公众号进行网络商务信息收集
- 利用数据分析平台进行网络商务信息收集
- 利用工具软件采集网络商务信息
- 发布网络商务信息
- 网络市场调研

思政目标

- 树立网络道德意识
- 引领正确价值导向
- 辩证看待工作问题
- 培养不畏困难的工作态度

工作任务 1　认知网络商务信息收集

工作任务描述

1. 任务背景

网络商务信息收集是市场调研的基础以及后续工作的保障,因此首先要了解、掌握网络商务信息收集的原则和采集的步骤。

2. 任务目标

【知识目标】　学习网络商务信息收集的原则。
【技能目标】　熟悉网络商务信息收集的步骤。
【思政目标】　收集网络商务信息过程中要树立正确的道德意识。

工作过程

步骤1:学习网络商务信息收集的原则

数据是伴随企业和消费者之间的交易行为而产生的,数据的类型多种多样,既包括企业品牌信息、产品信息、交易信息,又包括消费者的基本信息,同时还包含消费者的地域信息、行为信息、社会属性等信息。在当前大数据环境下,一些信息内容是公开的,也是共享的,虽然采集信息变得更加方便、快捷,但是在网络商务信息收集时,也要遵循一定的原则。

1. 及时性原则

信息具有时效性。在进行网络商务信息收集时,要尽可能地获取网络中最新的信息内容,只有通过对最新的信息与往期信息进行对比,才能更好地发现当前的问题,同时也可以预测未来的变化趋势。

2. 有效性原则

无效的信息不具有价值。在进行网络商务信息收集的过程中,需要注意信息的有效性。比如,商品的采购价,由于市场行情变化,采购价格会时时发生变化,因此在收集这类信息的时候,要明确信息的有效性,剔除无效信息。

3. 准确性原则

错误的信息会导致分析结果的错误。信息进行处理和分析的过程中,需要进行各种计算,如果收集的信息有误,则计算之后的结果必然会出现偏差,这样会导致后续分析出现错误,造成损失。所以在收集信息时,需要确保所收集的信息准确无误。

4. 合法性原则

网络商务信息的收集还要确保合法性。在进行网络商务信息收集时,要注意收集相关机构公布的公开信息,或者在征得对方同意的情况下获取相关信息,而不能采用商业间谍等非法手段窃取商务信息,否则会触犯法律或者承担刑事责任。

步骤2：熟悉网络商务信息收集的步骤

网络商务信息收集是一个烦琐而又有难度的工作，因此想要快速、准确地进行网络商务信息收集，要有明确规范的步骤。网络商务信息收集一般可以分成以下三个步骤：

1.明确网络商务信息收集的范围与人员分工

在进行网络商务信息收集前，首先要对网络商务信息收集目标进行分析，确定网络商务信息收集的范围和时间。明确这些内容以后，可以确定部门和人员配备。

2.建立必要的网络商务信息收集规范

建立网络商务信息收集规范是为了后续工作有可以遵循的原则，也为庞杂的信息分析工作确定可以识别的唯一标识，对网络商务信息指标进行唯一性表述，并且贯穿在整个网络商务信息收集、查询、分析过程中，确保网络商务信息收集工作有序进行。

3.信息检查

网络商务信息收集完成后，还要进行网络商务信息的完整性、准确性、规范性检查。完整性检查，指的是检查信息收集到的记录是否完整。同时还要检查字段的完整性，保证核心信息的完整。准确性检查，是指在信息收集、录入的过程中，可能会出现个别信息数据出现录入错误，因此在录入完毕后，有必要进行准确性检查。关于准确性的检查，可以通过平均值、求和等方式来进行。规范性检查，主要是指检查收集到的信息中是否存在信息重复、信息标识不准等情况。

思政园地

通过本工作任务的学习，在收集网络商务信息时，在注意信息来源的合法性基础上，同学们要树立正确的道德意识，保障信息收集手段的合理性，不能与公共道德规范或公序良俗相违背。

请思考： 收集的信息如果涉及他人隐私或不正当利益时，你该如何处理这部分信息？

工作任务2　利用搜索引擎搜索网络商务信息

工作任务描述

1.任务背景

Internet是一个信息的海洋，网络资源无穷无尽，如何在信息海洋中快速找到自己想要的信息，已经是摆在每一个网民面前的现实问题。本工作任务的目标就是要熟练运用搜索引擎来搜索Internet，理解搜索引擎的工作原理，并能熟练运用搜索引擎进行各类商务信息的搜索。

网络营销

2.任务目标

【知识目标】 掌握搜索引擎的类型;选择合适的搜索引擎。

【技能目标】 能针对搜索内容进行搜索关键字优化。

【思政目标】 合理运用搜索引擎,避免搜索不良信息;能迅速搜索相关网络商务信息,掌握相关的营销资讯。

工作过程

步骤1:认识搜索引擎

在充分利用搜索引擎这个信息收集工具之前,我们先从营销的角度来认识一下搜索引擎。

1.搜索引擎的工作原理

网络营销人员只有对搜索引擎的工作原理理解得透彻,才能自如运用搜索引擎,并能针对搜索引擎进行有效的网站推广等工作。

网络爬虫会自动地抓取万维网信息的程序或者脚本,它们被广泛用于互联网搜索引擎或其他类似网站,可以自动采集所有其能够访问到的页面内容,以获取或更新这些网站的内容和检索方式。从功能上来讲,网络爬虫的功能主要包括数据采集、数据处理和数据储存三个方面。传统的网络爬虫从一个或若干个初始网页的URL开始,获得初始网页上的URL,在抓取网页的过程中,不断从当前页面上抽取新的URL放入队列,直到满足系统的一定停止条件为止。而聚焦网络爬虫的工作流程则较为复杂,需要根据一定的网页分析算法过滤掉与主题无关的链接,保留有用的链接,并将其放入等待抓取的URL队列。然后,根据一定的搜索策略从队列中选择下一步要抓取的网页URL,并重复上述过程,直到达到系统的某一条件时停止。所有被网络爬虫抓取的网页都将经过一定的分析、过滤和索引之后,被系统地存贮在数据库中,以便后续查询和检索。对于聚焦爬虫来说,这一过程所得到的分析结果还可能以后的抓取过程给出反馈和指导。

为测试搜索引擎是如何工作的,我们可以做一个小实验:在搜索引擎的搜索对话框中输入"网络营销"进行搜索,结果如图2-1所示。搜索结果表明"找到约714 647条相关结果(用时不到1秒钟)"。

图2-1 搜索结果

用时如此之短,找到这么多与该关键字有关的资料,只能说明一个问题:搜索引擎并非实时搜索 Internet,而是到后台数据库中进行搜索,而后将数据库中与该搜索关键字有关的信息按某种规则排序后,显示在浏览者面前,这就是搜索引擎的工作原理,如图 2-2 所示。

图 2-2 搜索引擎的工作原理

2.搜索引擎的分类

(1)按照信息搜集方法分类

仔细观察图 2-2,我们不禁要问:搜索引擎后台数据库中的资料是谁在什么时间放入其中的呢?正因为搜索引擎后台数据库中的资料来源不同,我们才可以将搜索引擎分为以下三类:

①人工搜索引擎。这类搜索引擎又称为目录式搜索引擎,也称为被动式搜索引擎,它以人工方式或半自动方式搜集信息,由编辑人员查看信息之后,人工形成信息摘要,并将信息置于事先确定的分类框架中。信息大多面向网站,提供目录浏览服务和直接检索服务。该类搜索引擎因为加入了人的智能,所以信息准确、导航质量高,其缺点是需要人工介入(维护工作量大)、信息量少、信息更新不及时。目录式搜索引擎虽然有搜索功能,但严格意义上不能称为真正的搜索引擎,只是按目录分类的网站链接列表而已。用户可以按照分类目录找到所需要的信息。这类搜索引擎的代表是:国内,雅虎(被阿里巴巴收购后,目前已经转型);国外,LookSmart、Ask Jeeves、Open Directory 等。

由于目录式搜索引擎需要大量人工,成本相对较高,所以到目前为止,绝大多数搜索引擎均是机器人搜索引擎。

②机器人搜索引擎。这类搜索引擎又称为主动式搜索引擎,它由一个被称为蜘蛛(Spider)的机器人程序以某种策略自动地在 Internet 中搜集和发现信息,由索引器为搜集到的信息建立索引,检索器根据用户的查询输入检索索引库,并将查询结果返回给用户,其服务方式是面向网页的全文检索服务。该类搜索引擎的优点是信息量大、更新及时、无须人工干预,缺点是返回信息过多,有很多无关信息,用户必须从结果中筛选。这类搜索引擎的代表是:国内,Baidu、360、搜狗;国外,Google、Altavista、Excite、Infoseek、Lycos、Inktomi 等。

③元搜索引擎。元搜索引擎一般都没有自己的网络机器人及数据库,它们的搜索结果是通过调用、控制和优化其他多个独立搜索引擎的搜索结果并以统一的格式在同一界面集中显示的。中文类元搜索引擎的代表主要有:搜魅网、马虎聚搜、佐意综合搜索、觅搜、搜乐、比比猫等搜索网站。但由于元搜索引擎没有自己的后台数据库而不具有长久的生命力,以上这些元搜索引擎目前已经关闭或转型,不再从事搜索引擎服务了。

④通用搜索引擎。通用搜索引擎就如同门户网站一样,将大量网站上的信息整理在一个平台上供网民使用,可实现极快的查询。

大家熟知的搜索引擎如必应、有道等都是通用搜索引擎的代表。通用搜索引擎的缺点包括:信息量大、深度不够、查询不够精准。

⑤垂直搜索引擎。垂直搜索引擎是专门针对某一个行业的专业搜索引擎,是通用搜索引擎的细分和延伸,对于网页库中的某类专门的信息进行处理、整合。它定向分字段抽取出需要的数据进行处理后再以某种形式返回给用户。去哪儿、搜房等都属于这一类网站。

垂直搜索引擎的优点是可以保证信息的收录齐全与更新及时、深度好,检出结果重复率低，相关性强，查准率高。

通用搜索引擎并不能够囊括所有的网页，更多的网页是没有被通用搜索引擎收录的。那些没有机会收录的网页，有些是需要身份验证等之后才可以看到，有些是根本未被通用搜索引擎的蜘蛛爬到，但这些信息却往往是宝贵的，更有价值的。

通用搜索引擎一般是一次性给用户很多的信息。从这个角度讲，用户所看到的信息就会呈现出很大一部分的搜索垃圾，影响用户的感受，以及继续使用搜索引擎的兴趣。而垂直搜索引擎可以更好地理解垂直用户的需求，从而给出更好的结果。

从搜索信息的结果来看，除了搜索垃圾会过多外，通用搜索引擎还会存在信息不符合要求的情况，有时候用户搜索某类事物，并以此作为关键字，他需要的是关于这个事物的数量、价格等相关信息，而通用搜索引擎只能给用户线索和网页。通用搜索引擎由于自身巨大，做不到更深入分析后给出更符合行业、用户需求的结果。

通过垂直搜索引擎，是可以打造社区的。社区的一大特性就是物以类聚，垂直搜索恰好是分类人群的很好途径。

（2）按照提供服务的方式分类

按照提供服务方式的不同，搜索引擎可分为三大类：

①全文数据库检索引擎。全文数据库检索引擎正常运作的前提是网站拥有大量的信息，因此必须以强大的数据库为后盾。它能够提供完整的文献和信息检索，查全率很高。但由于信息量非常大，所以检索起来比较困难，对检索技术的要求很高。

②非全文数据库检索引擎。非全文数据库检索引擎具有速度快、使用简便、索引量大的特点，但仅提供部分全文检索，有时需要二次检索，用户感觉不太方便。

③主题指南类检索引擎。主题指南类检索引擎是目前网络检索中常用的检索软件。这种软件查准率高、速度快、使用方便。现在大部分网站都具备主题指南类检索功能。

步骤2：熟练运用搜索引擎收集网络商务信息

熟练运用搜索引擎可实现不同的搜索目标，主要包括针对不同的搜索目标选择合适的搜索引擎、合理地确定搜索关键字、优化搜索关键字以及实现一些特殊的搜索，如天气、股票、邮政编码、手机号码归属地等。

1. 选择一款合适的搜索引擎

搜索引擎的工作方式不同将导致信息覆盖范围的差异。用户在进行信息搜索之前应对众多的搜索引擎有所选择，以实现搜索效率的最大化。为了实现搜索目标，有时用户还不得不尝试多种搜索引擎的综合使用。

搜索引擎营销方法

在众多的搜索引擎中进行选择的标准主要包括：

（1）速度。速度包括两个方面：一个是信息查询的速度；另一个是信息更新的速度。

（2）返回的信息量。返回的信息量是衡量一个搜索引擎数据库大小的重要指标。如果它返回的有效信息量大，就说明这个站点收录的信息范围广，数据容量大，能给用户提供更多的信息资源。

（3）信息相关度。一个搜索引擎站点不仅要对查询的信息数据返回量大，而且要准确，与用户所要求的信息关联度高，不然返回一大堆垃圾信息，再多也没用。

信息的相关性和完整性是相辅相成的，也就是说，人们既应该接收与工作相关的信息（相关性），又应该接收全部需要的信息（完整性）。在很长一段时间里，人们都在为解决信息的完整性而努力。但是，近年来信息技术的快速发展带来了信息量的激增，甚至是"信息爆炸"。在这种情况下，如何甄选出相关性高的信息就成为人们关注的重点。

项目2　网络商务信息的收集、发布与网络市场调研

（4）易用性。查询操作是否简便易行？对查询结果用户能否实施控制和选择？能否改变显示的方式和数量？这也是衡量一个搜索引擎站点的重要指标。

（5）稳定性。一个好的搜索引擎站点，其服务器和数据库应非常稳定，这样才能保证为用户提供安全可靠的查询服务。比如，百度搜索引擎基于字词结合的信息处理方式，巧妙解决了中文信息的理解问题，极大地提高了搜索的准确性和稳定性。

2.合理地确定搜索类别及搜索关键字

要在搜索引擎中搜索网络商务信息，必须先输入搜索关键字，可以说搜索关键字是一切搜索的开始。大部分情况下用户找不到所需要的信息都是因为在搜索关键字的选择和确定方面存在问题。学会从复杂搜索意图中提炼出最具代表性和指示性的关键字，对提高搜索效率至关重要。

（1）确定搜索信息的类别

在搜索之前就能准确地确定要搜索的信息类别，有助于提高搜索速度。下面以百度搜索引擎为例来说明应如何确定搜索关键字。如图 2-3 所示，单击"更多"，会出现更多的搜索类别，如图 2-4 所示。

图 2-3　选择搜索类别

图 2-4　选择更多搜索类别

网络营销

（2）在搜索对话框中输入要搜索信息的关键字进行搜索

例如，要搜索网站的竞争对手的信息，即了解一下长春网上购物网站的数量和规模情况，则可以在搜索对话框中输入"长春网上购物"进行搜索，结果如图2-5所示。

图2-5　利用关键字"长春网上购物"搜索

搜索后，我们会发现，在长春提供网上购物服务的网站或者企业很多，有的网站或者企业是本地的，而有的网站或者企业则是全国性的购物网站，如阿里巴巴。由此可见，网站的竞争者数量多，规模大小各不相同，竞争激烈。

3. 搜索关键字的优化

由于用户对所需要搜索的信息有不同的要求，所以需要不同的搜索技巧，这些搜索技巧能令用户获得意想不到的效果。

（1）高级搜索

几乎所有的搜索引擎都有高级搜索选项。通过高级搜索选项的设置，可以实现一些特殊类型的搜索。如图2-6所示为要查找包含"网络营销"而不包括"电子商务"关键字的网页。

图2-6　高级搜索设置

此外，高级搜索还可以对搜索网页时间、搜索网页格式、关键字位置等诸多方面进行限定。

（2）关键字优化的快捷技巧

高级搜索对一般的用户来说还是有些烦琐，而且不容易把握。为此我们总结一下搜索引擎关于关键字优化的快捷技巧。搜索引擎不同，语法规则也会有所不同，这一点要特别注意。用户在使用不同类型的搜索引擎时，可以得到每种搜索引擎的关键字优化语法。以下仍以百度为例来说明有关关键字的优化技巧。

①把搜索范围限定在网页标题中。网页标题通常是对网页内容提纲挈领式的归纳。把查询内容范围限定在网页标题中，有时能获得良好的效果。实现的方式是：把查询内容中特别关键的部分用"intitle:"领起来。（注意：此处的"："为英文半角的冒号。）

例如，要查找网站的标题中含有"网络营销"的网页，就可以如图 2-7 所示的方法进行搜索查询。（注意："intitle:"和后面的关键字之间不要有空格。）这样，所有搜索到的结果页面都是标题中含有"网络营销"的页面。

图 2-7　把搜索范围限定在网页标题中

②把搜索范围限定在特定站点中。有时候，用户如果知道某个站点中有其需要的东西，就可以把搜索范围限定在这个站点中，以提高查询效率。实现的方式：在查询内容的后面加上"site:站点域名"。例如，要在网易的网站中查找新闻，则可以在如图 2-8 所示的页面中完成。（注意："site:"后面跟的站点域名不要带"http://"；另外，"site:"和站点域名之间不要带空格。）

③把搜索范围限定在 URL 地址栏中。网页 URL 中的某些信息常常有某种有价值的含义，如果对搜索结果的 URL 做某种限定，就可以获得良好的效果。实现的方式：在"inurl:"后跟需要在 URL 中出现的关键字。例如，查找关于网络营销的技巧，可以这样查询："网络营销 inurl:jiqiao"。

上面这个查询串中的"网络营销"可以出现在网页的任何位置，而"jiqiao"则必须出现在网页 URL 中。单击打开一个搜索结果，如图 2-9 所示。（注意："inurl:"和后面的关键字之间不要有空格。）

单击其中第二个结果页面，发现"jiqiao"关键字出现在该页面的 URL 中，如图 2-10 所示。

图 2-8 把搜索范围限定在特定站点中

图 2-9 限定在 URL 中搜索

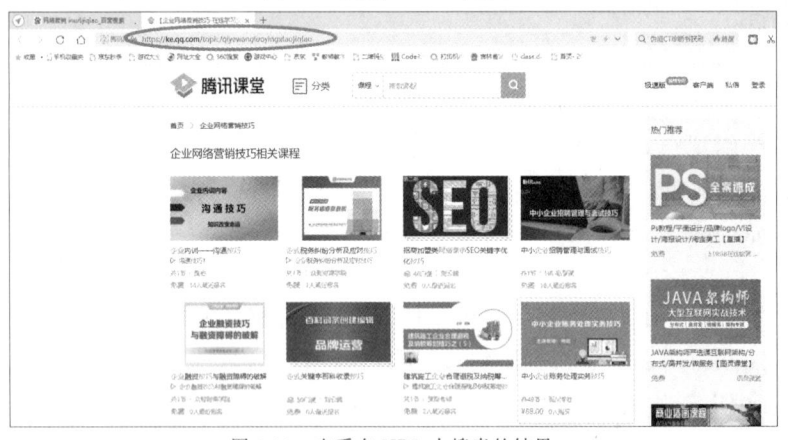

图 2-10 查看在 URL 中搜索的结果

④精确匹配——双引号和书名号。如果输入的关键字很长,百度在经过分析后,给出的搜索结果中的关键字可能是拆分的。如果用户对这种情况不满意,可以尝试让百度不拆分关键字。给关键字加上双引号就可以达到这种效果。例如,搜索"长春网上购物",如果不加双引号,搜索结果被拆分,效果不是很好;加上双引号后,搜索结果如图 2-11 所示。

项目 2　网络商务信息的收集、发布与网络市场调研

图 2-11　精确匹配关键字的搜索

书名号是百度独有的一种特殊查询语法。在其他搜索引擎中,书名号会被忽略,而在百度中,书名号是可被查询的。加上书名号有两种特殊功能:一是书名号会出现在搜索结果中;二是被书名号括起来的内容不会被拆分。书名号在某些情况下特别有效果,例如,查名称很通俗和常见的电影或者小说。若要查找《网络营销与电子商务》,则可以输入带书名号的关键字,如图 2-12 所示。

图 2-12　书名号的精确匹配搜索

⑤要求搜索结果中不含特定关键字。如果发现搜索结果中有某一类网页是不希望看见的,而且这些网页都包含特定的关键字,那么用减号就可以去除所有这些含有特定关键字的网页。例如,搜索有关"网络营销"且不包括"电子商务"方面的信息时,就可以这样构建关键字:"＋网络营销 －电子商务"。注意,前一个关键字前的"＋"可以省略,其与减号之间必须有空格,否则,减号会被当成连字符处理,而失去减号语法功能。减号和后一个关键字之间有无空格均可。查询结果如图 2-13 所示。

⑥反向链接搜索。网页就是一个一个的链接的集合。网页链接按照链接的方向不同,可以分为正向链接和反向链接。正向链接是从本页跳转到其他页面的链接,即跳出链接;反向链接是从其他页面跳转到本页面的链接,即跳入链接。作为网站管理员或者企业的营销人员,都希望本网站有更多的反向链接,因为这样可以从外部带来更多的流量。一个网站的反向链接数,我们凭肉眼是看不到、数不出的(因为它在别的网页上)。若要准确查询一个网站的反向链接数,只有通过特定的工具或者软件才行。例如,可以在站长之家等网站中进行查询,也可以利用搜索引擎进行直接查询。

27

网络营销

图 2-13　结果中不含特定关键字的搜索

目前来看,可能是基于防止网站信息泄漏等原因,支持反向链接查询的搜索引擎越来越少,百度虽然能进行"link:"搜索,但结果也不准确,如图 2-14 所示。

图 2-14　反向链接＝查询

思政园地

　　通过本工作任务的学习,我们初步了解了搜索引擎的工作原理,以及各类搜索引擎的优缺点,在此基础上,还要加强各种搜索引擎的实践应用,以提高信息搜集速度和质量。更为重要的是,搜索引擎是一个通用工具,大家要合理运用,避免搜索不良信息。

　　请思考:利用搜索引擎的工作原理,如何去除或者减少互联网上的不良信息?

项目 2　网络商务信息的收集、发布与网络市场调研

工作任务 3　利用微信公众号进行网络商务信息收集

工作任务描述

1. 任务背景

调查表明，微信公众号是能有效触达用户的工具之一。对企业管理人员而言，利用微信公众号收集商务信息不失为一种好方法。

2. 任务目标

【知识目标】　掌握微信公众号的内容建设。
【技能目标】　拟订应用微信公众号搜集相关信息的方案。
【思政目标】　保障微信公众号内容的正确价值导向。

工作过程

步骤 1：获得客户的关注

获得客户的关注是利用微信公众号来收集网络商务信息的第一步。使用户关注微信公众号的方法主要有：

(1) 微信群扩散，产生裂变。
(2) 在企业网站上建立客户关注。如图 2-15 所示为某网站的客户关注界面。

图 2-15　某网站的客户关注界面

(3) 在网站上建立与产品或者服务内容相关联的讨论，以吸引客户参与并关注；在网站的客户留言簿中，客户若要留言，必须关注微信公众号。

步骤 2：公众号内容输出

公众号内容输出需要注意以下几点：
(1) 每天发布的内容不要太多。如果每天发布的内容太多，会让用户反感。
(2) 文章的内容宜短不宜长，好的文章需要搭配出色的图片。长篇大论不如图文并茂。

29

网络营销

（3）标题是吸引读者点击的关键一步，特别是在粉丝量还不够的情况下，标题一定要吸引人眼球。

（4）选择公众号的类型非常关键。服务号带自定义菜单，一个月可推送四次内容，推送的内容会直接出现在客户的聊天记录里，客户可以第一时间浏览；而订阅号需认证才有自定义菜单，虽每天能推送一次消息，但推送的消息出现在"订阅号文件夹"里，客户浏览不便。如果以品牌推广结合市场营销为目的的话，选择服务号综合作用要大于订阅号。

（5）一定要清楚自己的核心价值和特有的内容。

步骤3：注册第三方信息采集工具

信息采集工具有很多，比如金数据、麦客、问卷星等。这里以麦客为例进行介绍。

（1）打开麦客，里面会有很多收集信息的模板，如图2-16所示。

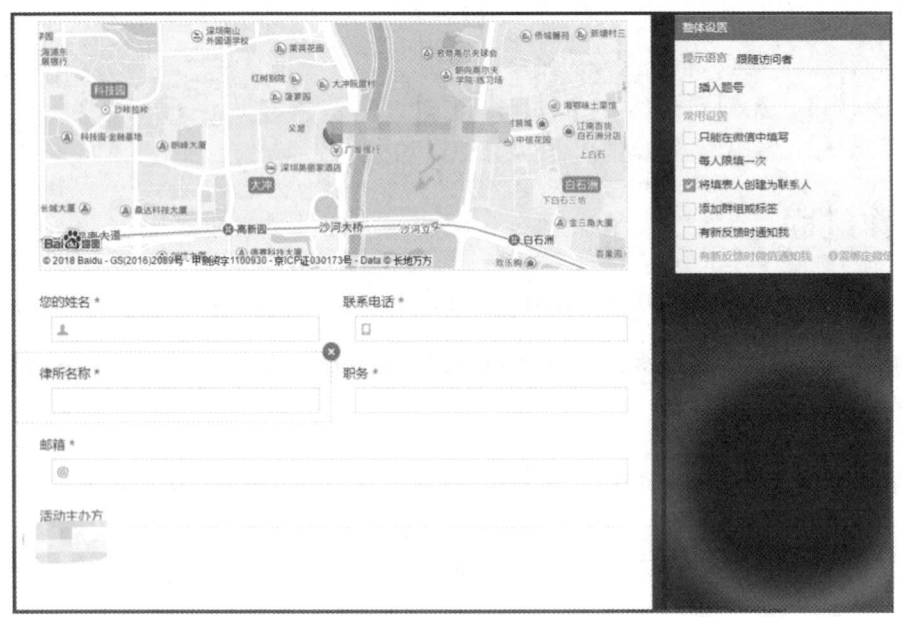

图2-16 麦客收集信息模板

（2）编辑公众号内容的时候建议用秀米等工具，效果更佳，然后选中公众号内容中特定的字样，加入超链接，放置到文章内引导收集用户信息，如图2-17所示。

（3）发布公众号。用户填写好的信息都会汇集到后台，可以直接导出到表格里。

图2-17 在微信公众号内容中加入超链接

项目2　网络商务信息的收集、发布与网络市场调研

> **思政园地**
>
> 通过本工作任务的学习,我们掌握了利用微信公众号收集网络商务信息的方法,同学们要对微信公众号的强大传播能力形成精准认知,避免信息源头谬误带来的负能量膨胀传播。
>
> 请思考:在编辑微信公众号内容和制作客户信息收集模板时,如何避免敏感用词和内容歧义?

工作任务 4　利用工具软件采集网络商务信息

工作任务描述

1.任务背景

有没有一种办法能将所收集的信息进行智能分类、智能整理而后无须人工干预直接存入相应数据库呢?答案是肯定的。这种工具就是专业的网络商务信息采集软件。

2.任务目标

【知识目标】　了解常见的网络商务信息采集工具。
【技能目标】　认知网络商务信息采集软件的工作原理和使用方法。
【思政目标】　合理运用网络商务信息采集软件,避免侵权。

工作过程

步骤 1:了解网络商务信息采集软件的功能

网络商务信息采集软件的主要功能为:根据用户自定义的任务配置,批量而精确地抽取目标网页中的半结构化与非结构化数据,将其转化为结构化的记录,保存在本地数据库中,用于内部使用或外网发布,快速实现外部信息的获取。乐思信息采集系统如图 2-18 所示,它除了可以处理远程网页外,还可以处理本地网页、远程或本地的文本文件。这些网络商务信息采集软件主要用于舆情监测、品牌监测、价格监测、门户网站新闻采集、行业资讯采集、竞争情报获取、商业数据整合、市场研究、数据库营销等领域。

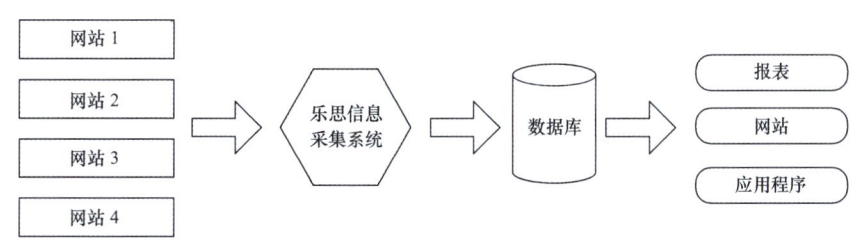

图 2-18　乐思信息采集系统

步骤2：掌握网络商务信息采集软件的特点

（1）支持对各种网页内不同数据的精确采集。网络商务信息采集软件的网络信息采集技术一般都支持对各种网页内不同数据的精确采集。

（2）支持各种监测对象。网络商务信息采集软件可以实时监测新闻、论坛、公共聊天室、搜索引擎、留言板、应用程序、报刊网站电子版内容等。

（3）无须配置，直接监测上千个新闻网站。网络商务信息采集软件系统内置对全球范围内网站的监测配置，只需输入关键字即可自动采集文章标题与正文。

（4）强大的多语言统一处理功能。网络商务信息采集软件可自动处理并保存中文、英语、法语、德语、日语、韩语、阿拉伯语等多种语言。

（5）智能文章提取。网络商务信息采集软件对于文章类型网页，可以无须配置，直接自动提取文章正文、标题以及作者、发布日期等，自动去除广告、栏目、版权等无关内容。

（6）完美支持各种网页情况。网络商务信息采集软件支持当前流行的 Web 2.0 动态网站，支持用户名与密码自动登录，支持表单查询，支持下一页自动浏览功能，支持多页面文章内容自动抽取与合并，可以自动下载正文内图片以及各类附件，选择保存原文快照以备查，支持多种互联网协议（如 HTTP、HTTPS 以及 FTP），支持多种网络文件格式。

（7）自动去重功能。网络商务信息采集软件每次采集信息时，对于同一个 URL，仅采集最新的、没有采集过的文章内容或回复；对于已经采集过的内容，自动忽略。对于转载文章，可以选择自动去重。

（8）内置各种后期数据处理功能。数据从网页上获取后，可进一步精加工为各种更细粒度的字段数据或进行合并整合、替换统计等。

（9）可无人值守，全天候自动采集。网络商务信息采集软件可定时运行，也可 24 小时运行，可设置采集时间间隔最短为 1 分钟。

（10）用户可以自行添加目标监测网站。网络商务信息采集软件利用系统提供的采集平台，用户可以很容易地对目标网站进行可视化分析，配置出采集任务文件，加入调度过程，从而可以任意修改、增加、移除监测目标。

步骤3：熟悉常用网络商务信息采集软件

网络商务信息采集软件就是为了满足从网页上采集信息的需求而由专业的互联网软件公司研发的一整套工具软件，用于实现自动从大批量网页上采集数据，可以应用在各个行业，满足各种采集需求。

1. 八爪鱼采集器

八爪鱼采集器（登录页面如图 2-19 所示）是深圳视界信息技术有限公司推出的一款采集网页数据的智能软件。八爪鱼数据采集系统以完全自主研发的分布式云计算平台为核心，可以在很短的时间内，轻松从各种不同的网站或者网页获取大量的规范化数据，帮助任何需要从网页获取信息的客户实现数据自动化采集、编辑、规范化，摆脱

图 2-19　八爪鱼采集器登录页面

对人工搜索及收集数据的依赖,降低获取信息的成本,提高效率。

简单来讲,使用八爪鱼数据采集系统可以非常容易地从任何网页精确采集需要的数据,生成自定义的、规整的数据格式。八爪鱼数据采集系统能做的包括但并不局限于以下内容:

- 金融数据,如季报、年报、财务报告,包括每日净值自动采集。
- 各大新闻门户网站实时监控,自动更新及上传发布的新闻。
- 监控竞争对手信息,包括商品价格及库存。
- 监控各大社交网站,自动抓取企业产品的相关评论。
- 收集职场招聘信息。
- 监控各大地产相关网站,采集新房、二手房行情信息。
- 采集各大汽车网站具体的新车、二手车信息。
- 发现和收集潜在客户信息。
- 采集行业网站的产品目录及产品信息。
- 在各大电商平台之间同步商品信息,做到在一个平台发布,其他平台自动更新。

2.火车采集器

火车采集器(图 2-20)是一款专业的、功能强大的网络数据/信息挖掘软件。通过灵活的配置,用户可以轻松地从网页上抓取文字、图片、文件等任何资源。程序支持远程下载图片文件,支持网站登录后的信息采集,支持探测文件真实地址,支持代理,支持防盗链的采集,支持采集数据直接入库和模仿人手工发布等许多功能特点。

图 2-20 火车采集器

火车采集器支持从任何类型的网站采集获取用户所需要的信息,如各种新闻类网站、论坛、电子商务网站、求职招聘网站等。同时其具有强大的网站登录采集、多页和分页采集、网站跨层采集、脚本页面采集、动态页面采集等高级采集功能。强大的 php 和 c# 插件支持,让用

网络营销

户可以通过二次开发实现想要的任何更强大的功能。

- 支持所有网站编码:完美支持采集所有编码格式的网页,程序还可以自动识别网页编码。
- 多种发布方式:支持多种网站程序,通过系统的发布模块能实现采集器和网站程序间的完美结合。
- 全自动:无人值守工作,配置好程序后,程序将依据用户的设置自动运行,完全无须人工干预。
- 本地编辑:本地可视化编辑已采集的数据。
- 采集测试:程序支持直接查看采集结果并测试发布。
- 管理方便:使用站点+任务方式管理采集节点,任务支持批量操作,再多的数据管理也很轻松。
- 通用性强:无论新闻、论坛、视频、黄页、图片、下载类网站,只要通过浏览器能看到的结构化的内容,通过指定匹配规则,都能采集到用户所需要的内容。
- 稳定、高效:软件不断更新进步,采集速度快,性能稳定,占用资源少。
- 扩展性强、适用范围广:自定义 Web 发布,自定义主流的数据库的保存和发布,自定义本地 php 及 .net 外部编程接口处理数据,让数据都能为用户所用。

3.关关采集器

关关采集器是一款非常实用的网络资源采集工具。用户下载之后无须安装即可使用,有了它,就可以采集网站资源以及自定义生成方式,还可以实现内容的重复检测以及自动水印和格式替换等功能。

4.飞速企业名录采集系统

飞速企业名录采集系统是一款专业针对营销计划的辅助软件,能够帮助企业快速、有效地搜索信息,找到目标客户,争取更多的商业机会。

思政园地

在应用专业性强且功能强大的网络商务信息采集软件时,要正确认识软件价值,避免形成思维依赖,造成工作视野受限。更为重要的是,我们要正确使用专业的网络商务信息收集工具,收集合法数据和信息,避免违法和侵权。

请思考: 工具软件是否为完美的信息收集手段,能否完全取代其他收集网络商务信息方式?如何才能避免违法和侵权?

工作任务 5　发布网络商务信息

工作任务描述

1.任务背景

在网络营销中,对商务信息的处理包括两个方面:一是收集对本企业有用的商务信息;二是将本企业的相关商务信息在网上进行发布。虽然二者对信息的处理方向不同,但是却有许多共同之处,有许多信息收集的工具也可以用来进行商务信息的发布。

2.任务目标

【知识目标】 掌握常见的网络商务信息发布的手段和方法。
【技能目标】 选择合适的网络商务信息发布工具。
【思政目标】 避免发布、转载虚假或者负面的信息。

工作过程

方法1:利用电子邮件群发功能发布

通过电子邮件群发可在几秒内将企业的商业推广信息及商业广告发送到数千万客户的电子信箱中,只需对方打开电子信箱便可看到用户的商业信件,它的广告宣传效果完全可以与花费几十万元甚至上百万元的广告相媲美,而成本只是上网费用,并且简单易用,无须专业知识。

利用软件来实现电子邮件的群发效率的确比较高,但也存在容易产生垃圾邮件的问题。能否解决电子邮件群发中的垃圾邮件问题,决定着群发电子邮件软件的未来命运。

方法2:利用微信公众号发布

微信公众号信息推送迅速,用户直接发送消息到微信公众号,可以及时得到回复。
(1)首先企业要建立一个自己的微信公众号,用绑定的微信扫码登录。
(2)点击新建群发—自建图文,输入发布内容的标题及文章内容,写完后上传封面。
(3)点击保存并群发。
(4)群发前也可以预览一下,点击群发就完成了微信公众号信息的发布。

方法3:利用本企业网站发布

企业可以充分利用自己的网站发布商务信息。这种方法的优势包括:
(1)成本低。在本企业网站上发布自己的商务信息,对信息量占用的空间不受限制。
(2)自主性大。发布何种信息、以什么样的形式发布都由本企业自己决定。
(3)不利影响小。这种方式不对客户产生任何类似垃圾邮件的不利影响。
(4)宣传效果直接。在本企业网站上发布商务信息可以对本企业的网站进行直接宣传,这是其他任何方式所无法比拟的。

但是,这种方式可以发挥作用的前提是本企业的网站在消费者和客户群中具有一定的知名度。

方法4:利用行业门户网站或者交易平台发布

专业发布供求信息的网站知名度较高,因此在此类网站上发布商务信息的企业较多,如阿里巴巴,而且这类门户网站或者交易平台整合了相关领域的多数企业,为它们提供有关领域的供求信息,具有一定的针对性和较高的有效性。

方法5:利用微博、微信发布

微博主要有个人账号和企业账号两种类型。从发布信息的角度来看,企业既可以利用个人账号(如企业员工的账号等)发布有关企业和企业产品的信息,又可以自行建立一个企业账号,以该账号作为与消费者和客户沟通的主要渠道。这里需要注意的是,企业账号可以建立在企业网站之内,或建立在企业微博网络平台之上,前者具有独立性,而后者具有开放性好和流量高等优势。

方法6:利用商务信息合作平台发布

(1)BD之家

BD之家于2016年上线,隶属于武汉优上科技有限公司,是一个线上的对接网站,包括异

网络营销

业合作、广告主、渠道主等板块,对合作信息分类很精准。它组建有 BD 资源群,对每日查看合作有限制,普通用户每天能看 5 个免费的合作信息。

(2)BDwork

BDwork 于 2014 年上线,隶属于上海维典网络科技有限公司,主要包括对接、跨界合作、异业合作、跨境合作等各类合作业务。它把线下活动和线上对接结合起来,合作类型比较多,细分的功能也很多。用户每天可以免费看三个合作信息,开通会员可以获得更多的信息。

(3)市场部网

市场部网于 2006 年上线,隶属于势场信息科技(上海)有限公司。它分为三大板块,分别为:媒体平台(市场部网站及自媒体号、峰会论坛、评选榜单、职业社群)、人才培训(市场部学院、人才招聘、高端猎头)、营销服务(异业邦、发稿狮、营大师)。市场部网是一个综合性的网站,对接合作在异业邦板块里,联系合作和发布需求信息需要申请企业入驻。

(4)企鹊桥

企鹊桥于 2016 年上线,隶属于杭州鑫牛科技有限公司,是市场合作需求发布的异业合作平台。注册网站可以查看 3 条合作信息,需要每天完成任务来获得合作信息,推销会员服务,开通会员即可帮用户对接合作。

嵌入知识点

1.网络商务信息的概念

信息是指反映客观事实的可传递的知识,是人们对数据进行相应处理后产生的对特定对象有用的结果。信息的概念非常广泛,从不同的角度对信息可下不同的定义。在商务活动中,信息通常指的是商业资讯、情报、数据、密码、知识等。

网络商务信息限定了商务信息传递的媒体和途径,只有通过计算机网络传递的商务信息(包括文字、数据、表格、图形、影像、声音以及内容能够被人或计算机察知的符号系统)才属于网络商务信息的范畴。信息在网络空间的传递称为网络通信,在网络上的停留称为存储。

2.网络商务信息的特点

相对于传统商务信息,网络商务信息具有以下显著特点:

(1)实效性强

传统商务信息由于传递速度慢、传递渠道不畅通,经常导致信息获得了但也失效了。网络商务信息则可有效地避免这种情况。由于网络商务信息更新及时、传递速度快,所以只要信息搜集者及时发现信息,就可以保证信息的实效性。

(2)准确性高

网络商务信息绝大部分是通过搜索引擎找到信息发布源而获得的。在这个过程中,减少了信息传递的中间环节,从而减少了信息的误传和更改,有效地保证了信息的准确性。

(3)便于存储

网络商务信息可以方便地从 Internet 下载到自己的计算机上,通过计算机进行管理。而且,原有的各个网站上也有相应的信息存储系统,信息资料遗失后,还可以到原有的信息源中再次查找。

(4)检索难度大

虽然网络系统提供了许多检索方法,但海量的全球范围内各行各业的信息,常常把企业营销人员淹没在信息的海洋或者说信息垃圾之中。在浩瀚的网络信息资源中,迅速地找到自己所需要的信息,经过加工、筛选和整理,把反映商务活动本质的、有用的、适合本企业情况的信息提炼出来,需要相当一段时间的培训和经验积累。

此外,网络商务信息还有以下特点:地域局限性小,跨时空,信息时效性强;信息传播速度快,方便快捷;求证信息真假度耗用时间较短;无论单向、双向方面,信息量大,易于搜索整理。

3. 网络商务信息的分级

不同的网络商务信息对不同用户的使用价值(效用)不同。从网络商务信息本身所具有的总体价格水平来看,可以将它粗略地分为四个等级:

(1)第一级——免费商务信息

免费商务信息主要指社会公益性的,对社会和人们具有普遍服务意义的信息,它只占信息库数据量的5%左右。

(2)第二级——收取较低费用的信息

收取较低费用的信息属于一般性的普通类信息。这类信息占信息库数据量的10%~20%,只收取基本的服务费用,不追求利润,如一般性文章的全文检索信息。

(3)第三级——收取标准信息费用的信息

收取标准信息费用的信息属于知识、经济类的信息,收费采用成本加利润的标准。这类信息的采集、加工、整理、更新等比较复杂,要花费一定的费用。同时,信息的使用价值较高,提供的服务层次较深。这类信息占信息库数据量的60%左右,是信息服务商的主要服务范围。网络商务信息大部分属于这一范畴。

(4)第四级——优质优价的信息

优质优价的信息是有极高使用价值的专用信息,如重要的市场走向分析,网络畅销商品的情况调查,新产品、新技术、专利技术以及其他独特的专门性信息等,是信息库中成本费用较高的一类信息,可为用户提供更深层次的服务。一条高价值的信息一旦被用户采用,将会给企业带来较高的利润,给用户带来较大的收益。

4. 网络商务信息收集的基本要求

网络营销离不开信息。有效的网络商务信息必须是能够保证源源不断地供网络营销决策的信息。网络营销对网络商务信息收集的要求是及时、准确、适度和经济。

(1)及时

所谓及时,就是迅速、灵敏地反映销售市场发展各方面的最新动态。信息都是有时效性的,其价值与时间成反比。及时要求信息流与物流尽可能同步。由于信息的识别、记录、传递、反馈都要花费一定的时间,因此信息流与物流之间一般会存在时滞。尽可能地减少信息流滞后于物流的时间,提高时效性,是网络商务信息收集的主要目标之一。

(2)准确

所谓准确,是指信息应真实地反映客观现实,失真度小。在网络营销中,由于买卖双方不直接见面,因而准确的信息就显得尤为重要。准确的信息才可能导致正确的市场决策。信息失真,轻则会贻误商机,重则会造成重大的损失。信息的失真通常有3个方面的原因:一是信源提供的信息不完全、不准确;二是信息在编码、译码和传递过程中受到干扰;三是信宿(信箱)接收信息出现偏差。为了降低网络商务信息的失真,必须在上述三个环节提高管理水平。

(3) 适度

适度是指提供信息要有针对性和目的性,不要无的放矢。没有信息,企业的营销活动就会完全处于一种盲目的状态。信息过多、过滥,也会使得营销人员无所适从。在当今的信息时代,信息量越来越大,范围越来越广,不同的管理层次又对信息提出不同的要求。

在这样的情况下,网络商务信息的检索必须目标明确、方法恰当,信息搜集的范围和数量要适度。

(4) 经济

这里的经济是指以最低的费用获得必要的信息。追求经济效益是一切经济活动的中心,也是网络商务信息检索的原则。许多人上网后,看到网络上大量的可用信息,往往想把它们全部复制下来,但发现下载费用十分高昂。由此可见,信息的及时性、准确性和适度性都要求建立在经济性基础之上。此外,提高经济性,还要注意使所获得的信息发挥最大的效用。

5. 网络商务信息发布的注意事项

在选择了合适的网络商务信息发布工具和途径之后,要对信息的格式、内容以及显示效果进行处理,主要包括以下方面:

(1) 信息标题设计

信息发布后,浏览者最先看到的就是信息标题。信息标题是否有足够的吸引力是浏览者能否关注的关键。同时,标题不宜太长,也不要太短,大多是根据网站的设定规定字段。例如,在阿里巴巴网站发布销售信息的话,标题一般为15~25个字。

此外,标题要符合用户的搜索习惯。如果我们写一个很少人搜索的标题,那么就无法从分类信息平台获得流量和客户,所以一定要花心思研究并模拟用户搜索习惯,比如产品或者服务的用户关心什么,是产品的价格、质量还是服务,然后将这些信息融入标题。

(2) 信息内容设计

设计了好的信息标题,可以吸引很多人来浏览信息内容,但是如果信息内容设计不好,没有足够吸引力的话,同样不能给目标客户带来价值,他们也许不会认真看完信息的全部内容。

(3) 产品图片设计

在信息内容和信息标题优化都很不错的情况下,我们还要考虑产品的图片设计问题。图片是否清晰、美观,是否能有效反映本次信息发布的目标等都是图片设计的内容。

(4) 信息发布时间控制

信息发布时间控制也是很重要的。假如企业的目标客户大多在22:00上网浏览信息,而企业的信息发布后却在8:00就显示,这样等目标客户上网时,信息已经被删除或者覆盖了,这是很大的浪费,所以在信息发布时间上需要进行控制。

(5) 信息的分类发布

想要让自己的信息曝光率高,就要巧妙借用网站的产品信息分类栏目,进行多栏目的发布。

(6) 信息发布频率和更新频率

当信息发布后,还需要对信息进行管理,即控制好信息的发布频率和更新频率,不要年初发布了一条销售信息,到年尾还没有进行更新,也不进行管理。

(7)平台选择

目前互联网上的分类信息网站很多,我们要根据自己的业务需求选择。比如地区性服务,那么首先要选择的是本地平台,如果是行业性的产品,首选的应该是行业平台。此外,根据公司的人员安排和精力来选择平台的数量。初步确定平台后,一定要记得测试,比如第一次在全部平台发布信息,然后记录下来,观察哪些容易被搜索引擎收录并取得好的排名,将那些好的平台筛选出来并不断积累保存。

(8)内容把控

搜索引擎十分喜欢有价值的内容,一般写得好的内容十分容易获得好的排名和流量。可以围绕产品或者服务的特点、优势、使用技巧、注意事项等来进行介绍,内容一定要有针对性,这样做的目的有两个:一个是便于搜索引擎收录;另一个是体现专业性和传递出来的企业信息可以提高用户的转化率。

思政园地

众多企业发布网络商务信息时,会选择前面所提到的方法。我们作为当代的年轻人,要勇于创新,思维不拘泥于传统方法,开辟发布网络商务信息的方法。

请思考: 在使用新的发布网络商务信息的方法时,有没有需要注意的问题?

工作任务6 网络市场调研

工作任务描述

1.任务背景

当浏览者浏览网站或者打开电子邮箱时,有时就会发现网络调查问卷。这些调查问卷是一些企业进行的网络市场调研。网络市场调研与传统市场调研的不同主要体现在调研的对象、手段和方式以及调查问卷的发布与回收等方面。

2.任务目标

【知识目标】 认识网络市场调研相比传统市场调研的优点。

【技能目标】 掌握网络市场调研的步骤和方法;学会设计和发布网络调研问卷。

【思政目标】 培养持之以恒和坚韧不拔的工作态度。

工作过程

步骤1：认知网络市场调研的内涵

基于Internet系统地进行营销信息的收集、整理、分析和研究的过程称为网络市场调研。

传统的市场调研一方面要投入大量的人力、物力，如果调研面较小，则不足以全面掌握市场信息，而若调研面较大，则调研周期长，调研费用高；另一方面，在传统的市场调研中，被调研者始终处于被动地位，企业不可能针对不同的消费者提供不同的调查问卷，而针对企业的调查，消费者一般也不予反应和回复。网络市场调研可以节省大量调查费用和人力，其费用主要集中在建立调查问卷网页的链接费用上。

步骤2：了解网络市场调研的优点

1. 及时性和共享性

网络的传输速度非常快，网络信息能够快速地传送到连接上网的任何网络用户，而且网上投票信息经过统计分析软件初步处理后，可以看到阶段性结果，而传统的市场调研得出结论需经过很长的一段时间。同时，网上调研是开放的，任何网民都可以参加投票和查看结果，这就保证了网络调研的共享性。

2. 便捷性和经济性

调研者在企业站点上发出电子调查问卷，提供相关的信息，或者及时修改、充实相关信息，被调研者只需在计算机前按照自己的意愿轻点鼠标或填写问卷，之后调研者利用计算机对访问者反馈回来的信息进行整理和分析即可，这种调研方式是十分便捷的。

3. 交互性和充分性

网络的较大优势是交互性，这种交互性也充分体现在网络市场调研中。网络市场调研在某种程度上具有人员面访的优点，在网上调查时，被访问者可以及时就与问卷相关的问题提出自己的看法和建议，可减少因问卷设计不合理而导致的调查结论出现偏差等问题。同时，网络调研又具有留置问卷或邮寄问卷的优点，被访问者有充分的时间进行思考，可以自由地在网上发表自己的看法。把这些优点集合于一身，形成了网络调研的交互性和充分性的特点。

4. 可靠性和客观性

相比传统市场调研，网络市场调研的结果比较可靠和客观，这主要是基于以下几点：首先，企业站点的访问者一般都对企业产品有一定的兴趣，被调查者是在完全自愿的原则下参与调查，调研的针对性强。其次，被调研者主动填写调研问卷，说明填写者一般对调研内容有一定的兴趣，回答问题就会相对认真，所以问卷填写可靠性高。此外，网络市场调研可以避免传统市场调研中人为因素干扰所导致的调研结论的偏差，因为被访问者是在完全独立思考的环境中接受调研的，能最大限度地保证调研结果的客观性。

5. 无时空和地域的限制性

传统的市场调研往往会受到区域与时间的限制，而网络市场调研可以全天候进行，同时也不受地域的限制。

6. 可检验性和可控制性

利用Internet进行网络市场调研，可以有效地对采集信息的质量实施系统的检验和控制。

首先,网络调查问卷可以附加全面、规范的指标解释,有利于消除被调研者因对指标理解不清或调研员解释口径不一而造成的调研偏差。其次,问卷的复核检验由计算机依据设定的检验条件和控制措施自动实施,可以有效地保证对调查问卷100%复核检验,保证检验与控制的客观公正性。最后,通过对被调研者的身份验证可以有效地防止信息采集过程中的舞弊行为。

步骤3:了解网络市场调研的缺点

网络市场调研也存在着一定的缺点,主要如下:
(1)代表性较差。网络市场调研会使某些人群被排除在被调研者之外。
(2)互联网的安全问题。被调研者担心自己的个人信息在网络上被窃取。
(3)无法确认样本的真实性。有些人可能不太愿意在网络上接受调研。

在网络上任何人都可以成为被调研者。某些上网人员对调研表进行反复填写与提交,可能导致最后的调研结果失去意义。

步骤4:确定网络市场调研的环节

网络市场调研与传统的市场调研一样,应遵循一定的方法与步骤,以保证调研过程的质量。网络市场调研一般包括以下步骤:

1.明确问题与确定调研目标

明确问题与确定调研目标对网络调研来说尤为重要,因此,在开始网上搜索时要有一个清晰的目标。

2.制订调研计划

网上市场调研的第二个步骤是制订有效的调研计划。具体来说,要确定资料来源、调查方法、调查手段、抽样方案和联系方式。

3.搜集信息

网络通信技术的突飞猛进使得资料搜集方法迅速发展。Internet没有时间和地域的限制,因此网上市场调研可以在全国甚至全球进行。同时,搜集信息的方法也很简单,直接在网上递交或下载即可。这与传统市场调研的搜集资料方式有很大的区别。

利用互联网进行市场调研是一种非常有效的方式,每个环节都要考虑周到。以下几个方面的问题需给予足够重视:①尽可能多地吸引网民参与调研,特别是被动问卷调研法,参与者的数量对调研结果的可信度至关重要,问卷设计水平对此也有一定影响;②尽量减少无效问卷,提醒被调研者对遗漏的项目或者明显超出正常范围的内容进行完善;③样本分布不均衡的影响;④公布保护个人信息声明;⑤避免滥用市场调研功能;⑥奖项设置要合理;⑦尽可能将多种调研方式相结合。

4.分析信息

搜集信息后要做的就是分析信息,这一步骤非常关键。答案不在信息中,而在调查人员的头脑中。调查人员如何从数据中提炼出与调查目标相关的信息,直接影响到最终的结果。要使用数据分析技术,如交叉列表分析技术、概括技术、综合指标分析和动态分析技术等。目前,国际上较为通用的分析软件有SPSS、SAS等。

5.提交调研报告

调研报告的撰写是整个调研活动的最后一个阶段。调研报告不是数据和资料的简单堆砌,调研人员不能把大量的数字和复杂的统计技术扔到管理人员面前,这样就失去了调研的价值。正确的做法是把与市场营销关键决策有关的主要调查结果整理出来,并以调研报告所应具备的正规结构撰写。

步骤5:选择网络市场直接调研的方法

网络市场直接调研指的是为实现当前特定的目的在Internet上搜集一手资料或原始信息的过程。直接调研的方法有四种:专题讨论法、在线问卷法、观察法和实验法,其中使用最多的是专题讨论法和在线问卷法。

调研过程中具体应采用哪一种方法,要根据实际调研的目的和需要而定。需注意的是,网络调研应遵循网络规范和礼仪。

1.专题讨论法

专题讨论法可通过百度搜索、商务信息合作平台或微信公众号讨论组进行,其步骤如下:

(1)确定要调研的目标市场。

(2)识别目标市场中要加以调研的讨论组。

(3)确定可以讨论或准备讨论的具体话题。

(4)登录相应的讨论组,通过过滤系统发现有用的信息或创建新的话题,让大家讨论,从中获得有用的信息。

2.在线问卷法

在线问卷法即请求浏览其网站的每个人参与企业的各种调查。在线问卷法可以委托专业公司进行,具体做法如下:

(1)向相关的讨论组发送简略的问卷。

(2)在自己的网站上放置简略的问卷。

(3)向讨论组发送相关信息,并把链接指向放在自己网站上的问卷。

采用在线问卷法时应注意的问题包括:

(1)在线问卷不能过于复杂、详细,否则会使被调研者产生厌烦情绪,从而影响调研问卷所搜集数据的质量。

(2)可采取一定的激励措施,如提供免费礼品、抽奖送礼等。

3.专题讨论法

创建相应的讨论组,利用过滤系统筛选出适合的信息,引导用户就某一产品或事件进行讨论,最终得到有用的调查信息。

4.网上观察法

利用某些程序或人员,记录访问网站的用户的活动轨迹。比如是什么时间访问的网站、某一个页面的访问次数等。

步骤6:选择网络市场间接调研的方法

网络市场间接调研指的是网上二手资料的搜集。二手资料的来源有很多,如政府出版物、公共图书馆、大学图书馆、贸易协会、市场调查公司、广告代理公司和媒体、专业团体、企业情报室等。其中许多单位和机构都已在Internet上建立了自己的网站,各种信息都可通过访问其网站获得。再加上众多综合型ICP(网络内容提供商)、专业型ICP以及成千上万个搜索引擎网站,使得Internet上二手资料的收集非常方便。

项目2　网络商务信息的收集、发布与网络市场调研

Internet上虽有海量的二手资料,但要找到自己需要的信息,首先必须熟悉搜索引擎的使用,其次要掌握专题型网络信息资源的分布。归纳起来,网上查找资料主要通过三种方法:利用搜索引擎;访问相关的网站,如各种专题型或综合型网站;利用相关的网上数据库。

思政园地

通过本工作任务的学习,我们了解了网络市场调研对网络营销的重要性。在开展网络市场调研时,会遇到形形色色的困难,但我们要抱有持之以恒和坚韧不拔的工作态度,解决工作问题,完善工作方案。

请思考: 当遇到被调查者担心自己的个人信息会在网络中泄露时,你应该怎么做?

任务回顾与总结

网络商务信息的收集、处理与发布问题是网络营销中至关重要的问题,企业能否及时、准确地收集恰当的信息,并对相关信息进行有效处理,决定着企业网络营销的成败。网络商务信息具有及时、准确、适度、经济的特点,决定了它和普通商务信息不同。这种不同主要表现在网络商务信息的收集、存储、加工处理等诸多方面。网络商务信息的收集主要是在Internet上以网络工具为手段来进行的。收集的方式和工具主要有利用搜索引擎收集、利用微信公众号收集、利用数据分析平台收集。网络商务信息发布的方式主要有电子邮件、微信公众号、企业网站、专业信息发布平台以及微博等。在学习了一系列网络商务信息的收集、发布的方法之后,我们又系统地学习了网络市场调研的有关知识和技能,学习了网络市场调研的方法和技巧。

小试牛刀

1.利用搜索引擎的每一项高级搜索功能(不使用高级搜索界面,只在搜索对话框中进行关键字的优化设计)进行相应的搜索,搜索关键字自拟。

2.每人自拟一个主题,设计一份网络调查问卷,要求设计规范、合理,而后设计一下网络调查问卷的发布途径和方式。

项目 3

网络消费者与网络市场分析

项目描述

项目背景

网络市场指的是对某种产品和服务具有特定欲望和需求并且愿意和能够通过互联网络来购买这些产品和服务的网民总和。它包括两部分：一部分是现在已经能够上网并有相应支付能力的网民；另一部分是现在没有上网，但在一定条件下可以上网购物的潜在网民。因此，不仅要对网民的基本情况进行分析，还要对近期可能上网的潜在网民进行分析。网络市场作为企业营销的对象，它的规模、结构、行为习性等因素都会对企业的营销战略产生深远的影响。企业要在实施营销策略之前深入了解自己的目标市场的特征数据，而后才能做到因地制宜、有的放矢。

知识与技能目标

- 企业网络营销的 SWOT 分析
- 网络消费者与网络市场定位
- 体验拼多多的网络市场策略

思政目标

- 树立传统文化自豪感
- 培养个人做出正确选择的能力
- 体会自主创业精神

项目 3　网络消费者与网络市场分析

工作任务 1　企业网络营销的 SWOT 分析

工作任务描述

1.任务背景

企业在运营网络营销之前,势必要先对企业运营网络营销的竞争优势、竞争劣势、潜在机会和外部威胁进行分析,从而对企业网络营销的运营过程及结果有一个合理的预期,其中最好的方法就是 SWOT 分析。

2.任务目标

【知识目标】　认知 SWOT 分析。
【技能目标】　能针对特定企业进行网络营销 SWOT 分析。
【思政目标】　通过 SWOT 分析,树立传统文化自豪感。

工作过程

所谓 SWOT 分析,即企业基于内外部竞争环境和竞争条件的态势分析,就是将与研究对象密切相关的各种主要内部优势(Strengths)、劣势(Weaknesses)与外部的机会(Opportunities)和威胁(Threats)等,通过调查列举出来,并按照矩阵形式排列,然后用系统分析的思想,把各种因素相互匹配起来加以分析,从中得出一系列相应的结论,而结论通常带有一定的决策性。

运用这种方法,可以对研究对象所处的情景进行全面、系统、准确的研究,从而根据研究结果制定相应的发展战略、计划以及对策等。

按照企业竞争战略的完整概念,战略应是一个企业"能够做的"(组织的强项和弱项)和"可能做的"(环境的机会和威胁)之间的有机组合。

进行企业 SWOT 分析的步骤包括:分析环境因素;构造 SWOT 矩阵,形成 SO、ST、WO、WT 策略;对 SO、ST、WO、WT 策略进行甄别和选择,确定企业目前应该采取的具体战略与策略,并画出 SWOT 矩阵,见表 3-1。

表 3-1　SWOT 矩阵

项目	竞争优势(S)	竞争劣势(W)
潜在机会(O)	SO 战略(增长型战略)	WO 战略(扭转型战略)
外部威胁(T)	ST 战略(多种经营型战略)	WT 战略(防御型战略)

1.竞争优势(S)

(1)更灵活、成本更低

通过传统媒体的方式进行营销推广一般很难更改内容,即使能够改动,也往往需要付出很大的经济代价,而在 Internet 上做宣传推广可以按照需求及时地变更广告内容,当然包括改正错误,这样经营决策的变化也能及时实施和推广。作为新兴的媒体,网络媒体的收费也低于传统媒体,有些平台甚至是免费的,所以采用互联网推广的方式进行企业产品或服务的宣传推

45

广,必定可以帮助企业节省一大部分运营成本。

(2)利于扩大市场规模

现代城市发展的速度加快,就业人数的集聚上升,导致行业出现饱和状态,因此,各个商家在本地区生存变得越来越难。但是一个行业,可能在本地发展得不好,却在其他城市发展得好些,这时互联网推广就拥有了得天独厚的优势,它不受地域、时间的影响,可以24小时持续工作,从而帮助企业更好地扩张市场规模。

(3)更有效地为顾客服务

随着生活水平的不断提升,人们的消费水平也在不断地提升,消费群体在不断地扩大,买方市场已经形成。现如今企业如果想要超越竞争对手,就必须要以消费者为导向,满足消费者的需求,而互联网推广营销正是一种以消费者为导向、强调个性化的营销方式。顾客将拥有更大的选择自由,可以根据自己的个性特点和爱好,不受限制地寻找自己满意的产品。

(4)针对性强

基本上浏览信息者都是对企业感兴趣者,是企业的目标或潜在用户,这样的用户更容易直接命中,使他们转变为企业的实际消费者。可以针对不同的目标用户,为其制订个性化推广营销方案,从而能够更好地提升推广的效果。

2.竞争劣势(W)

(1)信任问题

在信息交流中,双方的信任程度直接影响交流的效果。如果对对方提供的信息缺乏信任,很难想象这种交流有什么意义。互联网为交流双方提供的是一种虚拟的、不见面的交流空间,其开放性的特征更容易使人对网上信息产生不信任感。这成为影响网上营销发展的重要障碍。

(2)信息安全问题

互联网是一个开放式的网络,它所采用的TCP/IP协议和UNIX操作系统,本身也有安全方面的漏洞。在信息传递的过程中存在着信息被截取、篡改和滥用的情况,最近几年关于上网用户的银行账号和密码被人从网上窃取的报道很多,而用户上网购物的记录被商家出售的新闻也不少,这造成许多用户不敢进行网上交易。

(3)物流问题

互联网的主要优势体现在信息交流方面。而在物流方面,除了数字化产品或服务可以通过网络提供外,其他商品的传送还需要利用传统分销渠道。

3.潜在机会(O)

无论是中小企业还是大型企业,网络营销都是一把双刃剑,一方面给企业的发展带来了潜在机会;另一方面,也给企业的发展带来了潜在威胁。所谓潜在机会主要表现在以下几个方面:

(1)网络媒介具有传播范围广、速度快、无时间和地域限制、内容详尽、多媒体传送、形象生动、双向交流、反馈迅速等特点,可以有效降低企业营销信息传播的成本。

(2)网络销售无店面租金成本。

(3)网络营销成本低、速度快、更改灵活,即使在较短的周期进行投放,也可以根据客户的需求很快完成制作,而传统广告制作成本高,投放周期固定。

(4)纸质媒体是二维的,而网络营销则是多维的,它能将文字、图像和声音有机地组合在一起,传递多感官的信息,让顾客如身临其境般感受商品或服务。

4.外部威胁(T)

在企业的外部环境中,总是存在着某些对企业的营利能力和市场地位构成威胁的因素。企业管理者应当及时确认危及企业未来利益的外部威胁,做出评价并采取相应的策略来抵消或减轻它们所产生的影响。企业的外部威胁可能是：出现将进入市场的强大的新竞争对手；替代品抢占销售额；主要产品市场增长率下降；汇率和外贸政策的不利变动；人口特征、社会消费方式的不利变动；客户或供应商的谈判能力提高；市场需求减少；容易受到经济萧条和业务周期的冲击；传统购买习惯的限制。

> **思政园地**
>
> 　　通过本工作任务的学习，学生们掌握了SWOT分析是企业进行内外部环境和条件分析的方法，可以用于制订企业战略和计划。该分析方法和我们古代的基本哲学思想"二分定律"有异曲同工之妙，即事物是对立统一的，可以分为两个方面，然后将两个方面"两两结合"就会产生四个标准，来全面细致地评价事物。
>
> 　　**请思考：**从SWOT的四个方面，即优势、劣势、机会、威胁来看，世界上有没有绝对完美的企业？为什么？

工作任务 2　网络消费者与网络市场定位

工作任务描述

1. 任务背景

　　网络市场是一个巨大的市场，企业不可能满足整个网络市场的所有需求，必须通过市场细分，进行合理的市场定位，再选择企业的目标市场进入，这就是企业的市场策略。确定网络营销中的市场策略是企业进行网络营销时一个十分重要的过程，它主要解决企业在网络市场中应满足谁的需要，向谁提供产品和服务的问题。对于企业来说，只有在网络市场中选准了为谁服务这一目标，才能有效地制定网络营销策略。

2. 任务目标

【知识目标】掌握网络消费者的行为特征。
【技能目标】能根据网络市场的规模和结构特征，合理进行网络市场细分和目标市场选择。
【思政目标】融入个人和组织做出正确的市场选择，满足人们对美好生活的向往。

工作过程

步骤1：了解网络消费者的消费特征

　　网上商家面临的挑战就是如何在网上商务活动中，深入分析、掌握消费心理，采取各种有效的营销措施和策略，将网站访问者从潜在消费者变为现实消费者。

1. 网络消费者的消费心理

（1）中青年消费者市场

中青年消费者喜欢游戏软件、体育用品等。这类市场目前是商家较为看好的一个市场。

(2)具有较高文化水准的职业层市场

在这一市场中,计算机软件、硬件、书籍等产品销售较好。

(3)不愿意面对销售员的顾客市场

一些顾客不喜欢面对面地从销售员那里买东西。互联网对于这些喜欢浏览、参观的顾客是一个绝好的去处,他们可以在网上反复比较,选择合适的商品,在毫无干预的情况下最后做出购买的决定。也有一些人,出于隐私的考虑,不愿意到商场购买商品。网上商店如果能较好地满足这些顾客隐私权的要求,便可以获得丰厚的回报。

(4)女性将占主导地位的市场

调查表明,在被调查女性中,9%控制着家庭中三分之一的消费资金,15%控制着家庭中50%的消费资金,47%控制着家庭中三分之二的消费资金,29%控制着家庭中四分之三的消费资金,而且近六成被调查家庭的消费计划也都是由女性制订的。网络营销中应该保持对女性顾客的关注,一般女性较感兴趣的网上内容有服装等。

2.网络消费者的购买行为模式

与传统的购买方式相比,网络消费者的购买决策有许多独特之处。首先,网络消费者理智动机所占的比例较大,而情感动机所占的比例较小。其次,网络消费者受外界影响较小。消费者常常是独自坐在计算机前上网浏览、选择,与外界接触较少,因而决策范围有一定的局限性,大部分的购买决策是自己或与家人商量后做出的。

(1)网络消费者购买行为过程

网络环境下消费者的购买过程也就是网络消费者购买行为形成和实现的过程。网络消费者的购买过程一般可以分为五个阶段:确认需要→信息收集→比较选择→购买决定→购买后评价。

(2)网络消费者购买行为特征

①情感动机。

②理智动机。

③信任动机。

④商品特性及质量对消费者购买决策的影响。

⑤商品价格的影响。

(3)影响网络消费者购买行为的主要因素

①产品的特性。

②产品的价格。

③购物的便捷性。

④安全可靠性。

步骤2:认知网络市场细分

19世纪50年代,美国著名的市场学家温德尔·史密斯(Wendell R.Smith)提出市场细分的概念,基于市场"多元异质性"的细分理论为企业选择目标市场提供了基础。

网络市场细分是指企业在调查研究的基础上,依据网络消费者的需求、购买动机与购买习惯的差异性,把网络市场划分为不同类型的消费者群体的过程,如图3-1所示。其中,每个消费者群体就构成了企业的一个细分市场。这样,网络市场可

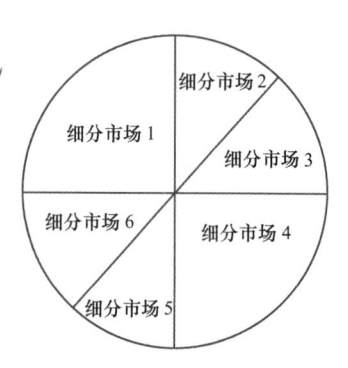

图3-1 网络市场细分

以分成若干细分市场,每个细分市场都是由需求和愿望大致相同的消费者组成的。在一个细分市场内部,消费者需求大致相同;在不同细分市场之间,则存在着十分明显的差异性。企业可以根据自身的条件,选择适当的细分市场为目标市场,并依此拟订本企业的网络营销计划与方案。

步骤 3:选择网络市场细分变量

市场细分变量是指那些反映需求内在差异,同时能做市场细分依据的可变因素。由于这些因素的差异,消费者的消费行为呈现出多样化的特点。

1. B2C 模式下的网络市场细分变量

(1)自然人口特征类变量。这类变量包括性别、年龄、学历、职业、收入、家庭状况等。

(2)社会经济特征类变量。这类变量包括地理区域、社会经济阶层、城市类别特征、生活方式、性格特征、购买动机等。

(3)互联网应用特征类变量。这类变量主要包括顾客的上网地点、顾客接入互联网的方式、顾客上网常使用的服务、顾客上网的经济来源、互联网用户的类型等。

2. B2B 模式下的网络市场细分变量

(1)用户需求。用户需求是市场细分中常用的标准,企业根据客户对产品和服务的不同需求细分市场。通过这种标准细分市场,把需求大致相同的企业集合在一起,并为不同的用户群体设计实施不同的营销策略。由于用户需求的差异比较明显,并且容易发现,所以细分出来的子市场也很容易进行界定和分析。

(2)用户规模。用户规模通常是以用户对产品需求量的多少来衡量的。不同规模的用户在需求的量上存在着较大的差异,因此企业可以将用户规模作为细分市场的一个标准。一般来说,用户规模越大,购买力越强,每次购买的数量越多,购买周期和购买品种相对稳定;而用户规模越小,购买力越弱,每次购买的数量越少,购买周期和购买品种相对不稳定。

(3)用户地区。在传统市场中,企业与客户的空间距离、客户分布的分散与集中,也是市场细分的一个标准。

影响产品需求的因素是多方面的,这些因素非常复杂,实际上企业不可能按上述各个细分变量逐个对整个网络市场进行细分。因此,在实际工作中,往往把它们归纳为若干基本要素,然后综合多个要素对其进行细分。

步骤 4:分析网络市场细分的必要性

1. 消费者需求的差异性

消费者由于自身条件不同以及所处客观环境的差异性,在购买动机、欲望、习惯和需求上都存在一定的差异。所以,不同消费者面对同样的产品,可能会产生不同的购买行为。

2. 消费者需求的相似性

消费者群体需求具有差异性,在相同群体里的消费者又有着相似的购买行为和购买习惯,从而构成一个相对独立却又比较稳定的细分市场。

3. 企业能力和资源的局限性

由于企业经营范围、能力和资源的局限性,企业不能为所有的消费者提供产品和服务,而只能在企业能力和资源的范围内满足部分消费者的需求,这就要求企业必须对网络市场进行细分。

步骤5:进行网络市场定位

网络市场定位是根据客户对网络服务的不同需要,确定企业网站在网络市场中所处的不同位置的过程。网络市场定位的内容主要包括以下几个方面:

1. 认识网络目标市场

网络目标市场也叫网络目标消费群体,是指企业商品和服务的网络销售对象。

网络目标市场细分是为了更好地选择市场。在网络市场细分的基础上,企业首先要认真评估细分的网络市场,然后选择适合自己企业实际状况的目标市场,这是进行网络营销的一个非常重要的战略决策,它主要解决企业在网络市场中满足谁的需求、向谁提供产品和服务的问题。

2. 网络目标市场的范围选择

一个好的网络目标市场必须符合以下条件:具有一定的购买力,企业能从该市场取得一定的营业额和利润;具有一定的发展潜力,该市场有尚未满足的需求;企业有能力满足该网络目标市场的需求;企业有开拓该网络目标市场的能力;有一定的竞争优势。

3. 网上产品定位

网上产品定位的步骤包括:

第一步:调查研究影响定位的因素。适当的市场定位必须建立在市场营销调研的基础上,必须先了解影响市场定位的各种因素,主要包括:竞争者的定位状况;目标顾客对产品的评价标准;目标市场潜在的竞争优势。

第二步:选择竞争优势和定位战略。企业通过与竞争者在产品、促销、成本、服务等方面的对比分析,了解自己的长处和短处,从而认定自己的竞争优势,进行恰当的市场定位。

(1)避强定位策略:"填空补缺式"和"另辟蹊径式"。

(2)迎头定位策略:"针锋相对式"。条件是产品更好,市场容量大,有较多的资源和较大实力。

第三步:准确地传播企业的定位观念。企业在做出市场定位决策后,还必须大力开展广告宣传,把企业的定位观念准确地传播给潜在购买者。

4. 客户服务定位

(1)公司服务标准的制定者、推动者。

(2)客服系统平台的打造者、服务品质的监督者。

(3)客户利益的维护者。

5. 网站类型定位

(1)信息发布型网站。

(2)电子商务型网站。

(3)综合型门户网站。

6. 服务半径定位

根据服务半径不同,网站可分为国际型网站、全国型网站和地区型网站。从理论上讲,网络营销无时空限制,但由于受产品销售半径的限制,网络营销的半径也受到限制。例如,进出口企业的网络营销半径显然是国际化的,地区性企业的网络营销半径只能局限在地区范围之内。

步骤6:确定网络目标市场的规模

通过市场细分后,企业最后要选择一个细分市场作为自己的营销目标,这就是目标市场。对于一个特定的企业来说,选定的目标市场规模是可以计算出来的。根据具体的产品,计算特定目标市场规模的大小,是营销人员必备的基本能力。不论是线下的商品还是线上的商品,目标市场规模的计算方法都是相同的,只不过计算时需要调查的数据有所不同而已。下面,我们将以海尔电饭锅网络市场规模的计算为例,来说明如何计算特定商品的网络市场规模。

已知资料:

假设海尔在自己的网站上推出一款新型的电饭锅,价位在200~300元。请同学们从中国互联网络信息中心网站上下载《第48次中国互联网络发展状况统计报告》(2021年9月15日发布),以此报告内的调查数据信息为依据,分析和确定该款海尔电饭锅的网络市场规模。(已知该海尔电饭锅的市场占有率为8%。)

任务分析:

要确定海尔电饭锅的网络市场规模,需要明确的要素及计算方法如下:

(1)要求计算的是海尔电饭锅的网络市场规模,而非全部(网上、线下)市场规模,网上市场规模只可能是全体网民中的一部分,绝不会超过网民总数。

(2)计算和确定某种商品的市场规模时,一定要先对该商品性质和种类进行分析和判断。本例中的分析标的是海尔电饭锅,价值在200~300元。电饭锅是每个家庭的必需日用品,而不是价格高昂的奢侈品。这一点很重要,因为这意味着这一款电饭锅的市场规模与网民收入的高低关系不大。

(3)电饭锅虽然是家庭必需品,但不是人手一个的用品,一般而言是以家庭为单位的。所以我们在计算目标市场规模时,要把网民数转化为家庭数再进行深入分析。问题是:要将特定网民数转化为家庭数,是用网民数除以3呢,还是用网民数除以2呢,或是用网民数除以其他数值呢? 这要视不同的情况区别对待。

(4)接下来我们要分析电饭锅这种商品的需求与哪些要素有关。主要考虑如下要素:是否使用手机上网、性别、年龄、收入、学历、职业、上网方式、上网地点、网上购物经历、网上银行的使用与否等。细化分析一下我们就会发现,在把网民数转化为家庭数后,电饭锅这种产品与性别无关;与年龄有关,19岁以下的网民不会购买,这部分网民要剔除;由于电饭锅是家庭必需品,且价格不高,所以与收入无关,更与网民的学历、职业、上网方式、上网地点、网上银行的使用与否等均没有多大的关系(学生已经作为0~19岁人群被剔除);但电饭锅的网络市场规模一定与网民的网上购物经历有关。

(5)计算确定海尔电饭锅的网络市场规模。

$$该款电饭锅的网络市场规模 = 10.11 \times (1 - 3.3\% - 12.3\%) \div 2 \times 80.3\% \times 8\%$$
$$\approx 0.2741(亿人)$$

其中,10.11——网民总数;3.3%——10岁以下的网民比例;12.3%——10~19岁的网民比例;2——化为家庭;80.3%——网络购物的网民比例;8%——市场占有率。

(6)经计算得到,依据2021年6月底的网民数据,该款海尔电饭锅的网络市场规模为2 741万人,这只是粗略的计算得出的结论。

根据以上的数据和分析方法,请分析:如果海尔在网站上推出一款电冰箱,价格为15 000元,市场占有率为20%,则该款电冰箱的网络市场规模有多大?

> **思政园地**
>
> 通过本工作任务的学习,我们了解了正确认识和评价市场细分、目标市场选择和市场定位的重要性。作为年轻人,也要专注于专业领域,增强硬实力,履行责任与义务,为单位和国家的发展贡献力量,把"2035年基本实现社会主义现代化,从2035年到本世纪中叶,把我国建成富强、民主、文明、和谐、美丽的社会主义现代化强国"作为努力的目标。
>
> 请畅想:2035年,你可能正在从事什么工作,扮演着什么社会角色?

工作任务3 体验拼多多的网络市场策略

工作任务描述

1.任务背景

拼多多是国内移动互联网的主流电子商务应用产品,是专注于C2M拼团购物的第三方社交电商平台,成立于2015年9月,用户通过发起和朋友、家人、邻居等的拼团,可以以更低的价格,拼团购买优质商品。

2.任务目标

【知识目标】了解网络市场策略。
【技能目标】针对拼多多APP成功态势,分析拼多多的网络市场定位策略。
【思政目标】发扬自主创业精神、勇迈创新步伐。

工作过程

步骤1:认识拼多多

1.发展历程

拼多多自2015年成立以来,发展迅速。拼多多旨在凝聚更多人的力量,使消费者能够用更低的价格买到更好的东西,体会更多的购物实惠和购物乐趣。通过沟通分享的社交理念,拼多多形成了独特的新社交电商思维。

2019年12月,拼多多入选2019年中国品牌强国盛典榜样100品牌。截至2020年底,拼多多年活跃买家数达7.884亿,成为中国用户规模较大的电商平台。

2.企业文化

(1)消费者、用户利益至上。
(2)普惠、人先、开放。
(3)面对当下现实。

3. 品牌战略

《砺石商业评论》在研究中国互联网产业的发展进程时发现,很多一开始起点很好的企业都最终没落,而一些在最初并不是最被看好的企业却持续进化,最终成长为世界级的互联网企业。这两类企业最大的不同在于,一类企业是"短期功利主义者",另一类企业是"长期主义者"。

"长期主义者"均拥有长期愿景,并在短期困难与短期诱惑面前对实现长期愿景保持战略耐心,敢于牺牲短期利益。"短期功利主义者"则大多没有长期愿景,或一遇到短期困难或短期诱惑,就会放弃对长期愿景的追求。从这个角度来看,拼多多是一个典型的"长期主义者"。

4. 品牌优势

拼多多提出要打造线上"Costco＋Disney"(好市多＋迪士尼)。与国内超市的运营方式不同,Costco 不向后台供应商收取通道费,渠道与商品深度绑定,只赚取少量商品进销差价,主要运营重点在于以高性价比商品吸引消费者成为会员,并以会员费为主要盈利来源。

Costco 能提供高性价比商品的原因在于其对供应链的重塑。Costco 前期通过帮助供应商改进物流、生产流程等降低价格,以实现更好的销售;随着销售规模增长、议价能力提升,Costco 不仅积极参与产品制作,确保产品品质一流,还与供应商合作开发自有品牌;供应商也会为 Costco 提供特供商品,低价售卖。同时,Costco 还为供应商提供配套的供应链金融服务,加强与供应商的合作关系,实现从零和博弈到互惠共赢。

步骤 2:分析拼多多的商业模式

1. 拼多多的市场机会

(1)消费群体的精准定位

拼多多在成立之时,就对我国的电子商务市场进行了较准确的分析,找到了最佳市场切入点。其最早将目标客户定位在中低端消费人群,相较淘宝和京东等还是有很大区别。这让拼多多很容易在国内的电子商务市场异军突起,领先于其他忽略低端市场的 C2C 电子商务平台。

(2)拥有良好的获客途径

拼多多提倡自主分享、拼团价低。拼多多是中国电子商务领域,通过买家自发推广从而产生新用户模式的代表。

(3)利用成熟的网络生态圈

拼多多站在微信这个巨人的肩膀上。因为微信,拼多多才能够接触到这些用户,并且利用微信生态工具,让整个交易体验做到极致,使得使用门槛降到最低。用户点击购物链接,拼多多默认用户使用微信账号,不用重新注册,不用添加手机号,体验流畅。用户发起的商品链接,一方面来源于主动在拼多多发现的商品,另一方面平台会通过公众号向用户推送商品的链接。社交分享降低了新客的不信任性。

2. 拼多多的资源

(1)知识性资源

拼多多通过"分享式宣传"和大力的品牌赞助家喻户晓。此外,拼多多还是农业上行的主要渠道之一。2018 年,拼多多平台农产品及农副产品订单总额达 653 亿元,较 2017 年的 196 亿元同比增长 233%。在过去几年,拼多多平台帮扶上万家庭建档立卡扶贫家庭,生产超过 21 亿笔助农订单,累计销售 54.5 亿公斤农产品。拼多多在电商扶贫方面打造出了自己独特的品牌,提升了市场口碑。

网络营销

(2) 专利技术

拼多多基于平台海量数据挖掘与分析,开发完成假货识别算法,研发构建一系列模型,用来评估和发现假货,进而采取限制措施。

(3) 人力资源

拼多多拥有大批技术人才,为其开发新的算法设计和技术升级提供人力支持。

3.拼多多的主轴市场

拼多多从低值易耗品入手,找到了长尾需求的突破口。拼多多销售排名前三的品类分别为食品、母婴和女装,都是高频低值的易耗消费品。

拼多多获取新顾客的成本很低。拼多多的促销以砍价和红包为主,不是非常依赖广告投放。店铺、搜索、品牌的概念在拼多多当中的存在感非常低,在消费者"拼"的过程中一层一层传播出去,几乎没有宣传成本。

步骤3:了解拼多多的市场定位

拼多多的一个基本的市场逻辑是"价格优势",即以低价快速获得用户规模。目前拼多多已经成为国内较大的电商平台。

另外,拼多多定位的客户群主要是中国三线以下城市和农村的电子商务市场,成功地绕过了其他电子商务平台的主战场,将"小城市+县城+乡镇"作为重点市场。

社交电商的策略让拼多多非常容易打造"爆款",拼多多描述自己的模式为C2B拼团。

思政园地

在我国的电商行业竞争愈发激烈的环境下,拼多多通过精准的市场定位,利用成熟的网络生态圈等方式成功跻身我国电商行业前列。作为富有朝气、充满创造力的年轻人,更应紧跟时代脉搏,充实自身,强化技能,发扬创新创业精神。

请思考:自己未来是否想要创业?如果有创业理想,会选择何种模式?

任务回顾与总结

网络市场的分析原理与传统市场的分析原理有相同之处,但更有所创新。网络市场是网民中的一部分,网络市场的结构、规模、消费习惯都有其特殊性。在本项目中,我们学习了企业网络营销的SWOT分析,学习了如何针对特定的商品计算网络市场规模,并能针对网络市场的结构、行为特征进行网络市场细分和网络目标市场选择。

小试牛刀

请寻找一家企业网站,利用本项目所学的方法,对该企业特定产品的网络市场规模进行计算,并分析该企业的网络消费者特征,形成分析报告。

项目 4

构建企业的网络营销平台

项目描述

项目背景

企业开展网络营销是需要"阵地"的。从某种意义上来讲,企业开展网络营销最好的"阵地"应该是企业自己的网站,然而,目前来看,并非所有的企业都有自己的网站。当前,相当一部分企业网站不具备营销思想,没能发挥网络营销作用,没有给企业增加销售,提高利润;对于没有自己网站的企业,其网络营销则要借助其他网站或者第三方电子商务平台来进行。本项目将深入研究如何选择和建立企业的网络营销平台。

知识与技能目标

- 选择企业的网络营销平台
- 创设企业营销型网站
- 撰写网站策划书
- 建设第三方电子商务平台企业商铺

思政目标

- 培养战略思考能力
- 坚持实事求是的原则
- 营造良好网络生态

工作任务 1　选择企业的网络营销平台

工作任务描述

1. 任务背景

越来越多的企业已开始从对互联网的认知阶段进入认同和行动阶段。企业面临的问题是如何选择适合自己的网络营销平台,让自己在网络市场竞争中获得优势。

2. 任务目标

【知识目标】　了解 B2B 领域的典型代表,掌握企业营销平台的特点。
【技能目标】　学会选择合适的网络营销平台。
【思政目标】　培养学生统观全局的战略思考能力。

工作过程

步骤1:分析企业网络营销平台的构建方式

企业网络营销平台的构建方式有两种:一是自建营销型企业网站;二是在第三方 B2B 电子商务平台中构建企业商铺。

一般来说,中小型企业一般采取自建网站和利用第三方平台相结合的方式,但自建网站功能相对简单。目前,我国大型企业大多采取自建网站的方式,且网站功能比较齐全,并能和企业的内部信息管理系统对接。企业自建网站与利用第三方 B2B 电子商务平台构建商铺的比较见表 4-1。

表 4-1　企业自建网站与利用第三方 B2B 电子商务平台构建商铺的比较

类型	企业自建网站	利用第三方 B2B 电子商务平台构建企业商铺
优点	(1)网站形式多样化,有利于企业品牌的展示和企业文化的表达; (2)网站的功能个性化,企业可以灵活选择; (3)可以和企业内部信息管理系统良好对接	(1)可借助第三方 B2B 电子商务平台的人气,有利于企业的宣传; (2)获取成本低廉; (3)后期维护成本低
缺点	(1)建设费用高,一般企业难以承受; (2)后期管理与维护难度大; (3)要求企业有专门的技术人员; (4)推广费用高,难度大	(1)商铺样式单一,难以展示企业的个性特色; (2)商铺功能受到限制,企业选择范围小; (3)大企业使用可能降低企业在公众心中的品牌地位

步骤2:分析企业自建网站的优缺点

1. 企业自建网站的优点

(1)帮助企业自主宣传

企业的网站可以对外界宣传企业文化、公司概况、产品、客户服务以及最新资讯等。采用合适的图文或音频文件,尽可能将网站做全面,对树立企业形象,取得用户信任都是有帮助的。

(2) 提升企业服务品质

这主要针对网站服务来说,企业可以根据客户需求对访问网站的用户提供相关服务,一方面可以留住用户,减少网站跳出率;另一方面,通过用户诉求发现用户需求,有助于企业内部优化,提升自身品质。

(3) 履行销售职能

大部分用户访问网站的目的是了解产品,所以网站的主要职能之一就是展销产品。尽可能多地展示产品图片、介绍产品功能,最好加上产品的视频文件,最大化完善产品的宣传材料,无形之中增强了产品竞争力。

(4) 与潜在客户保持联系

很多客户在消费之前都会在网上搜索相关产品信息,如果企业网站的排名靠前,能在用户需要时恰好出现在用户面前,这样成交转化率要比普通的页面信息展示高得多。

(5) 更加快速、便捷地找到合作伙伴

网站的信息共享是相互的,现在大部分企业在寻找合作伙伴之前也都会在网上了解相关信息,来初步判定对方是否可靠。网站是企业在网络上的门面,一个高水准的网站也是企业实力的象征之一。

(6) 降低推广成本

对推广新产品来说,网站可以作为一种渠道,省去了未知的前期投入;且和其他平台投放广告相比,自建网站可以省去平台的推广成本。

2. 企业自建网站的缺点

(1) 需要更高的费用,一般的小型企业可能无法承受

企业自建网站的成本还是比较高的,自建成本包括域名费用、空间费用、网站设计费用、运维费用、人员工资等。

(2) 需要较高水平的技术

网站需要专业的人员进行搭建和维护,对于中小企业来说也是一笔不菲的费用。

(3) 后期的管理难度比较大

网站是需要专业的人员进行更新和维护的,网站的管理和维护工作必须由企业专业人员来进行,只有这样,才能保证网站更新得及时和专业。

(4) 要想提高知名度,就需要投入推广宣传费用

互联网上,网站浩如烟海,不去推广网站,网站很快就会被淹没在互联网的海洋里,所以网站需要搜索引擎优化和推广,需要花费高额的推广和人工费用。

步骤 3:利用第三方 B2B 电子商务平台创设企业商铺

1. 第三方 B2B 电子商务平台概况

网商通过第三方 B2B 电子商务平台将企业内部网,通过 B2B 网站与客户紧密结合起来,通过网络的快速反应,为客户提供更好的服务,从而促进企业的业务发展。目前国内比较知名的第三方 B2B 电子商务平台有阿里巴巴、慧聪网、环球资源网等,类似于传统贸易中的交易市场,如广交会、中博会等。

如图 4-1 所示为 2013—2020 年中国中小企业 B2B 运营商平台总营收规模。

```
        16.8%    8.4%    21.5%   17.5%   16.4%   15.8%   15.1%
                                                          452.7
                                                  393.2
                                          339.6
                                  291.7
                          248.3
                  204.3
         188.4
161.3
2013     2014    2015    2016    2017e   2018e   2019e   2020e
        ■ 总营收规模(亿元)              ● 增长率(%)
```

资料来源：艾瑞咨询

图 4-1 2013—2020 年中国中小企业 B2B 运营商平台总营收规模

2. 第三方 B2B 电子商务平台的优势

(1) 降低采购成本。

(2) 降低库存成本。

(3) 节省周转时间。

(4) 扩大市场机会。

3. 典型的第三方 B2B 电子商务平台

近年的 B2B 行业进入"精耕细作"时期。业界冷静地思考并开始践行 B2B 本来的商业逻辑，回归业务、沉淀积累成为普遍共识。而物流、支付、金融、SaaS 等服务的参与也让 B2B 更加深入企业服务本身，令行业向纵深地带发展。

下面列举几个 B2B 领域的典型代表，供我们认识和理解 B2B 平台的运营情况。

(1) 阿里巴巴

阿里巴巴集团控股有限公司(简称阿里巴巴集团)是于 1999 年在浙江省杭州市创立的公司。阿里巴巴集团经营多项业务，另外也从关联公司的业务和服务中取得经营商业生态系统上的支援。阿里巴巴集团的业务和关联公司的业务包括：淘宝网、天猫、聚划算、全球速卖通、阿里巴巴国际交易市场、1688、阿里妈妈、阿里云、蚂蚁金服、菜鸟网络等。如图 4-2 所示为阿里巴巴 1688 首页。

(2) 慧聪网

慧聪网成立于 1992 年，是中国 B 端企业服务商和行业门户。慧聪网拥有海量产业用户沉淀和数据积累，依托多年发展历练，日均分发采购线索 10 万条。慧聪网通过产业互联网工具输出连接服务，支撑生意场景，凭借流量慧聪网已经成为 B 端企业信息及资源平台，致力于成为中小企业的经营服务工作台。

目前，在慧聪网注册用户超过 2 700 万，买家资源达 2 200 万，覆盖行业 81 余个，员工约 3 500 名，成交额达到 1 019 亿元，是国内比较有影响力的 B2B 电子商务公司。如图 4-3 所示为慧聪网首页。

(3) 中国供应商

中国供应商旨在促进中国的制造业和外贸行业发展。中国供应商采用创新的网络技术，提供专业的运营服务。它旨在促进诚实贸易，创建国际品牌并增强中国公司的竞争力。中国供应商网站启动后，获得了人民网、新华网、央视网、国际在线、中国经济网等大型媒体和官方网站提供的帮助；新浪、搜狐、网易、腾讯等门户网站以及百度、奇虎等主要网站一致支持搜索引擎。中国供应商为中国公司创建了可靠的在线交易平台。如图 4-4 所示为中国供应商首页。

项目 4　构建企业的网络营销平台

图 4-2　阿里巴巴 1688 首页

图 4-3　慧聪网首页

网络营销

图 4-4　中国供应商首页

4. 对第三方 B2B 电子商务平台的评价与选择

由于使用成本低，越来越多的中小企业选择第三方 B2B 电子商务平台参与市场竞争。大量中小企业用户需要寻找合适的电子商务平台，以获得快捷的信息、优质的服务。这些问题的解决都要求采用合适的标准来对 B2B 电子商务平台进行评价。

企业选择 B2B 电子商务平台进行网络营销的注意事项包括：

（1）首选流量高、影响力大的 B2B 电子商务平台。

（2）选择企业所处行业的 B2B 门户平台。

（3）多重注册与发布，提高展现率，可以在多个 B2B 电子商务平台上进行注册，同时发布企业和产品信息，效果更佳。

思政园地

互联网时代的核心就是流量，在评估和选择第三方网络营销平台时，要学会识别恶意流量，避免浪费成本，错失良机。

请思考： 在选择网络营销平台时，未经授权的网络营销平台是否可以选择？为什么？

工作任务 2　创设企业营销型网站

工作任务描述

1.任务背景

所谓营销型网站,是指为实现某种特定的营销目标,将营销的思想、方法和技巧融入网站策划、设计与制作中的网站。常见的营销型网站的目标是获得销售线索或直接获得订单。

2.任务目标

【知识目标】 了解网站域名注册须知,掌握网站内容和结构的构建。
【技能目标】 学会营销型网站的策划与创设。
【思政目标】 在网站内容和结构构建的过程中培养与时俱进的创新品格。

工作过程

若要使网站透着营销思想,真正发挥网站的营销作用,需要从网站的域名、网站结构布局、网站功能设计等多个方面综合考虑。

步骤1:网站域名的设计、注册与交易

1.认知网站域名

(1)域名的含义

域名(Domain Name),又称网域,是由一串用点分隔的名字组成的Internet上某一台计算机或计算机组的名称,用于在数据传输时对计算机的定位标识(有时也指地理位置)。由于IP地址具有不方便记忆并且不能显示地址组织的名称和性质等缺点,因此人们设计出了域名,并通过网域名称系统(Domain Name System,DNS)来将域名和IP地址相互映射,使人们更方便地访问互联网,而不用去记住能够被机器直接读取的IP地址数串。

(2)域名的格式

①英文域名。英文域名可以包含26个英文字母、"0"到"9"十个数字以及"-"(英文中的连词符),注意,"-"不得用于开头及结尾处。

②中文域名。中文域名由两到十五个汉字的字词或词组构成,可以包含26个英文字母以及"0"到"9"的数字。

需要注意的是:

- 域名中不区分英文字母的大、小写。
- 中文域名不区分简、繁体。
- 空格及符号,如"？/;:@＃$%<>"等都不能用在域名中。
- 英文域名命名长度限制在2到46个字符。

2.域名的设计技巧

(1)简单清晰

域名在人们看了第一眼后能够记住的程度有多少？是否给人留下深刻而良好的印象？简

单清晰是关键因素,从视觉方面考虑,尽量避免使用多个连续相同或类同的字母。

(2)寓意良好

域名的意义是指域名本身的含义,域名的意义表达越清晰,效果就越好,有个独特的域名就能让人更容易记住,独特的网站域名也更有利于网络推广,网站可以在搜索引擎中独树一帜,自然就会引来更多的关注。

(3)建立联系

域名设计思路最好围绕所进行的商业活动方面来考虑,带有行业性质、类型的更佳,比如使用企业品牌名称的英文拼写,使用企业品牌的汉语拼音或者拼音的首字母组合,使用企业主打产品的英文名称或者汉语拼音。这里需要注意的是,轻易不要使用企业名称或者商标的中文首字母缩写。

(4)域名"减肥"

当已经设想好了域名,但长度太长,可以对其进行"减肥"。一般来讲,英文域名以4~8个英文字符为宜,域名的长度最好不要超过15个字符。

(5)多重注册

随着互联网应用的深入和普及,域名作为一种紧缺资源越来越少,企业要选择一个好的域名已经变得非常困难。企业在注册域名时要设计多个不同的域名组合,然后根据域名是否被注册或者是否可以交易来确定企业最终的域名。为了拥有更多的域名资源以及企业网站不受干扰,企业应该将与主体域名相同的.com、.net、.cn等常见的后缀域名都注册下来,均指向企业主站。

(6)限制使用的域名

注册含有"china""chinese""cn""national"等的域名须经国家有关部门(指部级以上单位)正式批准;公众知晓的其他国家或者地区名称、外国地名、国际组织名称不得使用;县级以上(含县级)行政区划名称的全称或者缩写须相关县级以上(含县级)人民政府正式批准;行业名称或者商品的通用名称不得使用。

3.域名的注册

域名的注册遵循先申请先注册原则,管理机构对申请人提出的域名是否违反了第三方的权利不进行任何实质审查。同时,每一个域名的注册都是独一无二、不可重复的。因此,在网络上,域名是一种相对有限的资源,它的价值将随着注册企业的增多而逐步为人们所重视。

(1)准备申请资料,选择域名注册机构

目前,.com域名无须提供身份证、营业执照等资料,.cn域名已开放个人申请注册,所以申请需要提供身份证或企业营业执照。

(2)寻找域名注册商

中国域名管理机构是CNNIC(中国互联网络信息中心),具体注册工作由通过CNNIC认证授权的各代理商执行。企业在进行域名注册前要对提供域名注册的服务商身份进行确认,以防上当受骗。.com、.cn域名等不同后缀均属于不同注册管理机构所管理,如要注册不同后缀域名则需要从注册管理机构寻找经其授权的顶级域名注册服务机构。如.com域名的管理机构为ICANN,.cn域名的管理机构为CNNIC。若注册商已经通过ICANN、CNNIC双重认证,则无须分别到其他注册服务机构申请域名。

（3）查询域名

在注册商网站输入要查询的域名，选择后缀，可以进行查询。如图 4-5 所示为在新网进行域名的查询；如图 4-6 所示为在新网进行域名查询的结果及价位；如图 4-7 所示为在新网进行域名注册。

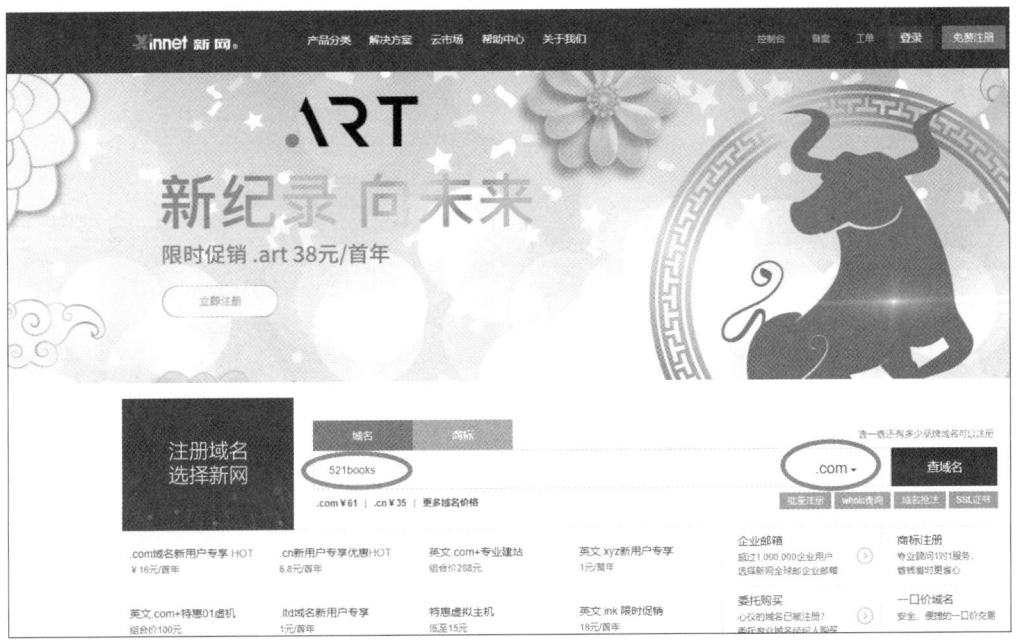

图 4-5　在新网进行域名的查询

图 4-6　在新网进行域名查询的结果及价位

网络营销

图 4-7 在新网进行域名注册

(4) 正式申请

在如图 4-7 所示的页面中，勾选"我已阅读……"前的复选框，并单击"提交订单"按钮，进入支付页面，如图 4-8 所示。

图 4-8 确认支付

(5) 申请成功

选择一种具体的支付方式，单击"确认支付"按钮后，会出现如图 4-9 所示的"订单支付成功"页面。至此，该域名的所有权就归申请人所有了。

图 4-9　订单支付成功

4. 域名投资与交易

域名也可以作为投资的对象，并可以进行自由交易。截至 2021 年 6 月，我国域名总数为 3 136 万个。其中，".cn"域名数量为 1 509 万个，占我国域名总数的 48.1%。

一个好的域名，对企业来说是十分重要的资产，有的企业为了获得心仪的域名，不惜花费重金。如 www.gaokao.com 曾经以 380 万元人民币的价格成交；小米的域名原来为 www.xiaomi.com，后来以交易价格 360 万美元（约合人民币 2 243 万元）从外购得新的域名 www.mi.com。

当然，域名投资具有一定的风险，如果申请的域名在很长的时间之内都没有被其他个人、企业或者机构看中，若要保持拥有该域名的所有权，则要一直支付该域名的年费。如果到期未能及时支付年费，则该域名将会被释放为自由域名，可以被其他人再行注册。

步骤 2：设计网站的内容与功能模块

企业网站的设计要体现企业的整体营销思想，为企业的整体营销目标服务。以营销思想进行企业网站规划中基本的工作就是网站定位，它关系到网站内容规划、网站建设解决方案的选择以及网站运行过程中能否实现企业营销目标等一系列问题。网站定位可以从网站目标、网站功能等方面进行。

1. 网站目标定位

企业建立自己的网站，其根本目的就是适应电子商务的发展，抢占网络商机，提升企业形象，加强客户服务，降低营销成本，提高企业效益，获得竞争优势。当然，不同的企业由于产品、规模、技术、服务以及企业资源上的差异，网站建设的目标有所不同。

（1）信息发布

这是指将企业网站作为企业与外部沟通的媒体平台，宣传产品或服务项目，提升企业形象,拓展市场,适用于各类企业。例如,企业新产品信息、促销让利活动、企业新闻、客户服务等的互动式介绍,可以帮助客户了解企业,提升企业形象,拓展企业的目标市场。

(2)在线交易

通过企业网站交易平台可以进行在线直销,或者将其作为与分销商联系的平台进行网络分销,以拓宽企业的销售渠道,减少交易环节,降低交易成本。

(3)商务管理

通过网站不仅能进行信息发布、商品交易,还可把企业网站作为商务管理平台,实施整合营销、数据库营销、网络直复式营销策略以及网络渠道管理。通过网站宣传企业形象,推广产品与服务,实现网上客户服务与产品的在线销售,为企业直接创造利润,提高竞争力,适用于各类有条件的大中型企业。

2.企业网站的基本内容

随着电子商务在我国的迅速发展,很多企业将市场拓展到了网络上,在互联网上搭建起自己的营销平台。但仍有很多企业的网站功能还停留在信息发布的阶段,没有真正地实现电子商务功能。那么中小企业电子商务网站应该包括哪些功能模块呢?

(1)会员管理模块。会员管理模块能够进行会员注册,记录客户的各种有效资料,实现对会员的全方位管理。通过会员管理模块,可以了解客户的相应数据情况,比如:网站客户注册数量、活跃客户占比、重复购买率、客户流失率等数据内容。同时根据客户填写的信息内容,企业可以了解客户的基本属性,有助于企业对客户进行了解,形成客户画像,找到精准营销人群。

(2)产品系统模块。产品系统模块可以帮助企业更好地实现商品管理。通过产品系统模块,可以完成商品的上传、销售、下架等处理,同时可以随时修改产品的宣传图片、标题、价格、属性、库存、描述等内容。

(3)新闻发布系统模块。通过新闻发布系统模块,企业能及时发布关于企业品牌和产品的相关信息,满足企业发布宣传内容的需求,同时可以对宣传内容进行有效管理,方便新闻内容的转发传播。

(4)产品搜索模块。产品搜索模块能帮助用户快速进行产品的搜索及定位,提升营销网站的检索能力,提升客户的使用体验,减少寻找路径,提供便捷、高效的服务。

(5)购物车模块。购物车模块可以帮助客户完成商品的订购或收藏,并实现在线购买。

(6)在线支付系统模块。在线支付系统模块能实现在线支付,它是电子商务的瓶颈所在,是真正实现电子商务活动的关键。

(7)在线客户服务模块。在线客户服务模块可实现有针对性的、有效的客户沟通与交流,既能发展新客户,巩固老客户,又能收集企业的信息。目前在线客服可分为售前、售中、售后三类,通过设置不同类别的在线客服,可实现为客户提供不同时期、不同需求的服务内容,这样可以更好地应对不同时期客户提出的不同问题。

(8)订单管理模块。订单管理模块管理会员的订单信息,使企业运营人员可以快速了解订单详细情况,有助于订单跟进,提高订单转化。当订单无效时,可删除;当订单产品已配送时,可更改订单状态。会员可以管理自己的订单信息,可以删除订单,也可以查看订单产品配送情况和订单状态。

(9)用户留言模块。在用户留言模块中,客户可以将意见和要求及不明事项等通过电子表单的形式进行提交,有助于企业收集产品及服务的反馈信息。

(10)其他模块。其他模块有留言板、在线交流、反馈表单、网上调查模块等。

3.网站规划时要注意的问题

(1)网站显示内容丰富

网站作为一种媒体,提供给用户的主要是网站的内容,没有人会在一个没有内容的网站上流连忘返,就像没人会两次看同一份毫无新意的报纸一样!网站的信息量越大,用户对企业、产品了解得越多。

(2)页面加载速度快

页面加载速度快是网站留住访问者的关键因素,如果10～30秒还不能打开一个网页,一般人就会没有耐心。如果不能让每个页面都保持较快的加载速度,至少应该确保主页速度尽可能快。在目前的情况下,保持页面加载速度的主要方法是让网页简单,仅将最重要的信息安排在首页,尽量避免使用大量的图片。同时随着网络技术的发展,智能手机的使用,使用手机浏览网页的用户越来越多,在网站建设时,同样要考虑手机用户的体验,如何保证手机用户加载速度不受影响,也是需要我们去重视的问题。

(3)功能多样化、使用方便

网站吸引用户访问的基本目的有:扩大网站的知名度和吸引力;将潜在客户转化为实际客户;将现有客户发展为忠诚客户等。要为客户提供多功能的人性化界面,并保持这种功能使用方便,具体包括方便的导航系统、必要的帮助信息、常见问题解答、尽量简单的用户注册程序等。针对手机用户,在功能上、使用上要进行反复的测验,保证手机用户在浏览页面时,功能以及使用不受限制。

(4)网站品质优秀

网页上的错误链接常常是人们对网站抱怨的主要因素之一。我们时常可以看到"该网页已被删除或不能显示""File not found!"等由于无效链接而产生的反馈信息,这种情况会严重影响客户对网站的信心。

(5)保护客户个人信息

在个性化服务十分普及的今天,许多网站要求客户首先注册为会员。网站收集客户资料有何目的?如何利用客户的个人信息?是否将客户资料出售给其他机构?是否会利用个人信息向客户发送大量的广告邮件?客户是否对此拥有选择的权利?填写的个人信息是否安全?是否能获得必要的回报?这些都是客户十分关心的问题,如果网站对此没有明确的说明和承诺,这样的网站显然缺乏必要的商业道德,或者至少可以被认为对客户不够尊重。

步骤3:规划与设计企业网站的首页

网站首页又称为主页,它是网站的形象页面,是网站的"门面",故被称为"Home Page"。网站首页设计得好坏是一个网站成功与否的关键。一个网站的主题鲜明与否、版面精彩与否、立意新颖与否等将直接影响浏览者是否愿意到该网站中浏览。网站是否能够吸引浏览者留在网站,是否能够使浏览者继续单击进入,全凭首页设计的效果。可见,首页对于任何网站都是至关重要的,网站规划人员必须对首页的设计和制作足够重视。

任何网站首页都要根据主题的内容决定其风格与形式,因为只有形式与内容完美统一,才能达到理想的宣传效果。

网络营销

设计电子商城的首页时,需要充分考虑网站的宗旨,优化网站的操作流程,将用户最关注、最常用的功能放在醒目的位置,同时考虑网站的美观和创意,吸引客户的眼球。网站规划设计师对首页的设计,一般要遵循快速、简洁、吸引人、信息概括能力强、易于导航的原则。通常一个电子商务网站首页中应包括以下功能模块及内容:

1. 页眉

页眉用来准确无误地标示企业的网站,它应该能够体现企业网站的主题,而该主题是与企业的产品或者服务紧密相关的。它应集中、概括地反映企业的经营理念和服务定位,可以用企业的名称、标语、徽号或图像来表示。

2. 主菜单

主菜单即导航条,它提供了对关键页面的简捷导航,其超链接或图标应明确地表达企业网站的其他页面上还载有什么样的信息,用户能够根据这样一个简单的功能化的界面迅速地到达他们所需信息的页面上。

3. 商品搜索引擎和商品展示模块

商品搜索引擎和商品展示模块主要包括最新推荐商品、最新上架商品、热卖商品、特卖商品及销售排行榜。浏览者可以进行商品的快速查找与高级查找。

4. 会员管理模块

会员管理模块包括会员的注册与登录,对会员进行身份认证,并进行有效的会员管理。会员还可以进行个人账户的查询。

5. 在线客户服务模块

在线客户服务模块为客户提供高效快捷的服务,转化新客户并巩固老客户。

6. 电子邮件地址

在页面的底部设计简单的电子邮件链接,可使用户与负责 Internet 网站或负责网上反馈信息的有关人员迅速取得联系。这将为用户找人请教或讨论问题节省大量的搜索时间,还能使企业获得 Internet 网站外的信息反馈。

7. 联络信息

联络信息列出通信地址、公关或营业部门的电话号码等,以便用户通过非 E-mail 方式与企业相关人员取得联系。

8. 版权信息

版权信息是适用于首页内容的版权规定,也可以在首页上提示一句简短的版权声明,用链接方法带出另一个载有详细使用条款的页面,这样可以避免首页显得杂乱。

9. 其他信息

除了包括上述信息以外,一般的电子商务网站上还需要其他一些信息,如广告条、搜索、友情链接、电子邮件列表、计数器等。

小资料

京东商城首页设计分析

京东商城作为国内比较大型的电子商务企业,在国内的 B2C 领域占有十分重要的地位。如图 4-10 所示为京东商城网站的首页。下面我们就来从网络营销角度分析一下京东商城的网站。

图 4-10 京东商城网站的首页

风格：京东商城网站的首页沿袭了大多数 B2C 商城类网站的特征。网页左侧为快捷导航，网页中上部为主导航和搜索条，中间为图片轮播广告，网页的下部为各类热销商品。

色彩：京东商城网站的主色调是其 LOGO 中的棕红色。整个网站的色彩略显暗淡。从这个角度来看，京东商城的网站色彩不足以激起消费者的感观刺激。

广告轮播：主页上的轮播广告采用了八幅大图广告和主推商品组合式的配套切换效果，定时切换。这是比较个性化的做法，合理地运用了有利位置，既能推广活动，又能促销新品和折扣商品。

步骤4：设计网站的用户体验

在网站设计的过程中有一点很重要，那就是要结合不同相关者的利益，如市场营销、品牌、视觉设计和可用性等各个方面。市场营销和品牌推广人员必须融入"互动的世界"。在这一世界里，实用性是很重要的。这就需要人们在设计网站的时候必须同时考虑市场营销、品牌推广和审美需求三个方面的因素。用户体验就提供了这样一个平台，以期覆盖所有相关者的利益，使网站容易使用、有价值，并且能够使浏览者乐在其中。

1. 信任体验

信任体验是指网站用户对网站的信任程度。对于电子商务网站来说，网站的信任度是决定用户是否产生购买行为的关键因素。网站的信任度一般通过以下方式向用户传递：

（1）品牌知名度。企业网站品牌是否具备一定知名度？

网络营销

（2）权威认证。企业网站是否具有 ICP 号（经营性网站的备案信息）？是否通过可信网站认证、网上交易保障中心认证、中国电子商务网站诚信单位等第三方权威机构的认证？如图 4-11 所示为网站通过的权威认证标志。

图 4-11 网站通过的权威认证标志

（3）详尽的联系方式。网站是否刊登有 400/800 电话、详细的联系地址等信息？

2.浏览体验

浏览体验是指用户在浏览企业电子商务网站过程中的感觉和体会，包括以下方面：

（1）有用性。设计的网站产品应当是有用的，而不应当局限于上级的条条框框去设计一些对用户来说根本毫无用处的东西。

（2）可找到性。网站应当提供良好的导航和定位元素，使用户能很快找到所需信息，并且知道自身所在的位置，不至于迷航。

（3）可获得性。网站信息应当能为所有用户所获得。

（4）可靠性。可靠性是指网站的元素要是能够让用户所信赖的，要尽量设计和提供使用户充分信赖的组件。

3.售前服务体验

售前服务体验即用户实施购买行为前，就产品、服务等各方面在与客户服务人员沟通过程中形成的情感体验。在线（电话）咨询时，客服人员的解答是否及时，是否专业，是否贴切，是否让用户满意，都会决定用户的最终购买行为。

4.物流配送体验

物流配送体验是指用户对电子商务网站物流配送环节的情感体验。物流配送体验包括：客户购物订单生成、网站商品发出时，是否有贴心的短信（电话）通知，商品送达时间是否能保证，是否能以最快速度、最优配送质量送达商品；商品送达后，配送人员的服务态度是否亲切，验货付款流程是否合理（应先验货，后付款），是否提供多种付款方式（如现金、刷卡）。这些都是绝对不可忽视的关键点。

5.售后服务体验

售后服务体验主要指用户对退换货流程的体验。售后服务体验包括：商品是否合适，用户是否满意，是否支持无条件退换货。这对用户的重复购买会起到关键影响，是巩固老客户的重要因素。

步骤 5：规划网站的后台管理

一个完善的电子商务网站就像一个 ERP 系统一样，可以在网站里实现会员管理、产品管理、信息管理、订单管理、物流管理、财务管理等诸多功能。在进行网站规划时，后台管理系统规划也是至关重要的，它直接影响整个电子商务网站的成败。电子商务网站的后台管理系统规划主要从会员管理系统、订单管理系统、客户服务系统和网站更新系统等方面进行。

1. 会员管理系统

浏览者在线填写注册表，经系统审核后即实时成为网站会员。页面添加登录验证功能，前台会员可自行维护个人注册信息，可对个人注册信息进行修改和删除，如遗忘密码可在线寻回密码。后台设置会员管理界面，管理员可对会员信息进行分类查询(如按日期、姓名等)与删除。企业可以自行设定会员注册所需填写的内容，来获得会员的各种有价值的信息。可以根据需要对某些会员进行锁定和解锁操作，以便根据实际情况暂停和启用会员的资格。企业对会员具有完全的管理能力。

2. 订单管理系统

电子商务网站的订单管理系统可以分为两部分：一是前台订单查询系统，二是后台订单管理系统。

(1) 前台订单查询系统

前台订单查询对用户来说是一项非常重要的功能。通过查询已经订购的商品，用户可以避免如重复订购、错误订购、额外订购等问题的发生，并在错误发生时根据提示采取一定的补救措施。

(2) 后台订单管理系统

后台订单管理系统对于企业来说是非常重要的功能模块，是整个营销网站的核心系统。在后台订单管理系统中，需要实现的功能主要包括：客户订单的存取(数据库)；订单历史信息的保存、修改与查询；订单状态查询及订单管理权限问题。

3. 客户服务系统

当用户在操作过程中遇到困难时，在交易完成后需要咨询时，或想要提前了解网站运营商品时，都需要一个良好的客户服务系统的支持。很多客户对网络营销网站的在线支持系统很不满意，那些有过在线购物经验的人恐怕都会深有同感。

4. 网站更新系统

网站更新系统是整个网站的管理中心，是网络营销系统运营的后台管理系统。网站管理员可以通过一定的后台管理页面清晰地看到系统的运营情况，并对当前系统进行维护和修改。资讯管理的主要目标包括网站页面内容、网站数据库、网站内部程序逻辑等。

步骤6：安装网站流量访问统计软件

网站流量访问统计系统针对网站访问者各方面的信息来源进行各种形式的数据统计，能够高速、有效地得出用户所需要的一系列有关访问量方面的数据，使用户能够对网站每日、每周、每月、每年的页面访问量、IP访问量、访问者数量既有具体的了解，又有整体上的把握，是一个网站发展不可或缺的工具。该系统通过与数据库的紧密结合，详尽地记录了访问用户的详细情况，便于网站管理者对网站的整体访问情况有一个准确、全面的掌握。该系统可进行访问量统计分析、访问者统计分析、页面统计分析、流量统计分析、IP数量统计分析、会话数量统计分析、时间段统计分析、用户行为跟踪统计分析等。

下面以百度统计为例进行介绍。

(1) 首先登录百度统计的账号，然后单击"管理"，找到"代码获取"，如图4-12、图4-13所示。

图 4-12　登录百度统计的账号

图 4-13　找到"代码获取"

（2）单击"代码获取"页面的"一键安装"，对于有虚拟主机的用户来说，这是非常方便的，如图 4-14 所示。

图 4-14　单击"一键安装"

项目 4　构建企业的网络营销平台

（3）输入 FTP 账号和密码，单击"开始安装"，如图 4-15 所示。

图 4-15　开始安装

（4）等待几分钟，直至安装完成，如图 4-16 所示。

图 4-16　安装完成

（5）最后检测代码是否安装完毕。单击"开始检查"，显示"代码安装正确"即可，如图 4-17 所示。

图 4-17　代码安装检查

73

思政园地

正是因为域名有很高的营销价值,所以才有很多域名投资者甚至是企业在申请和注册域名时"铤而走险",打"擦边球",试图钻法律的空子,实施域名抢注。

请思考:一旦域名抢注的行为被认定,域名注册者会承担什么样的法律责任或者损失?

工作任务 3　建设第三方 B2B 电子商务平台企业商铺

工作任务描述

1.任务背景

成功的第三方 B2B 电子商务平台拥有超强的人气、密集的商务信息,因而汇聚了大量的目标客户和网络消费者,是企业拓展网络市场时不能忽视的重要营销阵地。企业建设基于第三方 B2B 电子商务平台的企业商铺时,首先要选择适合企业的第三方 B2B 电子商务平台,然后再建设企业商铺。

2.任务目标

【知识目标】了解电子商务平台中企业商铺的建设技巧。

【技能目标】学会在第三方 B2B 电子商务平台上搭建企业商铺。

【思政目标】在上传企业的产品和服务信息过程中要本着实事求是的原则,诚实守信。

工作过程

步骤1:选择适当的第三方 B2B 电子商务平台

1.搜索第三方 B2B 电子商务平台

第三方 B2B 电子商务平台是指为交易活动中买卖双方企业提供信息发布、贸易磋商服务的网络平台供应商。

2.搜索第三方 B2B 电子商务平台的评价数据

评价第三方 B2B 电子商务平台的数据主要有:网站企业会员的注册数量;供求信息数量;客户分布情况及网站信息数据的真实性。根据搜集来的第三方 B2B 电子商务平台的评价数据,选择出最适合搭建企业商铺的网络平台。

步骤2:建设基于第三方 B2B 电子商务平台的企业商铺

1.注册第三方 B2B 电子商务平台

企业选择了合适的第三方 B2B 电子商务平台后,就可在该平台进行注册以开通商铺。需要注意的是,有的平台是免费的,而有的平台则需要付费。如阿里巴巴和环球资源网都是免费的第三方 B2B 电子商务平台。至于选择收费的还是免费的平台,要根据企业的业务和实力进行决策。

2. 企业商铺的装饰

企业注册后就需要装饰企业商铺。一般来说,可以从企业基本信息、品牌展示和实力展示等方面考虑在第三方 B2B 电子商务平台上装饰企业商铺。同时店铺的配色、图片也要符合企业的需求,考虑用户的视觉体验。在店铺板块、产品分类上下功夫,确保用户的体验度。

3. 上传企业的产品和服务信息

企业商铺注册并装饰成功后,就可以上传企业的产品和服务信息了。上传的产品或服务要清晰准确、重点突出、分类恰当,以便于客户查找。上传商品时,在产品的标题上要有更多的有效产品信息,这样客户在平台搜索时,企业的产品可以获得更多的展现机会。上传的产品图片在制作内容、图片清晰度上,都要有更高的要求,这样可以确保店铺商品获得更好的评分,获得更多的展现机会。

4. 在平台内外推广企业商铺

平台上的企业众多,企业不主动出击宣传和推广,就很可能被淹没在浩瀚的信息海洋中。要在平台上宣传企业,首先应该了解平台上潜在客户是如何搜索需要的产品和服务的,从而制定相应的营销推广策略。另外,还应深入研究平台关于企业宣传和搜索排名的规律,做好日常的店铺运营。以淘宝为例,企业可以在淘宝中,使用直通车进行站内推广,同时可以使用淘宝客进行站外推广,为店铺商品带来更多的流量。

5. 安排专人管理平台

企业注册第三方 B2B 电子商务平台后,相当于在网络虚拟世界中建设了一个或者多个店铺,这是企业在网络虚拟市场中与潜在客户沟通的渠道。企业应该像管理实体店铺一样,做好客户的接待、咨询以及日常的店铺管理工作。

步骤 3:体验第三方 B2B 电子商务平台企业商铺建设示例

1. 企业商铺简介

海门帝企鹅家用纺织品有限公司是专业生产床上用品的企业,位于中国最大的家纺基地叠石桥国际家纺城,拥有包括自动裁布机、大型梳棉机器、全电脑智能绗缝车、电脑平缝机等系统的家纺生产线。企业已经开发了自己的企业网站,同时基于企业自身的营销目标,又借助于第三方 B2B 电子商务平台搭建了企业商铺,有着非常好的营销效果。如图 4-18 所示为海门帝企鹅家用纺织品有限公司在阿里巴巴上的店铺。

2. 在阿里巴巴上创设企业商铺

海门帝企鹅家用纺织品有限公司于 2004 年在阿里巴巴注册建立企业商铺,2005 年开通诚信通会员,享受阿里巴巴提供的信用积累功能、电子商务基础服务和增值优惠服务。如图 4-19 所示为其公司介绍页面。

网络营销

图 4-18 海门帝企鹅家用纺织品有限公司在阿里巴巴上的店铺

3.企业商铺装修设计

（1）整体设计

企业商铺整体设计主题突出、简约大方、符合大众审美习惯。整体背景既温馨舒适又直奔公司经营家纺用品的主题；店铺导航清晰、直观、使用方便，初次使用网络的客户也不会"迷路"，能很清楚地找到需要的信息；在线客服模块可以方便商家和客户沟通，既能发展、转化新客户，又能有效巩固老客户，而且便于企业收集各种有价值的信息。如图 4-20 所示为其商铺整体设计效果。

图 4-19 海门帝企鹅家用纺织品有限公司企业商铺的公司介绍页面

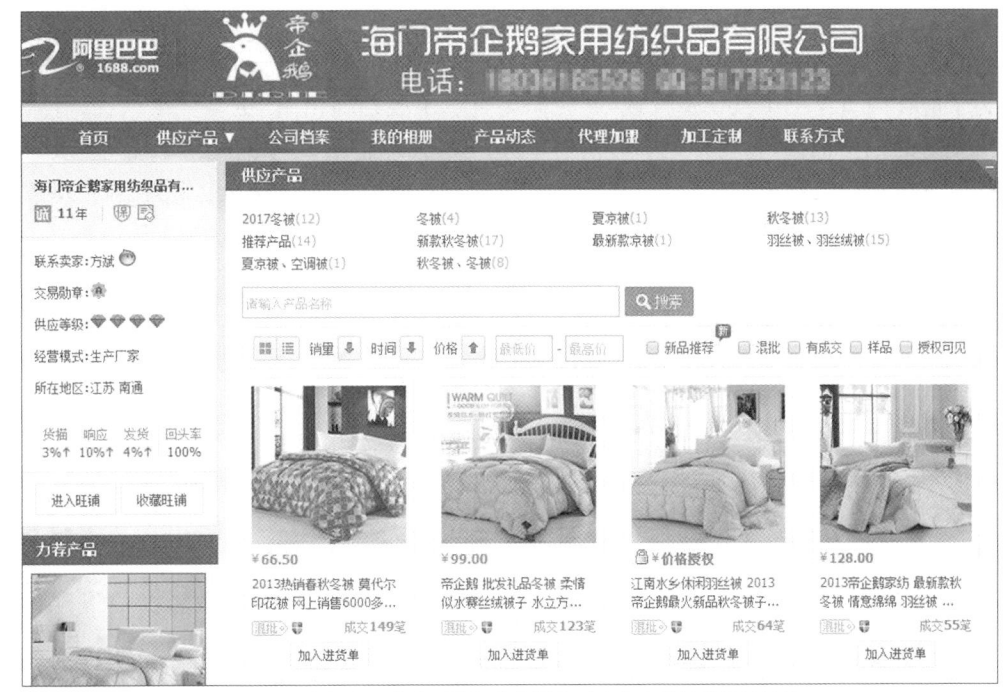

图 4-20　海门帝企鹅家用纺织品有限公司企业商铺整体设计效果

(2) 首页设计

首页设计的热销产品动画对客户有强烈的视觉冲击,能使客户产生强烈的了解产品的冲动,激发客户的购买欲;首页中企业基本信息齐全,商品信息丰富、分类明确,既有热销产品,又有新品推荐,符合客户浏览习惯,便于搜索与查找;企业实力展示充分,上传了各种资质,容易让客户对企业商铺产生认同感;联系方式详细、具体,便于客户找到企业。如图 4-21 所示为其首页的产品展示:

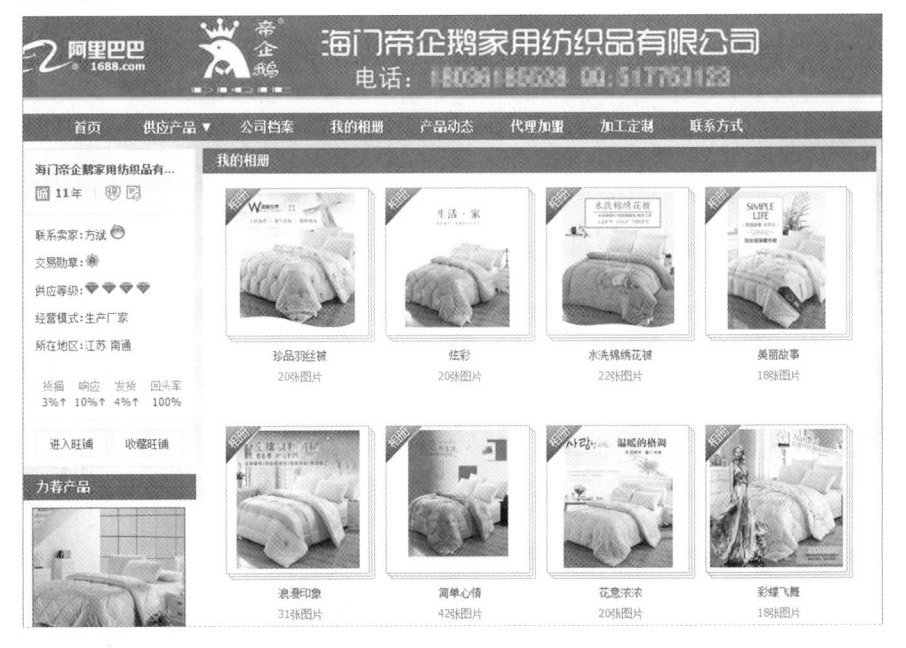

图 4-21　海门帝企鹅家用纺织品有限公司企业商铺首页的产品展示

网络营销

4.在线商铺经营与管理

(1)诚信经营

为了能在阿里巴巴中被快速发现,并在同类企业中脱颖而出、让更多买家信任,有效促成和保障交易的成交机会,企业开通了诚信通服务。企业商铺加入了诚信保障团,只要买家在购买商品时进行在线交易和在线支付,交易资金的安全将得到保障。若发生损失,客户将按规则100%获赔。

(2)在平台上推广企业

企业购买了平台上的网络广告位及产品搜索关键字排名;在平台的社区中发布信息,广泛获得他人对商铺和产品的关注,提高企业的曝光率。

(3)专人管理企业商铺

企业像管理实体店一样做好在线客户的接待、咨询以及日常的店铺管理工作,并密切关注各竞争对手在各平台中的动向,及时向相关部门报告,提出相应的对策和建议。

思政园地

在店铺设计过程中,我们要在实事求是的基础上培养学生的创新精神;在平台管理过程中,我们要不断提升自己的数据分析能力和良好的职业素养。

请思考:当企业在网站上发布了夸张不实的虚假信息后,会对企业店铺带来哪些不良影响?

任务回顾与总结

通过完成本项目的任务,我们了解了一个企业运作网络营销是需要营销平台做支撑的,这个营销平台可能是企业自己的网站,也可能是第三方B2B电子商务平台,二者都需要以营销思想为指导来完成其内容和结构的构建。

小试牛刀

1.营销型网站的创建

假设你是宏达投影仪有限公司的网络营销人员,请为该公司设计域名、规划公司网站结构布局、规划网站的功能模块、设计网站的主页结构、进行网站更新维护以及网站流量统计等,使网站透着营销思想。

2.在阿里巴巴中国站上搭建企业商铺

资料同上,以宏达投影仪有限公司为例,帮助该企业在阿里巴巴中国站上注册一个企业商铺,并在该企业商铺中上传企业的产品和服务信息。

第二篇
网络营销方法

项目 5

网站优化与网站推广

项目描述

项目背景

我国多数大中型企业都有自己的网站,但网站在企业的营销体系中却没能起到应有的作用。企业对网站内容的营销作用理解不深,网站建设单纯体现在技术层面,而缺少营销转化思想的指导,没能发挥应有的营销推广作用。因此,从网络营销的角度来讲,我国绝大多数网站需要强化营销功能。网站优化不能直接提高流量怎么办?若想要提高网站的流量并转化,还需对企业的网站进行深层次推广。

知识与技能目标

- 分析当前企业网站存在的问题
- 学会网站优化的方法与技巧
- 学会网站推广的方法与技巧

思政目标

- 提高细节管理的能力
- 锻炼坚持不懈的毅力
- 培养挖掘用户需求的潜力
- 增强网络推广的诚信意识

工作任务 1　分析当前企业网站存在的问题

工作任务描述

1. 任务背景

目前,我国大约有 95% 的企业都拥有了自己的网站,但相当一部分企业网站只是一个摆设,没有它好像不行,但有了它好像也没发挥什么作用。更有些企业网站,似乎已经成了"植物人"。

2. 任务目标

【知识目标】　了解目前企业网站建设存在的主要问题。
【技能目标】　探求我国企业网站存在的问题,学会定位网站特质和规划理念。
【思政目标】　提高细节管理能力。

工作过程

步骤1:探究浏览者访问企业网站的目的

"知己知彼,方能百战不殆。"若要开发出一个完全能满足浏览者需求的网站,首先要分析浏览者为什么来到企业的网站。浏览者之所以会访问企业的网站,主要出于以下原因:

（1）了解企业本身的信息,如企业的资质、发展历程、企业文化、组织机构、领导团队、财务状况和联系方式等。

（2）了解企业产品和服务的相关信息,如产品和服务的种类、性能、质量、价格以及真伪识别技术等。

（3）作为已经购买了企业产品和服务的消费者,来到企业网站咨询产品使用过程中出现的问题,想要得到网站客服的帮助。

（4）作为网站会员或产品和服务的消费者来到企业网站,与其他会员或者消费者就企业产品和服务进行沟通和交流。

（5）实现网上购买企业的产品和服务。有相当多的消费者访问企业网站的目的是购买企业的产品和服务。和一些电商平台相比,企业在自己的网站上销售产品和服务,更能保证产品质量。

可以说这五个方面是企业网站建设的指挥棒,它们能够指引企业网站向正确方向发展。然而,企业网站外包或者企业根本无人参与网站建设导致部分企业网站偏离了它的营销轨道。

步骤2:分析企业网站存在的主要问题

目前我国企业网站建设中存在的问题主要表现在以下几个方面:

1. 网站首页存在问题

网站首页是进入网站的大门,它会给浏览者留下网站的第一印象,对于网站的其他内容而言有时起着统帅作用。基于其重要性,许多企业都在网站首页设计上下了功夫。然而目前多数企业都没有电子商务部门或者网络营销团队,更没有能独立设计和维护网站的技术人员,网站的设计工作全权交给 IT 公司完成。IT 公司为了展示自身的技术水平,往往把网站的美工和其他技术层面展示给客户。这样会导致两种后果:第一是网站漂亮有余而功能不足,或者不利于 SEO;第二是网站缺乏营销思想。第一种结果的极致便是将网站首页设计成一幅巨大的图片,通过单击将用户引入网站内部,在当前企业网站中比较流行。

以大的图片作为网站首页有如下缺点:网站首页下载速度慢,导致浏览者等不到页面完全打开而离开;浏览者不能对网站的内容和服务一目了然;图片占据了有效的网页空间,信息量少;不利于搜索引擎收录该网站,不利于网站推广。

2. 信息量有限,质量粗糙

多数企业网站上的信息量少,少到甚至连前面提到的浏览者访问企业网站的前两个目的都不能实现,更不用说后三个目的的服务和信息了。这样的网站就像一条快要干涸的小河,浏览者能一眼洞穿网站全部,即刻就会发现该网站对他没有意义而迅速离开。重技术而轻内容是导致网站信息量有限而质量粗糙的主要原因。

3. 把"公司介绍"、"公司新闻"和"关于我们"的信息放在最重要的位置

企业产品营销效果好是企业网站的最终目的。有些企业为了推广网站,通过设置企业介绍和行业新闻等内容增加网站关键词频度是可以理解的,但是在进行网站结构设计时要注意,不能把这些内容放在主页的最重要位置。当浏览者进入企业网站时,最直接的目的是想了解产品和服务,所以应该把产品和服务的展示放在最重要的位置。

4. 关键词选择错误

一个企业有很多产品,我们不能把每一个产品都当成一个关键词。因此,关键词选择对于一个企业网站来说是非常重要的。有时虽然网站的关键词排名很好,但是网站流量却不高,更不用说网站流量的转化了,这就是关键词选择出现了错误导致的。

5. 访问速度慢

许多网站的访问速度很慢,这大大影响了浏览者对它的访问,进而影响了网站的营销效果。网站访问速度慢会影响以下几方面:

(1) 影响搜索引擎蜘蛛的抓取。搜索引擎蜘蛛抓取打开速度快的网站只需要 3 秒,而抓取打开速度慢的网站需要 10 秒,抓取少的网站收录的内容也会相应地减少。

(2) 影响网站排名。只有网站打开速度快,搜索引擎蜘蛛才能抓取得快,才能让网站在搜索引擎中拥有好的排名。

(3) 影响用户体验。网站优化的目的就是让用户拥有更好的体验,如果网站打开速度慢,无论网站内容有多么的优质,用户肯定会直接关闭网站,去浏览其他网站。正常情况下,网站打开速度最好控制在 2 秒左右,这样才有利于用户体验。

6. 缺少沟通板块,沟通不利

网站提供的沟通功能是留住用户并使其建立起对企业忠诚度的重要工具。然而很多企业的网站都没有提供这种沟通的渠道,使用户与企业沟通无门。最常见的情况有以下几种:

(1) 联系信息不全或者干脆没有。

(2) 把企业的联系信息做成"酷图",使用户不能轻易拷贝和存储。

(3) 有"联系我们"之类的链接,但单击后却只有一个表格让用户填写信息,且要求较高,如姓名、性别、年龄、婚否、身份证号码、收入情况、学历等个人隐私信息。

(4) E-mail 地址成为摆设,回复不及时。网站上虽然有相关负责人员的 E-mail 地址,但却不能及时、有效地处理商务信函。

(5) 用户留言板无效,更没有论坛。

7. 网站服务尤其是在线服务比较欠缺

通过网站可以为用户提供各种在线服务和帮助信息,如常见问题解答(FAQ)、电子邮件咨询、在线表单、通过即时信息实时回答用户的咨询等。一个设计水平较高的常见问题解答,应该可以解答 80% 以上用户关心的问题,这样不仅为顾客提供了方便,也提高了用户服务效率,降低了服务成本。

8. 企业网站对销售和售后服务的促进作用未得到合理发挥

虽然网上销售目前还不是企业开展网络营销的主流,但网络营销可以对线下销售以及售后服务提供良好的支持,如通过网站的信息、服务等方面给予支持,包括详细的售后服务联系信息、关于产品购买和保养的知识、产品价格和销售网络查询等。调查发现很多企业网站对此没有足够重视,因而难以发挥应有的作用。

9. 企业网站栏目规划不合理、导航系统不完善

这主要表现在栏目设置有重叠、交叉或者栏目名称意义不明确,容易造成混淆,使得用户难以发现需要的信息。有些网站栏目过于繁多和杂乱,导致网站导航系统比较混乱。如果网站毫无章法地安排大量内容,没有明确的导航,浏览者无法快速找到所需信息,就可能导致用户流失。清晰、简洁的页面会给人一种思路明确的感觉。

不管是电脑屏幕还是手机屏幕,展示区域有限,栏目展示内容要分清楚主次,根据人们的视觉习惯,最重要的栏目应该居左,然后依次展开,文字言简意赅,不宜过长,如果栏目很多就需要规划出二级和三级栏目。

如果想在搜索引擎获取流量,栏目的优化信息一定是企业关注的重点,特别是对于中小企业的网站来说,尤为重要。设置好每个栏目的 TDK(标题、描述和关键词)是网站优化基本的工作,这将决定用户能不能在搜索引擎中找到公司或者产品。

10. 体现企业资质的信息不全

版权信息、备案信息、ICP 发放的版权所有的批文、营业执照、广告许可证、拍卖许可证等信息可以证明企业网站的合法性和权威性,一般放在网站首页的下端,主要提供与网站和企业相关的法律文件。然而有的企业对此不够重视,这些信息处理不合理,影响了网站的权威性。新浪网的版权信息如图 5-1 所示,可以看出新浪网给人以安全、可靠、值得信赖的感觉,企业资质信息体现充分。

图 5-1 新浪网的版权信息

11. 信息更新不及时

企业建立网站的目的就是及时发布企业的产品和服务信息,让用户能第一时间了解企业的情况。网站就好比我们每天阅读的报刊,报刊所发布的信息必须是天天更新且具可读性的。

很多企业网站建立起来以后就不进行管理和维护,信息基本不更新,即使更新也是转载一些别人的信息,浏览者在访问网站的时候第一次可能会浏览一下,但是第二次访问的时候发现网站上的信息和第一次访问时一样,就会给浏览者留下不好的印象,从而失去潜在用户。

思政园地

在分析网站存在的问题的过程中,要培养学生的细节观察能力,全面提高学生的细节管理能力。

请思考: 如果你的领导让你提交一份网站整改报告,参考已有经验,你会从哪几个方面入手?

工作任务 2 掌握网站优化的方法与技巧

工作任务描述

1. 任务背景

所谓网络营销导向企业网站,主要是指有下列特征的网站:首先,在网站基本指导思想上表现为具有明确的目的性,一切以企业的营销转化为目标;其次,在网站功能方面,不仅要保证在技术上实现网站的基本功能,还要具备网站的网络营销功能,这是最终发挥网络营销效果的保证;第三,在网站优化设计方面,不仅要适合搜索引擎的检索,更要能满足用户需求,适合用户通过网站获取信息和服务,并且网站维护比较方便。

2. 任务目标

【知识目标】 了解网络优化的必要性,掌握网络优化的关键点。

【技能目标】 学会网站优化的方法与技巧。

【思政目标】 培养挖掘用户需求的能力。

工作过程

步骤 1:认知网站优化

1. 什么是网站优化

网站优化是对网站进行程序、内容、板块、布局等多方面的优化调整,使网站设计适合搜索引擎检索,满足搜索引擎排名的指标,网站更容易被搜索引擎收录,从而使关键词的排名更靠前,能让用户搜索相应关键词时在搜索引擎的结果列表中较为靠前的位置找到企业的网站,同时提高用户体验和客户转换率,进而创造价值,使网站更具营销思想。

网站优化可以从狭义和广义两个方面来说明。狭义的网站优化即搜索引擎优化,也就是搜索互联网站时适合搜索引擎检索,满足搜索引擎排名的指标,从而在搜索引擎检索中排名靠前,增强搜索引擎营销的效果,使与网站产品相关的关键词能有好的排名。广义的网站优化所考虑的因素不仅仅是搜索引擎,也包括充分满足用户的需求特征、清晰的网站导航、完善的在线帮助等,在此基础上使得网站功能和信息发挥最好的效果。

通俗地讲,网站优化可分为两个部分:一是站内优化,二是站外优化。站内优化就是通过优化手段使得网站的搜索引擎友好度和站内用户的良好体验度上升。这样做的目的很简单,就是为了让网站在搜索引擎中排名靠前并且得到很好的客户转换率。站外优化通过优化手段帮助网站和网站所属企业进行品牌推广,这个过程可能涉及的方式有友情链接、各平台外链、口碑宣传、百度竞价、信息流推广、直播推广等。

2.网站优化与 SEO 的区别与联系

SEO(Search Engine Optimization,搜索引擎优化)只是网站优化的一种形式或者说是一种方法,从真正意义上来说,SEO 是狭义的网站优化。

(1)SEO 是依存于搜索引擎出现的,是免费获取流量的一种方式;网站优化则偏重于"网站"的概念,本质是对网站进行完善、改良,让浏览者获得良好的体验。网站优化是可以独立于搜索引擎而存在的,它最初不对网络直接负责,更不是以追求搜索引擎排名为终极目标,而是客户满意度,即现在的客户体验。

(2)没有搜索引擎,就没有 SEO;但没有搜索引擎,网站优化依然存在。在搜索引擎出现之前,网站优化是完全独立的,它的核心是建设优质的站点,并伴随着互联网的发展和网站自身的拓展而不断优化。直至搜索引擎出现后,网站优化才逐渐向搜索引擎的方向发展,并伴随着搜索引擎日渐成为人们浏览互联网信息的重要工具,此时网站优化才渐渐成为网站推广乃至网络营销的基础,并直接对 SEO 负责。因此,与其说 SEO 是伴随搜索引擎而出现的技术,不如说 SEO 是由网站优化衍生出来的技术。

3.网站优化领域的相关术语

(1)目录(栏目)。目录(栏目)是由人工编辑的搜索结果。大多数目录(栏目)依靠的是人为提交而不是爬行器。目录(栏目)以前还特指以人工方式组织信息的搜索引擎类网站,如以前的雅虎搜索引擎。

(2)关键字(词)。关键字(词)是 Web 站点在搜索引擎结果页面上排序的依据。根据站点受众的不同,用户可以选择一个字、词或整个短语作为关键字(词)。

(3)链接场。在 SEO 术语中,链接场是指一个充满链接的页面。这些链接其实没有实际作用,它们只作为链接存在,而没有任何实际的上下文。那些采用黑帽 SEO 的人利用链接场,在一个页面中增加大量链接,希望能通过这种方式使搜索引擎误认为这个页面很有链接价值。

(4)SERP。SERP 是"Search Engine Results Page"的首字母缩写,即"搜索引擎结果页面"。它是搜索引擎对搜索请求反馈的结果,通常包含搜索结果的左、右两侧,而不是单指哪一侧。

(5)有机列表。有机列表是 SERP 中的免费列表。有机列表的 SEO 通常涉及改进 Web 站点的实际内容,这往往是在页面或基础架构级别进行的。

(6)网页 PR 值。网页 PR 值,简称 PR,是网页级别(PageRank)的缩写。搜索引擎优化(SEO)和搜索引擎营销(SEM)专家使用这个术语描述网页在 SERP 中的排名以及 Google 根据排名算法给予站点的分数。无论如何定义,PR 都是 SEO 的重要部分。

(7)付费列表。顾名思义,付费列表(Paid Listing)就是只有在付费后才能列入搜索引擎的服务。根据搜索引擎的不同,付费列表可能意味着:为包含于索引之中、每次单击(PPC)、赞助商链接(Sponsored Links)或者在搜索目标关键字时让站点出现在 SERP 中的其他方式而付费。

(8)排名。排名(Ranking)是页面在目标关键字的 SERP 中列出的位置。SEO 的目标是提高 Web 页面针对目标关键字的排名。

(9)排名算法。排名算法(Ranking Algorithm)是搜索引擎用来对其索引中的列表进行评估和排名的规则。排名算法决定哪些结果是与特定查询相关的。

(10)搜索引擎营销。搜索引擎营销(Search Engine Marketing,SEM)这个术语可以与 SEO 互换使用,但 SEM 常常是指通过付费和广告向搜索引擎推销 Web 站点,同时应用 SEO 技术。

(11)搜索引擎优化。搜索引擎优化就是根据对搜索引擎的吸引力和可见性来优化内容,从而使 Web 页面能够被搜索引擎选中,获得较好的排名。

(12)垃圾技术。垃圾技术(Spamming)是一种欺诈性的 SEO 手段,它尝试欺骗爬行器(Spider),并利用排名算法中的漏洞来影响针对目标关键字的排名。垃圾技术可以表现为多种形式,但是其最简单的定义是 Web 站点用来伪装自己并影响排名的任何技术。

(13)黑帽 SEO。用垃圾技术欺骗搜索引擎一般被称为黑帽 SEO(Black Hat SEO)。黑帽 SEO 以伪装、欺诈和窃取的方式骗取在 SERP 中的高排名,如群发留言增加外链,关键词叠加,域名轰炸,转向新窗口链接等。这种方法是采用一些作弊手段,通过关键词堆砌或者垃圾链接等方式达到网站排名的提升。某些团队利用搜索引擎短暂出现的 bug 进行优化,排挤竞争对手,这种方法一旦被发现,查处力度非常大。

(14)白帽 SEO。白帽 SEO(White Hat SEO)以正当方式优化站点,使它更好地为用户服务并吸引爬行器的注意。在白帽 SEO 中,能够带来良好的用户体验的任何内容都被视为对 SEO 有益。

(15)搜索引擎权重。根据算法对不同关键词的排名进行评级,有 10 级的划分,权重越高越容易给网站带来流量,所以做 SEO 其实就是争取搜索引擎权重。

(16)蜘蛛。蜘蛛又被称为网页机器人,在各个网络和网页之间不断爬行,按照搜索引擎算法规则来提取网站中的信息,和自建的目录进行比对,凡是新的信息就会被收录,最后有价值的信息增加权重,其实这也是一种网络爬虫技术。

4. 网站优化的原因与作用

(1)网站优化的原因

之所以要对企业网站进行优化,最主要的原因之一是企业网站绝大多数都是企业提供需求,由专业网站设计公司设计制作。而目前企业没有真正懂网络营销的人员,IT 公司也只注重技术忽略营销,甚至也没有太多的人懂网络营销。二者合作的结果——企业网站自然不会透着营销思想,自然需要优化。

(2)网站优化的作用

①让更多的用户更快地找到想找的东西。

②可以让相关关键字排名靠前,满足用户需求。

③让有需求的用户首先找到企业网站。

④提供搜索结果的自然排名,增加可信度。

⑤使网站排名自然靠前,增加网站浏览量,促进网站宣传和业务发展。

⑥增加优秀网站的曝光率,提升网页开发的技术水平。

⑦更加方便不懂网络或者对其知之甚少的人寻找到需要的网络知识。

⑧经过优化,网站可以更好地宣传企业形象,扩大企业知名度。

步骤2:网站优化之关键字优化

企业网站优化工作主要包括三个方面,即网站的关键字优化、网站产品名称及图片优化、网站其他方面的优化。

网站上的文字很多,但在众多的文字中,有一部分文字应该是网站关键字。网站关键字是网站与搜索引擎间对接的一个重要因素,搜索引擎主要就是通过用户输入的"搜索关键字"找到网站的。所以网站的关键字设置是否得当,关键字出现的频率高低,都会影响网站在搜索引擎中出现的可能及排名位置。网站关键字一般可以出现在网站的四个位置:网站代码页的关键字标签(Keywords)中;网站代码页的关键字描述标签(Description)中;网站的标题(Title)中;网站的页面文本中。

1.网站关键字与用户搜索关键字之间的关系

为了让大家更好地理解网站关键字的作用,我们可以用以下方式来验证网站关键字和用户搜索关键字之间的关系。

(1)首先,在搜索引擎(此处以百度为例)的搜索文本框中输入搜索关键字"长春家政服务",单击"百度一下"进行搜索,会出现如图5-2所示的页面。

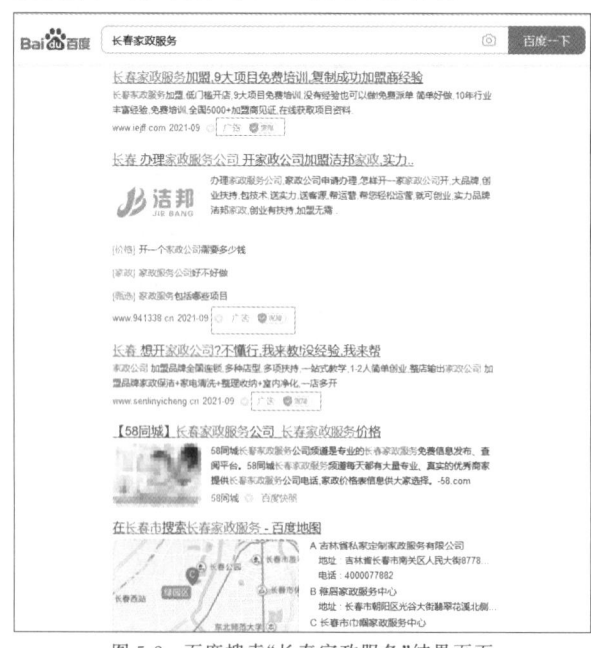

图5-2 百度搜索"长春家政服务"结果页面

项目 5　网站优化与网站推广

(2)在搜索引擎的搜索结果页面中有几处值得注意(已在图上圈出),即结果页面中的前三项结果,都是以"广告、保障"的状态存在的。这种字样表明该企业网站已经在百度进行了付费推广,即付费购买了百度的竞价排名。结果页面的第三项以后,是没有付费的排名,是企业通过优化关键词在搜索引擎结果中获得的排名。那么为什么"58同城"会出现在结果页面?为什么这个网站能在非付费列表中排名第一呢?我们继续进行实验。单击第四项的结果链接,进入58同城页面,如图5-3所示。

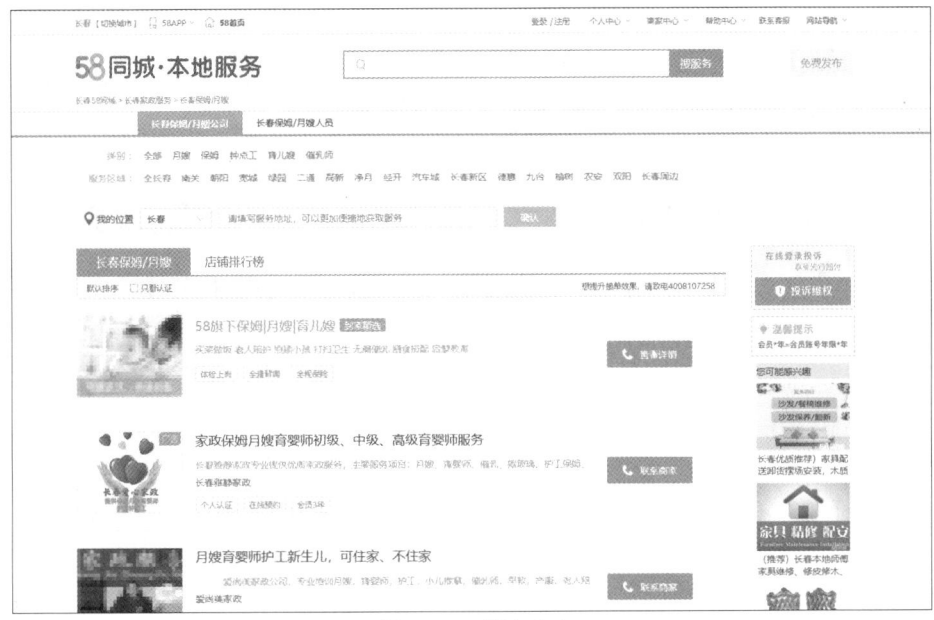

图5-3　58同城页面

(3)在如图5-3所示页面中,单击主菜单的"查看"—"源文件",会出现源代码文件,如图5-4所示。

图5-4　58同城长春家政服务页面的源代码文件

在图5-4中,我们看到了漂亮网页的另一面。在该页面中有两种标签:一种标签是"title";另一种标签是"meta"。在这两种标签中,我们看到了"【58同城】长春家政服务公司_长春家政服务价格"字样。这就是为什么在搜索引擎中输入"长春家政服务"时,该网站会出现在结果列表中的原因。

2.优化网页标题内的关键字(title 标签)

网页标题是出现在 Web 浏览器顶端名称栏的内容,也是用户书签文件中缺省的标签名,或者说网页文件源代码中<title>标记符与</title>标记符之间的文字。但就是这很短的一句话,可能是除了站点的域名之外,搜索引擎用于确定网页内容主题最重要的因素。

网页标题设计的好坏直接影响网页对搜索引擎的友好程度,是网站优化内容的一个重要方面。

(1)网页标题字数设计

通常,用户在搜索引擎中进行搜索时,一个网站的标题只能显示56个字节左右(不同的搜索引擎显示标题长度也是不同的),也就是约28个汉字,再长用户也不能从屏幕上看到。而且,网站标题的长度不宜过长,因为如果标题过长的话,网站标题关键词会比较分散。

很多站长为了让搜索引擎更清楚地了解自己网页或网站的内容,会在 title 中写上很多的关键词,这样有可能被搜索引擎认为是 SPAM 而被消除。下面以百度搜索引擎为例,来说明关于网页标题标签的优化。

①网页标题的标准。百度的标准是标题字数是 27 个字之内,并且标题中不要堆积关键词,即关键词不出现超过 3 次,并且对其中使用的间隔符也做出了规定,要求使用"-"。

②首页标题。如果是企业网站,大概率是通过首页排列主关键词,除了注意以上问题之外,还应包括品牌词的运用。如果首页排名并不是绝对重要,可以用一句话来做标题,这样的标题主要是起营销作用。

③栏目页标题。不少人做栏目页标题会直接将站内展示名称植入标题设计中,如果只是优化一个关键词还可以,如果有几个关键词都在这个栏目页优化,可以将其组合成为可以阅读的一句话。

④内容页标题。通常内容页标题都是网站品牌词和文章标题进行组合,这时页面标题的字数就取决于文章标题的长度,因此在撰写文章时,要根据网站品牌词的字数来推算文章标题的字数,比如网站品牌词的字数是 7 个字,文章标题最好控制在 20 个字之内(包括符号),因为过长的标题会被省略,搜索引擎会认为标题不规范而不会给予较高排名,当然这种影响十分小,但我们也要注意。

(2)各页面的标题要有所不同

有些网站为了更多次地重复网站关键词,将每个页面都设计相同的标题,这样做每个关键词都得到了不同程度的重复。但对于搜索引擎而言,此种做法很容易被视为搜索引擎作弊。所以最好的做法是针对每个页面的主体内容分别设计各页面的关键词,既突出每个页面的特点,同时对搜索引擎也足够友好。

(3)各页面标题设计的基本原则

针对不同页面的主体内容分别设计各页面的标题是非常重要的一个原则,同时在进行具体某页面标题设计时还要注意:标题中要出现公司名称、公司网址、该页的重点内容、关键字的分割与组合。

例如,某家电类网站主要有以下产品展示的子页:电视类、冰箱类、洗衣机类、电饭锅类等。那么我们可以针对其中每一类产品展示子页设计不同的页面标题,如洗衣机类产品展示页面的标题进行设计时要注意该页面的主体关键词是"洗衣机"。按上述原则,我们可以设计如下:

<title>洗衣机,洗衣机价格,××牌洗衣机大全 </title>

注:洗衣机一词最多出现三次,再多会被搜索引擎判定为关键词堆砌。

如果页面的标题中出现和本页面不相关的关键词,经过长期积累,搜索蜘蛛发现网站内容和标题不符,那么该网站就会被认为有欺骗行为,可能被降权、封杀。

(4)网页标题中的关键词分隔符设计

由于每个页面的标题中都含有多个关键词,各关键词之间的分隔符可以用","、"-"、"_"、"|"符号中的一种。这几种符号相比较有没有优劣之分呢?这要视具体情况而定。

使用下划线作为关键词分隔符好,还是使用连字符好呢?在实际工作中,一些大的网站,如腾讯等,都是以下划线作为分隔符的,而在 Google 中,则是使用连字符分隔。因此,在进行网站优化时比较常见的办法就是:如果要单独优化 Baidu 等国内搜索引擎,就使用下划线来分隔 title 标签,而如果优化 Google 或者是其他国外的搜索引擎,就使用连字符作为分隔符。当然,如果想要在 Baidu 和 Google 都有良好表现,建议使用下划线。另外,还有很多网站使用"|"来分隔关键词,不建议使用该符号。至于",",也没有太大问题,可用但效果不及"_"。

(5)网页标题更新频率设定

是否可以经常更改 title 标签呢?网页的 title 标签如果时常频繁地改变,那么搜索引擎会认为存在作弊行为,或者该网站在频繁地更换内容。搜索引擎也会对该网站失去兴趣,而采取不收录的原则。在对门户级网站进行搜索引擎优化的过程中,一般做法是对已经生成的 HTML 不再优化,而对新的 HTML 页面进行优化,而不会频繁地修改网页的 title。

此外,每个行业都有自己的规律和要求,由于不同的网站类型的更新频率是不一样的,所以我们不能一味地认为网站更新频率越高越好,应针对不同类型的网站而定。搜索引擎有对应的抓取更新周期。如博客类或者资讯类的网站,信息量很大,可以保持每天更新,也有高质量的内容可以更新,而一些普通的企业网站,比如说设备类,内容少,信息量少,就不要一味地追求更新频率,而应该在更新内容的质量上下功夫。

3.优化网页 meta 标签内的关键词

网页关键词标签的内容在网页前台并不显现。用户可以通过网页的空白处单击鼠标右键,选择"查看源文件"的方式查看某网站的关键词标签。

网页关键词标签在源代码中是以下面的格式呈现的:

<meta name="keywords" content="关键词1,关键词2,关键词3,……">

网页关键词设计时需考虑以下要素:

(1)目标关键词

目标关键词指经过关键词分析确定下来的网站"主打"关键词,通俗地讲,是指网站产品和服务的目标客户可能用来搜索的关键词。

一般情况下,目标关键词具有以下特征:①目标关键词一般作为网站首页的标题;②目标关键词一般是由 2~4 个字构成的一个词或词组,以名词居多;③目标关键词在搜索引擎中每日都有一定的稳定搜索量;④搜索目标关键词的用户往往对网站的产品和服务有需求,或者对网站的内容感兴趣;⑤网站的主要内容围绕目标关键词展开。

(2)长尾关键词

长尾关键词是网站的非目标关键词,但它能够给网站带来搜索流量。在网站的优化过程中,长尾关键词是网站获取流量的一个重要组成部分。对于一般的网站来说,品牌关键词和目标关键词都是固定的,而且数量非常少,如果网站想要获得更多流量,就需要挖掘大量的长尾关键词。长尾关键词都有哪些明显的特征呢?

①长尾关键词很长。一般是由多个词语组成,或者是一个短语。

网页关键字优化

②针对性强。长尾关键词具有很强的针对性,目标比较精准。虽然搜索量比较小,但是它在一定程度上能够更加充分地反映出用户的强烈意愿,所以能够将大部分的流量转化成实际收益。就目前来说,长尾关键词的数量还是非常庞大的,可以进行无限挖掘。

③无限量展示。长尾关键词最大的特征就是能够在网站中进行无限量展示。由于长尾关键词的单一性特点带来的流量较少,所以是可以用庞大的数量对网站的整体流量进行扩充的。

④引流效果好。长尾关键词通常能够为新站带来更多的目标用户。针对网站建设初期会出现的目标关键词排名不稳定的情况,利用长尾关键词能够帮助用户寻找更加合适和准确的内容,或者更加迎合搜索引擎的喜好,自然能够为新站带来更多的目标用户和流量。

每一个行业,如果仔细挖掘的话,根据不同的爱好、用途以及表现进行详细划分,都会有大量的长尾关键词供使用,而且可以进行深度考量,利用工具实现深度挖掘。

长尾关键词通常分为三种表现形式:

①问题型关键词。问题型关键词指的是用户有某个疑问想要求助于搜索引擎,希望可以通过搜索引擎找到最适合答案的关键词。

②导航型关键词。导航型关键词属于某一特定的品牌或者网站,例如新浪或者搜狗等。这些关键词的竞争很激烈。导航型关键词不仅仅局限于某个网站的特定品牌名称,也可以是某个产品的具体名称。

③购买型关键词。购买型关键词是最能够凸显购买意图的关键词,比如在搜索引擎中输入小米手机网上购买、小米手机价格等,那么购买意图就已经非常明显了,同时流量与实际收益之间的转化率也会相应增加。

在搜索引擎优化过程中,我们应该正确区分目标关键词以及长尾关键词,通常来说长尾关键词要比目标关键词更加具体一些,它涵盖了更多的词汇,而且对于产品以及网站的定位更加精确。

总体而言,长尾关键词记录的内容可以很简单,只要进一步将长尾关键词记录搭建起来,那么整个网站就形成了一个比较强大的网络结构,无论是搜索引擎抓取还是用户访问体验,都会大大提升。

(3)关键词叠加

关键词叠加指为了增加关键词密度,在网页上大量重复关键词的行为。关键词叠加是SEO初学者常犯的错误,他们一般在标题标签、描述标签、关键词标签、图片alt的代替属性中重复放入大量关键词。有时,他们甚至在网页页脚部分放几十个关键词。

关键词叠加是一种典型的SEO违规行为,搜索引擎判断这种违规行为的算法已经相当成熟,因此,一旦网页上出现关键词叠加现象,一般整个网站会被搜索引擎封掉。很多网站不被搜索引擎收录,往往也是这个原因。

(4)关键词位置

在页面中的什么位置放关键词最好?搜索引擎认为,网页中重要的地方往往放置关键词:①关键词应该在文章的每个段落里;②网页头部标签(如描述标签、关键词标签等)应该放置关键词;③网页中图片的alt标签里应该放上关键词;④可以考虑把关键词作为子目录;⑤网页中谈到其他网页的关键词时,不要忘了添加链接并指向那个网页。

添加关键词时,应考虑的对象是网站的用户,而不是搜索引擎。不要采用任何手段欺骗搜索引擎。

(5)关键词密度

①关键词密度的定义。关键词密度是指一个关键词在网页上出现的总次数与页面总字数的比例。相对于页面总字数而言,关键词出现的次数越多,关键词密度越大;其他关键词出现的次数越多,关键字密度越小。

关键词密度又称关键词频率,一般用百分比表示。简单地举个例子,如果某个网页共有100个字,而关键词在其中出现5次,则可以说关键词密度为5%。

②关键词密度对网站排名的影响。许多搜索引擎,如Baidu、Sogou、Chinaso、360搜索等都将关键词密度作为其排名算法考虑因素之一,每个搜索引擎都有一套关于关键词密度的计算公式。合理的关键词密度可使企业获得较好的排名位置,密度过大则会起到相反的效果。就实施惩罚前所容许的关键词密度的阈值而言,不同的搜索引擎之间也存在不同的容许级别。对过度优化如关键词Spam而言,不同的搜索引擎容忍的阈值也不尽相同,从大到小排列大致依次是Google、MSN、Baidu、Sogou、iask。

关键词密度是排名的一个重要因素,当然不可忽略,但最重要的还是内容。很多人为了达到2%~8%的关键词密度而不顾内容质量,刻意地在页面中加上所优化的目标关键词,其实这样做有时候反而会得到相反的效果。

在做网站时,内容最好是自创的,因为只有结合优化知识写出的内容才是"最佳"的内容。可以从两个方面考虑一个文章内容是否适当:一是文章的流畅度,二是关键词出现的密度。一篇好的文章,它的关键词出现的位置与次数不但不影响文章的流畅度,而且可达到"最"优化的要求。

一般我们优化的不是一个词语而是一个短语,如"企业网站优化"就包括了"企业网站"与"优化"两个词语,优化时不但要强调"企业网站优化",还要强调"企业网站"与"优化"。有很多人会误认为重点只是在"企业网站优化"里,所以在文中不断地重复该短语(注:一定要记住所优化的"企业网站优化"是一个短语,而不是一个词语,如果优化"企业网站",那么就不需要把"企业"与"网站"分开)。搜索引擎在识别关键词短语时会把短语整个解释分成多个词语。

③关键词密度的合理值。关键词密度是一个模糊概念,没有一个准确的公式来限定其密度。各搜索引擎的密度值控制都不一样,甚至同一个搜索引擎,对不同网站的关键词密度大小的容忍阈值也不相同。关键词密度并不是越大越好。一般来说,在大多数搜索引擎中,关键词密度在2%~8%是一个较为合适的范围,有利于网站在搜索引擎中的排名。

(6)meta标签的优化与设计

meta标签并非对所有的搜索引擎都起作用,例如Excite就不支持它,理由在于它太容易被设计者用来误导"冲浪者"。不过总的来说,meta标签中的关键词的重要性要低于标题和其他要素,它可分为由description定义的关键词和由keywords定义的关键词。

页面描述优化

例如,海尔网站的META标签的代码如下:

<meta name="description" content="海尔秉承"以人单合一模式创物联网时代新增长引擎"的企业愿景,海尔将携手全球一流生态合作方,建设衣食住行康养医教等物联网生态圈,为全球用户定制个性化的智慧生活。">

<meta name="keywords" content="海尔,海尔生态品牌,海尔官网,海尔智慧家庭,海尔智慧家电,海尔官网首页,海尔电器,海尔电器官网,海尔集团,海尔集团官网,青岛海尔,青岛海尔官网,海尔售后,haier,海尔服务">

优化meta标签的技巧如下:

网络营销

Meta标签优化

①要注意每个关键词的变体(别称)。对于英文的关键词,要注意它的单复数、大小写、不同的动词形态、误拼等。

②要注意关键词的质量和数量。一般来说,关键词与页面内容的相关度越高,越有助于提高页面被命中的概率。例如,在一个运动站点,一个页面以"高尔夫球"为页面标题,另一个页面以"网球"为页面标题。可将"高尔夫球"和"网球"都写入每个页面,因为这两个词都和"运动"有极高的相关性,所以命中率也是很高的。

③要避免单纯卖弄技巧。搜索引擎通常认为,一个页面中某个关键词的重复次数越多,那么在检索时这个页面在结果页中的排名就越靠前。因此,某些站点的建设人员拼命增加那些"冲浪者"有可能用来查询的关键词的重复次数。然而此类站点可能被搜索引擎视为作弊而将其置于数据库之外。

网站关键词的设计技巧

④网站关键词的设计技巧。在设计某网站的关键词时,要注意:企业的名称要列入,包括企业全名、企业简称;企业商标要列入;企业的主要产品名称要列入;以网站主关键词为核心,在其前后,添加附加词语,形成长尾关键词;网站关键词的描述标签尽可能以一段话的形式呈现,内容不要与关键词标签完全相同,但要变相重复关键词标签。

步骤3:网站优化之产品名称及产品图片优化

网站产品的优化工作主要体现在四个方面,即产品名称(标题)、产品图片、产品描述、产品价格。具体要求如下:

1.产品类目要选择正确

在发布产品时,可以通过输入产品名称等关键词,快速查找并选择正确的产品类目,也可以按照类目结构,逐级选择产品所对应的类目。

2.产品属性要完整

在信息发布过程中,产品属性是核心的填写内容,应完整、正确地填写产品属性,以便增加信息在搜索时的命中率,大大提高曝光率,也能够让买家在第一时间更全面地了解产品。

3.产品信息标题要吸引人

标题是信息内容的核心浓缩。表述清晰并且包含产品关键信息的标题,能够让用户更容易地了解产品,从而引起买家更大的兴趣。具体有以下几个方面:

(1)一条信息一种产品。一个信息标题只描述一种产品,多种产品不要放在同一个标题中。

(2)信息标题包含与产品相关的关键词。

(3)标题中增加与产品相关的描述。这可丰富标题内容,突出产品卖点,如支持混批,支持支付宝付款以及包含品牌、型号、款式、颜色、材质、功能、特性、促销折扣信息等。

(4)注意标题和买家搜索词的相关性。只要客户搜索的关键词在产品标题中出现即可,不要盲目为了买家搜索词而不断新发产品、重复铺货。

(5)产品名称长度要适当。标题要尽量简单直接,能突出卖点。要让买家即使瞄一眼,也能知晓产品的特点,知道它是一件什么产品。产品的名称能恰当地突出产品优势特性,不要过短,也不要过长。买家搜索词是有150个字符限制的,标题建议均值在70个字符。

(6)不要把多个关键词在名称中重复累加。产品名称罗列和堆砌不但不会提升产品的曝光可能,反而会降低产品与买家搜索词的匹配精度,从而影响搜索结果和排序。

(7)避免使用大量的类似/重复标题。重复标题对用户体验不好,而且没有个性,在搜索的结果中,产品点击也不会高,尽量让自己的产品标题多样化,这样还可以有效避免重复铺货。

(8)产品标题中不要包含店铺名称。除非知名的大卖家,一般情况下,不必将自己的店铺名称加到标题中,因为很少有人通过搜索店铺名称而找到需要的产品。所以在标题中加入店铺名称,只是对资源的浪费。卖家应该节约空间,多加些产品属性关键词。

(9)慎用特殊符号。产品名称中慎用特殊符号,如"/"" - ""( )"等,否则可能被系统默认成无法识别字符,影响排序。如需使用,请在符号前后加空格。

4.产品图片要进行优化

上传的产品图片会显示在供应产品的搜索结果列表中,也会显示在该条信息的详情页面中。例如,在阿里巴巴中,普通会员可以上传一张产品图片,诚信通会员可以上传三张产品图片。应上传与产品相关的实拍大图,切勿上传无关图片。

5.产品说明要详细

产品说明承载了整个产品的详细介绍,包括产品细节、性能、材料、参数、型号、用途、包装、使用说明、售后服务等方面。它图文并茂,可突出产品的优势和特点,是买家进行交易决策的重要组成部分。

6.支持网上订购

买家可以在网站上直接下单并进行担保支付。买家更信任支持网上订购的卖家,建议根据产品实际情况,选择"支持在线订购",填写产品价格区间。

综上所述,产品优化需注意以下事项:

(1)不能只有产品图片而没有文字描述。

(2)不能仅有产品型号而没有产品名称文字描述。

(3)不能使用不规范的产品名称缩写。

(4)关于产品图片的大小比例。如果要给人一个良好的体验,在拍摄产品的时候旁边要放置生活中常见的物品,比如手机、椅子、人。这样用户就在脑海中清楚明白到底是多大的产品。如果产品的背景是空白的,没有参照物,就没法判断产品的大小,更没有真实性。

步骤4:网站优化之其他方面优化

1.网站形象优化

网站形象会给浏览者留下对企业初步的认识。一个企业网站的架构和美工设计得很好,浏览者会认定这家企业有实力,从而取得浏览者的信任,进而直接进行在线交易。

(1)整体视觉效果优化

网站风格是指站点的整体形象给浏览者的综合感受,换言之,浏览者打开网站后的第一感受就是来自网站的整体风格。例如,五粮液网站首页如图5-5所示。

能体现网站风格的要素主要有:①尽可能使网站的标志出现在每个页面;②突出网站的标准色彩;③突出网站的标准字体;④使用统一的图片处理效果;⑤使用统一的符号、线条与图标。

图5-5 五粮液网站首页

(2)网站色彩形象优化

网站给人的第一印象来自视觉冲击,确定网站的标准色彩是相当重要的。标准色彩是指能体现网站形象和延伸内涵的色彩。一般来说,一个网站的标准色彩不应超过三种,太多则让人眼花缭乱。标准色彩要用于网站的标志、标题、主菜单和主色块,给人以整体统一的感觉。不同的色彩搭配会产生不同的效果,并可能影响访问者的情绪。例如,IBM的深蓝色,肯德基的红色条,Windows视窗标志上的红、蓝、黄、绿色块,以及五粮液网站的红色,都使我们觉得很贴切,很和谐。至于其他色彩也可以使用,但应作为点缀和衬托,绝不能喧宾夺主。适于作为网页标准色的颜色有蓝色、黄/橙色、黑/灰/白色三大系列色,要注意色彩的合理搭配。主色调不是网站上最多的颜色,但一定是网站上最重要的颜色,一定是网站的点睛之色。

另外网站使用渐变色设计也是一个很好的方案,渐变色能显著提高用户的注意力。绝大多数用户在获取信息时,视觉路径都是从上到下、从左到右,我们通常所说的F型阅读方式就是这样。在网站设计中,可以使用渐变色的明暗变化来强化这种阅读习惯,例如从用户的阅读起点(左上角的LOGO或顶部的导航)到底部按钮之间的颜色渐变,眼睛会首先注意到明亮的部分,然后逐渐移向较暗的部分。

(3)网站字体形象优化

不要小看企业网站上的文本字体信息,如文本的字号、字体形式以及文字的颜色,这些信息会在浏览者打开网站的第一时间映入浏览者的眼帘,它们和网页的主色调一起构成了网站留给浏览者的第一印象。

①网页上的文本字号不宜过大或者过小。切忌网页上的文本字号过大,这会让人觉得企业的网站更像一个初学者制作的个人网站;网页上的文本字号过小,则会导致浏览者视觉疲劳,很快离开网站。网站的标准字号应该控制在10~12磅。

②网页上的文本字体不宜过花。一般网页默认的字体是宋体。为了体现站点的特有风格,有些网站设计者会根据需要选择一些特殊字体,如隶书、楷体或者华文彩云等,这么做一方面使网站看起来不够专业,不大气;另一方面网站的字体过花也会使浏览者产生视觉疲劳。

③网站上文本的颜色不宜过杂。网页主体的文本颜色应确定为深灰色至黑色之间,不宜用其他颜色或者多种颜色混用。各页面间大段文本的字体颜色要统一,使各页面间的色彩风格相一致。文本字体的颜色过杂会使网页看起来不正规,同时使网页的色调杂乱。

> **注意**:以上关于网页字体、字号和颜色的优化说明,强调的是网页文本,而网页中的段落标题、图标、广告图片、Flash 动画中出现的文字不在此列。

(4)网站图形形象优化

域名(中英文)、企业名称、商标,有代表性的人、事、物,网站标志、名称设计等均可作为代表网站形象的标志,即所谓的网站 LOGO 图标。例如,迪士尼的米老鼠、搜狐的卡通狐狸、中国银行的铜板、奔驰汽车的方向盘等。有的网站标志旁还加上网站的宣传标语,可以更加明确地表现网站的目标。例如:雀巢的"味道好极了";麦斯威尔的"好东西和好朋友一起分享";Intel 的"给你一颗奔腾的心"等。

图形图像元素是网站平面设计中表现丰富、作用非常重要的元素,它相比文字能够给浏览者带来更为直观的感受。一般在网站设计过程中都要保证图形图像元素丰富、美观、拥有一定趣味性,相比于文字更加形象生动和变化多端,因此人们也常常将图形图像比喻为一种"无国界的世界性语言"。通常情况下,图像可以表现为多种形式,例如照片合成图像、手绘图像、三维立体图像等。不同类型的图像会产生不同的视觉美感,激发浏览者不同的阅读兴致。而与文字相同,它也分为动态图像和静态图像两种。通常情况下网站中的静态图像表现形式更丰富。

2.网站结构及功能优化

(1)设计条理清晰的网站导航或者菜单

通过导航、菜单或图标的链接能够指引浏览者获得更为详尽的信息。一般主页的导航条主要设置企业介绍、产品信息、客户服务、企业新闻、网络社区、在线购物、合作伙伴、留言板等栏目。栏目名称要求简单精练、通俗易懂。导航系统清晰明确对网站很重要,因为浏览者可以随时知道自己所处的位置,也更加便于浏览者快速找到自己想要的信息。五粮液网站的导航系统如图 5-6 所示。

图 5-6 五粮液网站的导航系统

(2)设计站点地图

页面设计最好根据网站定位及网站的功能先规划设计一个链接清晰的站点地图。站点地图就是一个由主页和次一级页面按层次链接的树状结构图。有了站点地图,后续设计工作就容易开展了。如图 5-7 所示为腾讯网的站点地图,从中我们可以清晰地看到整个网站内容的框架结构,并且每个节点都做成了超级链接的形式,浏览者在查看站点地图的同时,可以通过单击相关节点,直接到达相关的目的网页,节省了逐级翻找时间,这就是网站要有站点地图的原因。

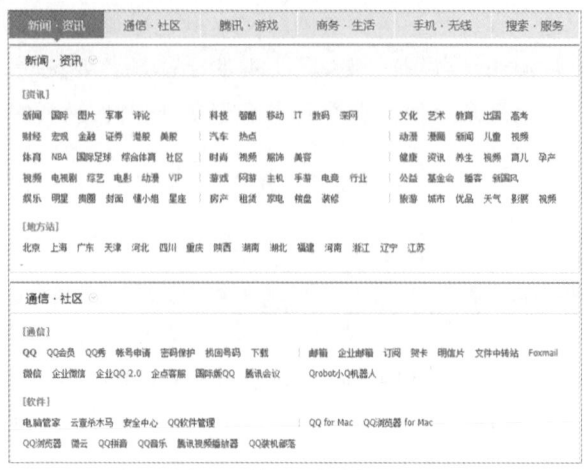

图 5-7　腾讯网的站点地图

步骤5：网站设计与优化评价

1.网站设计的原则

网站设计要考虑客户的心理体验,符合客户要求的网站设计才能得到客户的响应。网站设计时应遵循以下原则：

(1)易用性。应考虑客户寻求信息的习惯、规律,建立一条帮助客户到达目标的直观路径。在设计当中主要通过信息导航、加载速度、页面结构以及图形来实现。

(2)安全性。越来越多的消费者开始注重对自身权益的保护,上网时经常会提出"这个站点安全吗？我的信息能够提供给它吗？"等问题。因此,应为客户提供各种登录方式的选择机会,使客户对企业网站产生信任感。

(3)可读性。无论网页设计得多么出色,文本仍然会占用页面很大一块内容,它可以为用户提供所需的信息。特别是对于 SEO 来说,文本内容的质量是判断当前页面能否在搜索结果中取得更好排名的一个重要影响因素。一个设计得好的页面不仅仅可以在视觉上吸引用户,而且内容阅读起来非常方便,同时还要支持 SEO 和适当的关键词布局。

为了增强网页的可读性,可以考虑使用更易于阅读的字体。正文可以使用现代的无衬线字体,如 Arial、Helvetica 等。另外可以适当调整字体大小,一般来说,字体越大,阅读起来越容易。

(4)统一性。这是指网页的整体性和一致性,即使零散的作品汇聚在一起形成组合、整体。网页的整体效果是至关重要的,可通过相互配合、相互补充而形成一个无缝、美观的整体。相反不平衡、分散的设计会让人感到不舒服。

(5)连贯性。网页设计的连贯性是指网页内容的相互关系,即注意网页布局、网页视觉、网页风格的内在联系和表现形式上的相互呼应及连贯,使网页整体的各组成部分设计得极为融洽,让人心理感觉舒服,一气呵成。

(6)分割性。网页设计的分割性是指页面分成小块,内容分类归纳,有效分割,这样更容易产生清晰的视觉效果,使观者第一时间完整定位目标,在众多信息中找到重点,为观者节省大量信息筛选时间。

(7)对比性。网页设计的对比性是指应用不同的元素,多与少、曲与直、强与弱、长与短、粗与细、主与次、黑与白、动与静、虚与实、美与丑、聚与散、深与浅等矛盾和冲突,使网页设计更加鲜明而富有生机。使用网页对比设计应慎重,避免对比过强破坏美感、影响统一。

(8)和谐性。网页设计的和谐性是指网页布局应符合人们审美的基本原则,让人一看就觉得浑然一体。同时网页设计成功的关键,是要使网页的结构形式和网页形成的视觉效果让人产生一种心灵的共鸣,形成沟通,富有"生命感"。

(9)简洁性。过度地追求网页设计可能会忽略了用户体验。在页面上放置太多元素可能会导致用户将注意力从网站的主要产品上转移开。简单始终是网页设计中的第一准则,干净整洁的页面设计不仅使网站更具吸引力,而且可以帮助用户快速找到他们想要查看的内容。千万别为了网页好看而去做太多特效,这可能会使网页加载时间变长。最好是用户一打开页面就知道该如何使用,这才是网页设计需要优先考虑的。

(10)一致性。网页设计风格的一致性非常重要,尽量保持每个页面的设计风格基本相同。比如,字体、大小、标题、子标题和按钮样式在整个网站中必须相同。在页面设计中需要提前规划好这些常用的布局样式,确定文本、按钮等的字体和正确的颜色,并在整个开发过程中尽量保持风格一致,或者可以考虑先写一份全局通用的 CSS 样式来确定这些布局。

(11)兼容性。现在已经是移动网络时代,在平板电脑和手机端浏览网页的用户群体在不断地增长,因此网页设计必须对各种分辨率都有很好的支持。如果网页不能支持所有分辨率,那么可能就会丢失一部分潜在客户。现在很多网站建设公司和网页设计公司,基本上都采用自适应布局开发前端网页,来满足不同客户端的浏览需求。

(12)检查错别字。好的文字功底是网站设计师的重要技能。但遗憾的是,一些设计者和网页编辑都缺少这种技能,一些较大型的信息门户网站上的新闻经常出现错别字,影响很不好。所以应确保网站文本正确,并且格外关注平常容易误写的字。

(13)避免长文本页面。在一个站点上有许多只有文本的页面,是令人乏味的,而且也浪费 Web 的潜力。如果有大量基于文本的文档,应当以 Adobe Acrobat 格式文件等形式来放置,以便访问者能离线阅读。

(14)少用滚动条。人们厌恶在网上使用滚动条,尤其是横向的滚动条。如果文本特别大,可以分开多设几层链接。主页一般不要超过三屏。

(15)慎用动画、图片、声音、多媒体、浮动等效果装饰页面。的确,网站需要通过一些特殊的技术使页面更加吸引客户的眼球,但并不是所有好的技术放在一起都会起作用,有时会适得其反。例如,闪烁的文字让人头痛;图片、声音、多媒体页面虽然生动,但会影响页面打开速度。网络客户的耐心是有限的。

(16)反复测试。站点一经建成,在投放前要反复测试,给客户成熟的东西。如果网站没有完成,就不要发送到 Web 上。所有好的网站都是在幕后完成之后再发布的,以避免因"该站点正在建设中"而造成客户流失。

2.网站评价的依据和内容

网站评价主要可以从商业模式、网站内容、技术、速度、客户等方面进行。

(1)商业模式。网站的商业模式是指它以什么方式提供何种服务并获取收入。

(2)网站内容。内容是网站的灵魂和生命,没有好内容的网站是没有生命力的,是无法吸引回头客的。

(3)技术。网站的建设离不开技术。某些网站的核心就是技术。例如,Google 和百度的搜索引擎、腾讯的 QQ,均是由于拥有了别人难以在相关领域超越的技术,同时再配以适当的市场推广手段,才能够独树一帜。而一些门户网站,由于其技术门槛较低,所以相互竞争非常激烈。在一般网站的价值评估中，该网站所使用的开发技术也是评价的标准之一。

（4）速度。网站的访问速度对网民的心理影响也是不容忽视的。一般情况下，网民单击一个网站链接后，在 3 秒以内能够打开该网站，他会感觉很愉快；如果 7 秒内还没有打开，他就可能有不耐烦的感觉；如果 15 秒仍未打开，则大部分网民会转而浏览其他网站。可见，网站的访问速度是非常关键的。

网站的访问速度不仅会影响用户的阅读体验，还会影响搜索引擎优化排名。试想一下，如果搜索引擎来你的网站抓取内容，但网站却打不开，或者断开连接，那么搜索引擎肯定不会给你一个好的排名。

（5）客户。相对固定的用户群是网站价值的充分体现。一个网站，无论提供哪方面的服务，只要它能保持相对稳定的较大规模的用户，就具备了存在的价值。这可以从网站拥有的页面流量、注册用户数中体现出来。

步骤 6：网站诊断

1.网站诊断的定义

网站诊断是指针对网站是否利于搜索引擎搜索、是否利于浏览和给浏览者留下美好的交互体验以及是否利于网络营销的一种综合判断行为。网站诊断一般涉及自身剖析、定位、模式、行业竞争性分析、短期规划与长期战略发展对策等信息。

2.网站诊断的内容

（1）网站域名诊断。域名是为了代替繁杂的 IP 地址而存在的，那么自然就希望其简短易记了。域名越短，用户越喜欢，也容易被记住。

网站域名诊断包括域名的长度、字符之间是否有"-"、是否易于记忆、国内域名还是国际域名、域名与企业名称和商标间的关系等方面，即按照优秀域名的标准来诊断一个企业的域名是否合理或者优秀。事实证明，如果网站域名中带有想要优化的关键字全拼，对于网站排名有很大的优势。这一点对于英文 SEO 来说非常重要。

另外，我们在注册域名的时候要选择一个合适的域名后缀。域名最早的后缀是.com，而这个后缀也是商业网站中使用最广泛的，所以习惯上还是注册.com 后缀的域名最好，其次就是.net、.org 等。当然，几百种域名后缀的出现意味着域名选择的多样化，企业可根据自己的喜好来选择。

（2）网页文件名诊断。网页文件名诊断包括所在目录名称、使用中文还是英文、是否使用汉语拼音的缩写形式等情况。

（3）JavaScript 脚本诊断。本来在网页设计与制作的过程中，可以用 JavaScript 实现特殊效果，JavaScript 具有很多优势，可是搜索程序不认识其中的内容，因此要诊断网站代码中是否嵌入了太多的 JavaScript 代码成分，如果过多就要优化。

（4）网站结构诊断。网站结构诊断包括确定采用垂直式结构还是扁平式结构，网站内部各个网页之间的连接结构是如何构建的，网站的结构是否有利于浏览者的浏览习惯等方面。重点分析页面布局是否满足用户体验的需求，重要页面的排版是否有利于搜索引擎抓取以及索引。一个合理的布局可以让用户对网站有一个好的印象，同时也会增加用户忠诚度，提高网站转化率。

（5）网站外部链接诊断。网站的外部链接是非常重要的，尤其是网站的反向链接数，对于网站的排名有直接影响。我们可以通过一些站长工具来查询和分析网站外部链接情况。网站的外链来源、高权重链接的数量以及一般性链接的来源和数量都对网站排名有影响。

(6)网站内容诊断。网站内容分析主要是确认网站内容质量是否能满足用户需求以及网站内容是否有利于搜索引擎收录。高质量网站内容的标准主要有两个:一个是原创的比例要高,另一个是有利于搜索引擎收录。

要想网站得到更多关注和网站流量,高质量的原创内容是必不可少的。如果站长没有太多的时间进行大量的原创文章写作,可以在网上采集信息,进行一些质量较高内容的二次创作。但一定要注意网站的相关性,网站内容要能够带给受众收获,受众才会给予网站持续的关注,这是相辅相成的。

(7)网站更新频率诊断。网站更新频率即网站所有者多久才对自己的网站进行更新。网站更新频率的高低不仅能体现网站的活跃程度,从而反映企业对网络营销的重视,更重要的是,会直接影响搜索引擎对网站的收录和排名。

网站每天更新多少文章或者内容,是与网站类型息息相关的。如果网站是个产品类型的企业站,尤其是一些小型企业的产品站,本身就没有多少产品,每天更新一篇文章是有难度的。当然,如果网站是个大型的门户网站或者行业网站,那么每天就不止更新一篇文章。

如果竞争对手每天更新三篇文章,想要超过它,或者一直保持优势的话,就不得不上传更多的文章或者新内容。反之,如果竞争对手每周都更新不了一篇文章,那么你也可以不用更新得太过频繁。

所以,决定每天为网站更新多少篇文章或者内容,更多的是考虑自己的目标问题。当我们大体上定下目标之后,接下来就是撰写文章,目标的大小直接关系着我们每天需要撰写的文章数量。如果目标是拿下某个非常热门的关键词,例如手机,则每天都需要上传很多新文章;如果只是想要拿下一个相对冷门的关键词,那么就不必如此大费周折。

如果网站被降权了,无论什么原因,只要被降权,想要恢复权重,需要较大数量的高质量文章,以便提高网络蜘蛛对网站的好感,尽早恢复网站权重。

(8)是动态还是静态网站。动态网站是指页面上有一部分内容来自后台数据库,与数据库相连的页面,即动态页面;而静态页面是指页面中的内容均不是来自数据库,不与后台数据库相连的页面。理论上讲,动态网站的解析速度慢于静态网站,动态网站也不太容易被搜索引擎检索,静态页面相对好得多。

(9)网站标签诊断。网站标签主要有三类,即标题标签(title)、关键词标签(keywords)、关键词描述标签(description)。诊断时重点查看网站的这三类标签设计是否规范、合理。

(10)5118排名诊断。通过网站的5118排名信息,分析网站的世界排名、中文排名、整站的流量排名、网站的日均IP数量和日均PV数量以及5118排名的变化趋势等信息,从而分析网站的优化程度和地位。

(11)关键词排名与长尾关键词构建诊断。在网站标签诊断的基础上,对网站关键词标签中已经罗列的关键词进行逐个分析,并根据查询和分析结果,适当增加长尾关键词,重构网站关键词标签。

(12)搜索引擎收录诊断。通过站长工具查询网站被各大搜索引擎收录的数量,既可以分析本网站被各大搜索引擎收录数量的变化趋势,又可以分析不同搜索引擎收录本网站的数量,从而改进或者加大针对某一款搜索引擎的推广力度。

(13)关键词密度诊断。通过站长工具能够查询特定网站的特定关键词密度。一般而言,网站的关键词密度应在2%~8%。超过8%,有关键词恶意堆砌之感;低于2%,则关键词密度略显不足。利用工具可以逐个页面查询特定关键词密度,整站分析时,可以取平均值。

网络营销

(14)网站PR值诊断。PR即Page Rank的简称,是体现网站优化和推广程度的一个标志性指标,对SEO工作人员十分重要,也是网站诊断时必查的指标。PR的值域是0~10,一般的网站PR值能达到4~6;PR值达到7~8,可以称为良好水平;PR值达到9~10,则是优秀水平。

3. 网站诊断示例——太平洋汽车网

(1)网站概况

太平洋汽车网是一个专业的汽车网络媒体,于2002年7月成立。它以资讯、导购、导用、社区为出发点,坚持原创风格,为网友提供汽车报价、导购、评测、用车等多方面的第一手资讯,并营造一个互动的车友交流空间。如图5-8所示为太平洋汽车网的首页。

(2)网站专业性诊断

①网站导航分析。通过菜单或图标的链接能够指引浏览者获得更为详尽的信息。太平洋汽车网的主页设置选车、买车、用车、精选、论坛等几大板块,描述较为全面,导航的栏目名称简洁精练,通俗易懂。如图5-9所示为太平洋汽车网的导航。

②网站主色调分析。网站主色调多为LOGO上出现的某种颜色,太平洋汽车网也同样适用这一原则,选用了LOGO上的黄色。网站主色是需要在页面之间延续的,太平洋汽车网利用搜索框和其他各种提示框保持了这种延续。

③网站结构与布局分析。太平洋汽车网页面上导航、分类的种类样式过多,提供了太多的服务,难免也会为浏览者造成不便,增加寻找有用信息的时间。

④网站字体分析。太平洋汽车网默认的字体是宋体,简单不花,不容易使浏览者产生视觉疲劳;字号为12~14,比较适中;行间距基本保持在20磅左右,浏览舒服;文本颜色统一,色调不乱。

图5-8 太平洋汽车网的首页

图5-9 太平洋汽车网的导航

⑤网站地图分析。太平洋汽车网的网站地图做得很好,是以文字链接的形式呈现的,增加了网站的内部链接数,对搜索引擎也比较友好。如图 5-10 所示为太平洋汽车网的网站地图。

图 5-10　太平洋汽车网的网站地图

(3)网站可信度诊断

太平洋汽车网的可信度较高,这从网站首页下方体现网站资质的版权信息内容中就可以看出,如图 5-11 所示。

图 5-11　太平洋汽车网的版权信息

(4)网站功能诊断

①网站信息发布功能。网站信息更新频率较快,每日都有新的信息发布,但内容过于分散。

②沟通交流功能。网站设有论坛,消费者可以提出并回答问题,而且设有热门精选,如果可以让浏览者直观地看到并未被回答的问题则更好。

③网站促进销售功能。网站设有团购和优惠券,可以刺激消费,但没有设置会员管理,无法更好地对新老顾客进行分类管理,建议设置会员板块。

④在线销售功能。太平洋汽车网在在线销售这一板块与其他汽车网站不分伯仲,但提供的图片较少,这一部分应该加强。如图 5-12 所示为太平洋汽车网的在线销售功能。

图 5-12　太平洋汽车网的在线销售功能

⑤其他功能：

A.产品管理。太平洋汽车网在产品管理方面做到了图文分离、图文并茂、型号齐全和在线交易，但在图片数量和质量上还应多做努力，让消费者了解更多，才能促进成交率。

B.在线调查。该网站设有论坛，可以更快、更直观地得到消费者的意见，从而对产品和服务进行修正。

C.站内检索。该网站设有站内检索功能，支持浏览者进行站内搜索。

(5)网站优化及运营诊断

①5118 排名。太平洋汽车网全球综合排名第 10816 位。中文网站排名：105；汽车网站排名：2。如图 5-13 所示为太平洋汽车网 5118 排名。

图 5-13　太平洋汽车网 5118 排名

②PR 值。太平洋汽车网 PR 值在百度为 7＋，百度移动为 5－，360 好搜为 8＋，神马搜索

为4，头条搜索为6，表明这个网站非常受欢迎（或者说极其重要）。一般PR值达到4，就算是一个不错的网站了。

③搜索引擎收录情况。如图5-14所示为太平洋汽车网搜索引擎收录情况。太平洋汽车网在同类型汽车销售咨询类网站中属于中上等，表现较好。

图5-14 太平洋汽车网搜索引擎收录情况

④网站关键词诊断：

A.网站关键词设计。网站的关键词标签和关键词描述标签内容丰富，但稍显分散，集中度不够。另外，标题、关键词标签和关键词描述标签，这三者要统一、协调、相互照应和适度重复，核心关键词不够突显。从这一点来看，该网站做得不够好。其关键词标签和关键词描述标签如下：

<meta name="keywords" content="汽车,太平洋汽车网,汽车报价,汽车评测,汽车论坛"/>

<meta name="description" content="太平洋汽车网下设汽车报价,汽车评测以及新闻,导购,维修,保养,安全,汽车论坛,自驾游,汽车休闲,汽车文化等方面的内容,是中国汽车排名前列的综合汽车网站,提供全面的车型数据,参数,配置,报价,相关新闻和图片等"/>

B.网站关键词密度。如图5-15和图5-16所示分别为太平洋汽车网关键词"汽车"和"太平洋汽车"的密度。通过测试"汽车"和"太平洋汽车"这两个关键词，发现关键词密度远小于2%，说明网站的关键词密度不高，可考虑将关键词密度再提高一点。

图5-15 太平洋汽车网关键词"汽车"的密度

图 5-16　太平洋汽车网关键词"太平洋汽车"的密度

C. 网站关键词排名。如图 5-17 所示为太平洋汽车网关键词的排名。

图 5-17　太平洋汽车网关键词的排名

⑤网站反向链接数。如图 5-18 所示,太平洋汽车网的反向链接数为 42 634 个,这个数目不小,说明该网站的知名度和优化水平较高。

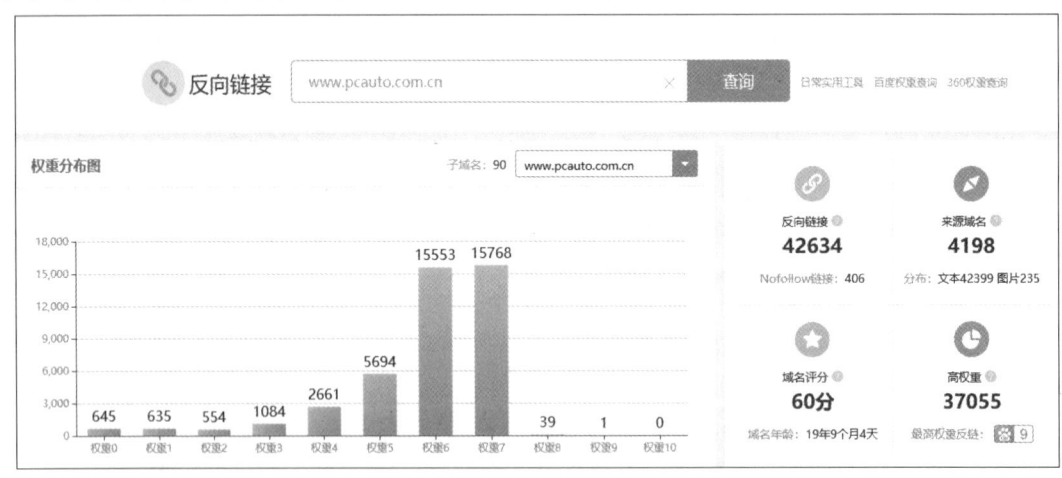

图 5-18　太平洋汽车网的反向链接数

(6) 网站优化建议

综上,太平洋汽车网整体优化水平是比较高的,优化程度也较好,但从营销思想的角度来看,仍有很多地方需要细化、改进,如网站的主色调、网站的结构、网站的导航、网站的关键词设计、网站会员管理、网站的关键词密度等方面。相信经过优化后的太平洋汽车网会有更好的表现。

项目 5　网站优化与网站推广

> **思政园地**
>
> 网络作为思想政治教育的新型主阵地，具有极端战略重要性，在网络优化的过程中，要提高网站工作人员的业务能力，既要注重借鉴经验，又要结合实际发展网站特质。
>
> **请思考：**为了增加网站流量提取与网站不相关的关键词，会给网站造成怎样的后果？

工作任务 3　网站推广

工作任务描述

1. 任务背景

通过前面的学习，我们已经能够给自己的网站设计一个相当不错的域名，网站的内容也能设计得相当精彩，甚至能够满足企业网络营销目标的需要，然而网络营销工作却远没有结束。企业不能坐等客户上门，还需要不断用宣传、广告或链接和促销活动等方式来推广自己的网站，以提高网站知名度，争夺有限的注意力资源，提高网站的访问量，吸引和创造商业机会。

2. 任务目标

【知识目标】　了解网站推广常用渠道。
【技能目标】　学习网站推广的方法与技巧。
【思政目标】　网站推广过程中要做到诚信推广。

工作过程

步骤 1：利用传统媒体推广网站

1. 广播、电视

在传统媒体方面，电视和广播具有很多优势，电视拥有较多的受众，是网站广告宣传的较好选择。例如，中央电视台制作的很多节目在播出时都在屏幕上打上了网址，很多专题节目，如《经济半小时》《财经报道》《股市行情》等还经常介绍企业的网址及网页，这些节目都有很高的收视率，具有极佳的广告宣传效果。

2. 报纸、杂志

打开国内主要报刊，几乎都会找到有关电子商务以及网站的报道、介绍和大量广告，特别是一些专业报刊，如《计算机世界》《互联网络周刊》等全国著名的 IT 报刊，是企业进行网站和网址宣传的首选载体。报纸、杂志也是目前使用传统方式宣传网站和网址的主要途径之一。

3. 户外广告

十几年前，矗立于中关村的一块广告牌"中国人离信息高速公路还有多远？向北 15 米"被

107

网络营销

看成是瀛海威乃至整个中国信息产业的宣言,使瀛海威在很多人心目中建立起难以磨灭的印象。许多中国百姓伴随着瀛海威的创立,第一次走进互联网的世界。瀛海威的网址一时成了国内知名度较高的网址。如今,这样的广告在我国发达地区已随处可见。这也说明,企业大多不愿意放弃这种传统的户外广告宣传方式。

4.企业印刷品

企业在和外界交流时要消耗大量信封、信笺、名片、礼品包装,可以在其上印上网址,让客户在记住企业名称的同时,也看到网址和电子邮件地址。这是一种不需要另外增加广告费的宣传方式。

步骤2:利用搜索引擎推广网站

1.认知搜索引擎在网站推广中的价值

搜索引擎是网民在互联网中获取所需信息的基础应用,根据《第48次中国互联网络发展状况调查统计报告》,截至2021年6月,我国搜索引擎用户规模达7.95亿,较2020年12月增长2 567万,占网民整体的78.7%,在各种互联网应用中位列第六。这种搜索引擎的高利用率恰恰可以成为企业利用它宣传和推广网站的原因。而推广的基本思路和方法就是将企业的网站信息提交给各大搜索引擎,而后能被用户在搜索引擎中找到,并且排名靠前。

企业将自己的网站在搜索引擎上注册的价值主要体现在以下方面:

(1)提高被访问的机会

企业的网站在各种搜索引擎上注册后,浏览者可以通过搜索引擎在寻找信息的过程中发现企业网站,并有可能直接通过超级链接来到企业网站。企业注册的搜索引擎越多,被浏览者发现的可能性就越大,被访问的机会也越多。

(2)扩大企业网站的影响力

通过在搜索引擎上注册,可以让更多的人了解企业网站,迅速增加网站访问量,扩大网站的影响力并可拓展企业的业务覆盖范围,为树立网站品牌做准备。

现在越来越多的企业开始重视网络营销和搜索引擎营销,但许多企业依然把网络营销和搜索引擎营销看作是和传统营销完全不同的营销方法,并没有用相同的经营思想来处理好两者的关系。在网络经济时代,企业不能忽视越来越巨大的网民集体以及他们所共有的运用搜索引擎的行为习惯,而应该把包含搜索引擎营销在内的网络营销看成是企业营销不可或缺的重要组成部分。

(3)是企业重要的营销技巧

网络营销不同于传统营销,企业的营销人员要研究、分析、评价和利用各种不同的搜索引擎,并在选择搜索引擎和注册过程中应用相关的网络技术,使自己的网站在结果列表中的排名较为靠前,从而提高本网站的知名度和访问量。

2.区分主动搜索引擎与被动搜索引擎

在将网站提交给搜索引擎之前,必须要对每种搜索引擎的特点有所了解,这样有助于企业制定选择和注册搜索引擎的策略。从推广的角度来看,我们只需关注主动搜索引擎(机器搜索引擎)和被动搜索引擎(人工搜索引擎)即可,这两种搜索引擎的主要区别体现在以下方面:

(1)获取注册站点资料的手段和方式不同

主动搜索引擎是一种利用相应的代理软件进行自动搜索、自动识别和自动分类的自动化系统。这些代理软件,如"蜘蛛"程序和"机器人"程序等,能自动识别和分析网页上的链接,它首先抽取网页上的关键词,然后生成一种摘要,将这种分析的结果分门别类地存放在搜索引擎站点的数据库中。

被动搜索引擎通常不依赖于那些自动化的代理软件,而是雇用一批人员全天候浏览互联网上的站点,发现新增的站点即从中提取出有价值的信息,对这些信息进行人工整理和分类,并将结果存入搜索引擎的后台数据库中。

(2)信息组织的方法不同

许多情况下,用户可能会认为主动搜索引擎和被动搜索引擎并没有本质的区别。这主要是因为主动搜索引擎和被动搜索引擎都在借鉴对方的优点和技术。但从原理上讲,二者还是有本质区别的,二者对信息内容的组织方式也是不同的。主动搜索引擎站点是用机器、程序自动生成的系统,即由机器、程序对采集到的页面自动进行内容分析、抽词、生成页面描述、放入数据库等一系列处理,它只抽取关键词,不进行分类处理。在内容的组织上,一般按关键词进行。它不像被动搜索引擎那样对信息进行分类处理,浏览者可以依据所查信息的类别进行逐级查询。

(3)显示结果的方法不同

被动搜索引擎站点典型的使用方法是根据站点提供的目录逐级进行浏览查阅,其用户界面基本上都是分级结构,首页提供了基本的几个大类的入口,用户可以一级一级地向下访问,直至找到自己感兴趣的类别。它虽然提供关键词查询途径,但查询站点的结果清单是分两部分提供给用户的。前半部分是相关的目录,后半部分才是命中的页面或站点。而主动搜索引擎站点则不一样,其典型的结果页是命中的页面清单。

(4)搜索信息的准确度不同

一般来说,当根据名称搜索一个已经知道名称的单位或者 Web 资源时,用目录查询站点通常会有更好的搜索效果。这主要是因为被动搜索站点组织时采用的是一种结构性很强的目录结构。例如,要查询"中国钢铁工业",被动搜索引擎会在自己的数据库中首先收集有"中国钢铁工业"的目录内容,而主动搜索引擎则将收集所有含有"中国""钢铁""工业"的页面,而且也不能保证含有"中国钢铁工业"字样的页面被放置在结果列表的顶端。

相反,当查询一个不常用的特殊短语、新概念或者不是很清晰明确的概念时,如要查询"吉林梅花鹿"方面的相关信息,用主动搜索引擎就比较好。这是因为这类信息不常见,不一定在被动搜索引擎上注册,而主动搜索引擎搜索的信息较为全面,这种不常见的信息也不容易被漏掉。

(5)注册站点时网站推广人员能自我控制的程度不同

之所以要研究搜索引擎的注册问题,主要是考虑利用它企业可以推广自己的站点。而在这两种搜索引擎的注册中,企业网站推广人员对自己站点能否被搜索到以及在搜索结果列表中所处位置的控制程度是不同的。主动搜索引擎站点采用的是一种由机器、程序自动搜索处理新增页面和新增站点的方法,便于站点推广人员控制自家站点在搜索引擎查询结果中显示条目状况。相反,被动搜索引擎由人工进行标引和描述,并按照标引人员认为最恰当的方式进行分类。因此,企业的网站推广人员对其站点在结果列表中的排名次序的影响力较小。

通过以上的分析,我们可以知道,两种搜索引擎各有优缺点,不能相互替代,且有相互融合的趋势。目前,有许多搜索站点都同时提供这两种服务。

3.搜索引擎注册的方法与技巧

利用搜索引擎来推广网站,最基本的一步就是将企业的网站提交给各大搜索引擎。所谓提交,就是在各大搜索引擎注册,使企业的网站信息能够被搜索引擎数据库收录。目前,各大搜索引擎都提供了企业提交和注册网站的入口,注册过程相对也比较简单。

以百度为例来演示将太平洋汽车网站信息在搜索引擎上注册的方法,如图5-19所示。

图5-19 主动搜索引擎的注册页面

可以发现,在将太平洋汽车网注册到搜索引擎时,我们只需提交太平洋汽车网的网址即可。搜索引擎注册的一个技巧就是将本网站的各个页面尽可能多地在搜索引擎中进行提交,而不仅仅是提交一个主页地址。但是这样做有一定的风险,可能搜索引擎会认为这是作弊行为,变通一下,则可以将含有本网站的外链地址进行提交。这样做的目的就是在搜索引擎的数据里尽可能多地增加关于本企业网站的收录记录。

4.搜索引擎竞价排名

竞价排名是搜索引擎关键词广告的一种形式,即按照付费最高者排名靠前的原则,对购买了同一关键词的网站进行竞价排名的一种方式。竞价排名一般采取按点击付费。关键词广告和竞价排名方式与传统的搜索引擎营销方式相比,主要特点有:可以方便地对用户的点击情况进行统计分析;可以随时更换关键词以增强营销效果。

目前关键词竞价排名已成为一些企业利用搜索引擎营销的重要方式。企业在利用搜索引擎竞价排名时要注意以下问题:

(1)判断企业是否适合竞价排名

从竞价排名的显示结果来看,一般多为简单的网页标题链接到企业网站后才能进一步了解企业相关信息,因此,竞价排名适用于已经建立网站的企业,而且它与基本的搜索引擎登录服务一样,其本身并不能决定交易的实现,只是为用户发现企业信息提供了一个渠道。因此,企业网站建设是竞价排名取得成效的基础。由此可见,网站建设是网络营销的基础,没有扎实的基本功,任何先进的网络营销手段都不会产生明显的效果。

(2)选择合适的搜索引擎开展竞价排名

在同样价格条件下,应尽量选择用户数量比较多的搜索引擎,这样被检索和浏览的效率会高一些,但如果同一关键词参与竞价的网站数量较多,排名靠后,反而会降低营销效果,因此还应综合考虑多种因素来决定性价比最高的搜索引擎。在可能的情况下,也可以同时在若干搜索引擎同时开展竞价排名,这样更容易比较各个搜索引擎的效果。

(3)购买合适的关键词

在同一个行业,用户使用关键词也是有一定分散性的,仅仅选择一个关键词所能产生的效果是有限的,比较理想的方式是,如果营销预算许可,选择3~5个用户使用频率较高的关键词同时开展竞价排名活动,这样有可能覆盖60%以上的潜在用户,取得收益的机会将大为增加。此外,在关键词的选择方面也应进行认真的分析和设计。热点的关键词价格较高,如果用几个相关但价格较低的关键词替代,也不失为一种有效的方法。

步骤3:利用其他网络手段推广网站

手段1:网站链接推广

从某种程度上看,网站链接相对于搜索引擎注册能够更迅速、更有效地吸引访问者,扩大影响力;相对于用旗帜广告做网站推广,网站链接能够获得更稳定、更长久的影响力,因为旗帜广告一旦被从站点上撤去,其到企业网站的链接也就不存在了。网站链接有多种模式可以选择使用,应用时应注意以下问题:

(1)交换链接图片应与自身网站风格统一。
(2)定期回访友情链接伙伴的网站。
(3)不要链接无关的网站。
(4)定期对网站链接进行系统性的检查,清除无效链接。
(5)了解对方网站友情链接的情况,比如友链数量、友链质量、友链网站的相关性等。
(6)查看对方放置友情链接的位置。
(7)自己网站友情链接交换的相关设置,如使用新窗口打开友情链接;在网站首页放置友情链接,不要做全站的友情链接;增加友情链接要循序渐进,建议一周加3个。
(8)大行业选择跟自己网站相关的友情链接,或者做链接的页面要与网站链接的页面内容相关,小行业可以选择属于整个大行业里面的网站。

手段2:在线广告推广

在线广告也是常用的网络营销策略之一,在网络品牌塑造、产品促销、网站推广等方面均有明显作用。其常见形式包括Banner广告、关键词广告、分类广告、赞助式广告、E-mail广告等。将在线广告用于网站推广,具有可选择网络媒体范围广、形式多样、适用性强、投放及时等优点,适合于网站发布初期及运营期的任何阶段。

手段3:电子邮件推广

电子邮件推广方法以电子邮件为主要的网站推广手段,常用的方法包括电子刊物、会员通信、专业服务商的电子邮件广告等。基于用户许可的E-mail营销与滥发邮件(Spam)不同,许可E-mail营销比传统的推广方式具有明显的优势,如可以减少广告对用户的滋扰、提高潜在客户定位的准确性、增强与客户的关系、提高品牌忠诚度等。

手段4:资源合作推广

如果将众多的独立商业网站比作星星,你愿意做天边的一颗孤星,还是在星群中耀眼夺目的一颗星星?这就是与其他网站合作的意义。企业间可以相互搭建更多的资源合作平台进行网站联合推广。

手段5:信息发布推广

信息发布推广是指将有关的网站推广信息发布在其他潜在用户可能访问的网站上,利用用户在这些网站获取信息的机会实现网站推广的目的。适用于这些信息发布的网站包括在线黄页、论坛、供求信息平台、行业网站等。信息发布推广是免费推广网站的常用方法之一。

手段6:快捷网址推广

快捷网址推广即合理利用网络实名、通用网址以及其他类似的关键词快捷访问网站的方

网络营销

式来实现网站推广的方法。快捷网址使用自然语言和网站 URL 建立对应关系,这对于习惯使用中文的用户来说,提供了极大的方便,用户只需输入比英文网址更容易记忆的快捷网址就可以访问网站,用自己的母语或者其他简单的词汇为网站"更换"一个更好记忆、更容易体现品牌形象的网址,如选择企业名称或者商标、主要产品名称等,这样可以大大弥补英文网址不便于宣传的缺陷。随着企业注册快捷网址数量的增加,这些快捷网址用户数据也相当于一个搜索引擎,这样,当用户利用某个关键词检索时,即使与某网站注册的中文网址并不一致,也存在被用户发现的机会。

手段 7:提供免费服务

通过免费信息吸引人们访问网站,比单纯叫人来了解业务更有效。建立免费资源需要花费时间和精力,但是对增加访问量非常有效。企业提供的免费内容要与其销售的东西非常接近,这样吸引来的访问者才有可能是潜在目标客户。在提供免费服务的同时,网站要提供多种链接方式将获取免费信息的用户注意力引导到所销售的产品部分。

手段 8:微信营销

微信营销是一种常见的网络推广手段,主要是指微信朋友圈广告,与搜索引擎营销竞价类似,属于原生广告。一般来说,微信营销适用于用户是个人的企业进行推广。

手段 9:自媒体营销

百度百家号、微信公众号、搜狐号、大鱼号等自媒体平台推广均为自媒体营销,效果较好,客户信任度较高,但是需要投入较大精力,潜藏客户层级较深,一般靠文案来吸引粉丝。如果你有很强的写作能力或者是整理能力,是非常推荐这种方式的,因为这类推广不需要什么成本。吸引来的都是对作者具有极高信任度的客户,成单率较高。

手段 10:霸屏推广

这是通过云计算和搜索技术实现百度、360、搜狗等搜索引擎的快速排名技术。该技术能实现7~15天在搜索结果首页排名,结果首页达到成千上万个关键词排名。搜索霸屏颠覆了传统SEO、信息群发、竞价等传播方式,是新一代"简单""智能""精准""高效"全网霸屏推广营销系统。

手段 11:会员制营销

联盟会员在企业的网站上加入盟主网站的链接,通过该链接进入并实现销售后,将给予该会员一定佣金。实施会员制营销需要考虑以下因素:给会员的佣金提成比例、开发适合自己的联盟程序、推广会员联盟以促使更多会员链接企业的网站。

手段 12:将商品提交到比较购物网站和拍卖网站

目前,互动消费门户层出不穷,比较知名的包括国外的易趣、国内的淘宝等。比较购物,顾名思义就是在网购时能够与其他的产品进行比较。

淘宝的比较就是把几个产品放在一起,让客户自己选择。而专业的比较购物网站则是每一个产品下面都有网友对它的评价,用户可以参考网友对产品的相关评价进行比较购买。

手段 13:软文推广

软文推广的本质是广告,但是属于非常隐蔽的广告。软文推广顾名思义是相对于硬性广告而言的,是由企业的市场策划人员或广告公司的文案人员来负责撰写的"文字广告",简单而言,就是"植入产品的广告文章"。

手段 14:百度平台推广

百度目前是我国最大的中文搜索引擎之一,在搜索引擎领域中占有十分重要的市场份额。百度旗下的平台有很多,其中可以用于网络推广并且效果很好的平台主要有百度知道、百度文库、百度贴吧、百度百科、百度新闻和百度经验等,这些平台是我们要研究的重点。

手段 15:运用竞赛

企业可以在网站上设计一个竞赛,奖品要能够吸引那些最希望获得的客户。例如,将奖品设计为企业的产品或一定的购买折扣等。运用竞赛可以有效地吸引更多的访问量。如果企业的知名度不高,如何让客户知道开展了竞赛也是一个问题,因此对有些网站来说这种方式并不适用。

手段 16:让用户将网站加入收藏夹

在网站首页上添加一个加入收藏图标,真正对网站有兴趣的客户单击浏览器上的"收藏"图标也很方便。但一定不要强制将网站设置为客户的首页,或浏览企业的网站时,经常自动出现"请将本站加入你的收藏夹""请将本站设置为你的首页"等提示。

手段 17:创建病毒式营销

病毒式营销是经由各种交流传递的方式,如口头传递、新闻发布,将信息迅速扩散开来。最经典的病毒式营销方式是电子邮箱服务商在用户发出去的每一封电子邮件末尾简短介绍自己的服务。该信息随着电子邮件发送,迅速传递给新用户,而后者又可能继续传递给其他新用户。注意,病毒式营销绝不是制造病毒,它实质上是一种免费服务,这种服务只要是有价值的,就会在用户之间自动传播。

思政园地

网站推广是一个长期坚持的过程,除了要做到诚信推广,还需要具备持之以恒的毅力。

请思考:优秀企业分享的推广方法可不可以直接应用在待推广网站中?推广效果一定好吗?

任务回顾与总结

通过本项目,我们学会了如何以营销思想优化企业网站,学习了网站优化的方法与技巧,学习了用传统媒体和网络媒体进行网站推广的策略和方法,学会了网站推广的技巧,能针对特定网站拟订推广方案。

小试牛刀

请以身边比较熟悉的企业网站为对象,进行网站浏览、网站分析,之后针对该企业网站优化情况,撰写一份完整的网站诊断报告。

项目 6

许可 E-MAIL 营销

项目描述

项目背景

近年来,随着 QQ、微信、微博、短视频、垂直类电商网站等新型网络营销工具的不断推出,并逐渐成为多数企业网络营销的有力武器,作为传统营销工具代表之一的电子邮件在网络营销中的地位有所下降,但是,它仍然是非常重要的网络营销工具之一。电子邮件营销以成本低、速度快、操作简单、内容简洁且信息形式丰富多样,而备受青睐。

电子邮件营销貌似简单,实则不然。许多企业在做电子邮件营销的时候会产生大量的垃圾邮件,造成了用户对电子邮件营销极其反感,也因此导致目前电子邮件营销的效果不是很理想。

知识与技能目标

- 理解真正意义上的电子邮件营销
- 重点掌握电子邮件群发技术
- 能有效进行电子邮件营销效果评价

思政目标

- 尊重收件人的隐私
- 提高信息整理能力
- 合法取得用户信息
- 培养综合分析能力

工作任务 1　认知真正意义上的 E-mail 营销

工作任务描述

1. 任务背景

电子邮件大家都不陌生,在网络营销领域中,电子邮件营销曾经起过十分重要的作用。但近年来,由于大多数企业不太注意电子邮件营销的方法和礼仪,导致垃圾邮件泛滥,在消费者心里产生了极大的负面影响。由于消费者对陌生邮件的排斥心理,目前来看,企业电子邮件营销的效果也大打折扣。如何才能做到既运作电子邮件营销,同时又能尽量避免垃圾邮件,已经成为企业必须关注的重要课题。

2. 任务目标

【知识目标】 了解真正意义上的 E-mail 营销。
【技能目标】 掌握许可 E-mail 营销的方法和技巧,能对 E-mail 营销效果进行评价。
【思政目标】 在 E-mail 营销过程中要尊重收件人隐私,同时避免产生垃圾邮件。

工作过程

步骤 1:认知许可 E-mail 营销

1. 许可 E-mail 营销的概念

真正意义上的电子邮件营销,也称 E-mail 营销,或者称为许可电子邮件营销,是指在获得客户允许的情况下,通过电子邮件向客户传递有价值的信息的一种营销方法。而未经允许的电子邮件就是通常所说的垃圾邮件(Spam)。

这里需要重点理解"许可"二字,也就是说,企业在运用电子邮件进行营销活动时,需要事先征得用户的"接收许可",才能向他们发送电子邮件,只有这样才能有效避免产生垃圾邮件。目前,有许多企业的电子邮件营销仍停留在"垃圾邮件营销"的层面,根本不是真正的电子邮件营销。

2. 许可 E-mail 营销的优势

与其他营销手段相比,许可 E-mail 营销的优势主要表现在:营销范围广;技术成熟,操作简单,效率高;成本低且稳定;针对性强;反馈率高;转化率高;对时间敏感度低;是具有客户忠诚计划的品牌交易工具;跨平台普及性高;可追踪数据,衡量优化方向;激励、唤醒客户复购。

3. 许可 E-mail 营销的发展概况

虽然世界上第一封电子邮件诞生于 1971 年,但在那之后若干年里,电子邮件并没有在商业领域中应用。直到 1994 年,E-mail 的营销价值才得以体现。这不仅仅因为美国的"律师事件",更重要的是这一时期,人们更加深刻地体会到了电子邮件的营销作用。各大企业、网络营销爱好者都加入了电子邮件营销的行列。随着更多的企业和个人进行电子邮件营销,尤其是大量群发电子邮件,导致垃圾邮件泛滥,人们对垃圾邮件越来越反感,促使相关部门出台了相关的政策和法规来规范电子邮件营销行为。在这种情况下,"许可 E-mail 营销"的概念诞生了。

电子邮件营销曾经是企业网络营销手段和方法的首选,近几年,虽然社会化媒体不断推陈出新,电子邮件营销的地位受到了不小的冲击,但其因低成本、高效率的营销效果还是备受网络营销人的青睐。

步骤2:了解电子邮件营销的分类

电子邮件营销主要根据营销对象、发送周期、电子邮件形式、地址来源、是否为订阅邮件等来进行分类。了解电子邮件营销分类的目的是使电子邮件营销能够做到有的放矢,发挥"个性化"营销的优势。

(1)按营销对象来划分,电子邮件营销可分为专门针对现实客户的电子邮件营销和针对潜在客户的电子邮件营销。

(2)按发送周期来划分,电子邮件营销可分为定期电子邮件营销和随机电子邮件营销。

(3)按电子邮件形式来划分,电子邮件营销可分为纯文本电子邮件营销、HTML 格式电子邮件营销、图片广告电子邮件营销、Rich Media 电子邮件营销、电子刊物和附件广告电子邮件营销等。

(4)按地址来源来划分,电子邮件营销可分为内部列表电子邮件营销和外部列表电子邮件营销。

(5)按是否为订阅邮件来划分,电子邮件营销可分为订阅电子邮件营销和非订阅电子邮件营销。

步骤3:掌握电子邮件营销的应用技巧

1.坚持"一对一"的个性化营销

根据客户重要程度对电子邮件内容进行优化,让客户从电子邮件的标题和内容中感受到这封电子邮件是针对自己发送的,往往会提高电子邮件阅读率、回复率和转发率。例如,称谓用"尊敬的××先生"或"尊敬的××女士"来代替"尊敬的先生/女士",落款用"您的朋友:××"代替"××公司营销部"。

2.增加可单击的 URL

在电子邮件中,让客户能通过单击热点或链接访问到企业网站或将电子邮件转发出去,这样既能精简电子邮件中的信息量,又便于客户操作,如在电子邮件中设置"转发"或"推荐给朋友"的按钮。

3.使用自己的表述方式

许多电子邮件都有相对固定的格式和表述方式,这样制作起来非常方便,但这也正是这些落在俗套中的电子邮件最容易被客户所忽略的原因。因此,在保持电子邮件格式不变的基础上,应尽可能通过特别的表述方式来吸引客户的注意力,引发其兴趣。毕竟广告是一门艺术,需要网络营销人员去创作而不是复制。

4.有区别地定期向现有和潜在客户发送电子邮件

留住一个现有客户的成本远低于开发一个新客户的成本。因此,应定期向现有客户发送电子邮件,让客户知道企业对其的关注,采用的形式包括服务支持、提供行业资讯、客户调查、意见反馈、新品推介和节庆祝贺等。而对于潜在客户则主要是通过品牌信息、行业资讯、新品推介等内容的电子邮件进行开发。

5.事先征得用户许可

一般情况下,我们认为可以直接向以下几类用户发送他们关心的电子邮件,默认已经征得了他们的许可：

(1)已经购买了本企业商品的客户，企业给他们发送该类商品信息的。
(2)用户已经注册成为本企业网站会员的。
(3)用户通过企业网站的留言板，以电子邮箱地址方式进行留言的。
(4)用户通过填写电子邮件方式，订阅本企业的电子杂志或者邮件列表的。
(5)用户以电子邮件方式咨询本企业相关产品信息的。

步骤4：界定垃圾邮件

澳大利亚、美国、加拿大等国都出台了《反垃圾邮件法》。2003年2月25日，中国互联网协会发布并实施了《中国互联网协会反垃圾邮件规范》，该规范所称垃圾邮件（Spam），包括下述属性的电子邮件：

(1)未经许可。收件人事先没有提出要求或者同意接收的广告、电子刊物、各种形式的宣传品等宣传性的电子邮件。
(2)无法拒收。收件人无法拒收的电子邮件。
(3)隐藏真实信息。隐藏发件人身份、地址、标题等信息的电子邮件。
(4)含有虚假信息。含有虚假的信息源、发件人、路由等信息的电子邮件。

事实上，采用以上列举方式对垃圾邮件进行定义并不能将所有的垃圾邮件全部涵盖。目前，国际尚未对垃圾邮件的定义完全达成一致，理解不同，说法不一。

综上所述，真正意义上的电子邮件营销，并非人们平常所想象的那样在不知对方是谁的情况下，以电子邮件方式向现实客户或者潜在客户发送商业信息的行为，事实上这些行为恰恰是产生垃圾邮件的根源，也是真正的网络营销人所应避免的。垃圾邮件过滤器判读垃圾邮件的要点如图6-1所示。

订阅名单专属	避免过度行销
让有意加入寄送名单的人可进行二次确认	垃圾邮件惯用语如 cash back、free等促销用语。若确实提供免费礼物，难以避免使用时，应确保以有符合主旨的邮件内容为依据
即时寄欢迎信	公司域名寄送
为避免新用户忘记注册过而标记垃圾邮件，善用平台自动发送欢迎信	专业电子邮件营销人员会使用如@google.com公司邮箱发送，而非免费的电子邮箱
个人化电子邮件	避免过度使用短网址
垃圾邮件过滤器会筛选寄件与收件者关系。建议将收件者的名字、职位或其他有效信息添加至主旨和内文中	因垃圾邮件通常会使用短网址避免识别位置，故短网址易成为垃圾邮件过滤器的目标

图6-1 垃圾邮件过滤器判读垃圾邮件的要点

步骤5：避免企业电子邮件成为垃圾邮件

以客户为中心的电子邮件营销很重要。这表明，必须优先考虑用户的需求。只要订户满意，自然就会有销售订单。垃圾邮件的营销效果是负面的，不但很难争取到客户资源，同时还会有损企业的品牌和形象，并且在一些国家被相关法规严厉地处罚。

避免企业电子邮件成为垃圾邮件的具体做法包括：

(1)在收集客户电子邮箱时，要明确告知客户此举的目的。
(2)随时允许客户通过电子邮件中的链接按钮来更新订阅信息和退出列表。
(3)企业的现有客户应该成为电子邮件营销的主要对象。
(4)为客户定制有价值的信息。

网络营销

(5)确保"一对一"的个性化营销。
(6)及时响应客户的合理要求。
(7)跟进退回的电子邮件,及时删除无效的电子邮件地址。
(8)避免在收件人栏和抄送栏上出现多个电子邮件地址。

步骤6:利用电子邮件营销帮助企业实现营销目标

(1)将网站访客转化为潜在客户:尚未决定购买的访客,通过发送更多信息可帮助他们做出购买决定。利用弹出式订阅表格,留住潜在客户。

(2)欢迎新订阅用户,给他们留下深刻印象:为新订阅用户介绍公司、品牌和愿景,将他们转化为忠实品牌推销人员。

(3)开启销售大门:建立一封邮件,强调产品特色、优点和优惠。电子邮件营销是引领访客开启购物体验的入口。

(4)获取顾客真实反馈:给购买的订阅用户发送一封邮件,获取真实反馈。

(5)抓住未完成交易的客户:研究表明,75%的线上购买者会将商品加入购物车但放弃交易,可以让自动化流程协助我们发送后续营销邮件,促成交易。

思政园地

电子邮件营销讲究精准营销,在发送前应取得用户许可,文明互动、理性表达,营造清朗的网络营销环境。

请思考: 企业未经你的允许向你发送邮件,你会对发送邮件的企业有什么看法?

工作任务2 营销邮件设计

工作任务描述

1.任务背景

许可电子邮件营销

一封好的营销邮件可以引起客户的兴趣,如在邮件中放置一张吸引用户注意力的图片或动图;在信末放上一个行为召唤按钮,让用户立即订购,刺激他的消费欲望,可以引导客户完成购买。因此,制作合格的营销邮件是网络营销人员必须掌握的技巧。

2.任务目标

【知识目标】 了解营销邮件设计的四个要素,掌握营销邮件设计的要求。
【技能目标】 学会设计和制作营销邮件。
【思政目标】 在营销邮件设计中要学会尊重客户,遵守网络礼仪。

工作过程

在制作营销邮件时,必须掌握客户对信息的需求特征、客户的上网习惯和阅读习惯,有针对性地对营销邮件的主题、正文、发件人信息和收件人信息进行优化。

步骤1:营销邮件主题设计

1. 电子邮件主题的作用

电子邮件主题是客户在其收件箱的电子邮件列表中可以直接阅读的第一个信息,人类大脑在接收大量信息时会开始自动快速筛选对他投资报酬率较高的邮件,花比较少的时间却可以相对获得他认为对他有价值的信息,这些信息的内容和质量将决定客户是否会打开这个电子邮件。电子邮件主题的作用主要表现在以下方面:让收件人快速了解电子邮件的主要内容;主题中包含了基本的营销信息;区别于其他电子邮件;方便客户查询电子邮件;引起收件人的兴趣。

不同收件人对不同主题的电子邮件处理的结果是有差异的,如某网络广告公司的调查结果显示,男性与女性对不同主题的电子邮件的感兴趣程度是不一样的,见表6-1。

表6-1　　　　不同类别的电子邮件主题对客户的吸引力比较　　　　(%)

类别	男	女
有吸引力的信息/新闻	69	46
提供折扣	50	64
新产品发布	37	39
提供免费送货	28	43

2. 电子邮件主题设计中常见的问题

(1)没有主题

电子邮件没有主题是非常不明智的,一方面是无法在第一时间给客户留下印象,另一方面也是对收件人的不尊重,收件人只能去猜想电子邮件的内容,并且给客户以后在大量的电子邮件中查找这封电子邮件造成很大困难。

(2)过于简单或者过于复杂

过于简单的主题难以表达出电子邮件内容的核心思想,难以引起收件人的高度关注,同时也很容易造成混淆和误解。当然,过于复杂的电子邮件主题也不好,不但显得很啰唆,没有重点,而且无法在收件箱列表中完全显示。

(3)主题信息不明确

电子邮件主题信息不明确主要表现为电子邮件主题和内容没有直接关系,或者没有将电子邮件内容中最重要的意思表达出来。2006年2月20日我国正式颁布的《互联网电子邮件服务管理办法》中规定,发送包含商业广告内容的互联网电子邮件时,未在互联网电子邮件标题信息前部注明"广告"或者"AD"字样,属于违规行为。

(4)主题信息不完整

要用简短的文字表达完整的企业品牌、产品、诉求重点等信息是有一定困难的。因此,一些电子邮件主题往往顾此失彼,尤其是当企业信息和电子邮件内容的诉求重点很难用简练的文字结合在一起时,通常会看到电子邮件主题要么只有企业名称,要么只有产品信息,或者任何重点都没有表现出来。

(5)主题没有吸引力

是否阅读电子邮件完全取决于收件人的个人行为,在保证信息明确和完整的前提下,还应注意电子邮件主题对客户的吸引力。一个电子邮件主题就相当于一条广告语,不是随便可以写出来的,因而有大量非经深思熟虑的电子邮件主题对客户没有吸引力也就不足为奇了。

步骤2:营销邮件正文设计

邮件正文是营销邮件最重要的部分,其中包含着主要的广告信息,形式丰富多变,决定了客户是否会采取行动与企业进行下一步的沟通。因此,对营销邮件正文的设计,必须根据收件客户对信息的需求和偏好进行,包括信息形式、信息内容、信息量等方面。

在设计营销邮件时应注意以下问题:

1.突出企业LOGO

企业LOGO是企业VI(Visual Identity,视觉识别)设计的重要元素,它用最简单的形象来强化客户对企业品牌形象的认知。因此,每一封营销邮件都必须突出企业LOGO,并保持其固定出现在电子邮件的同一位置,让收件人在第一时间记忆企业的相关信息。

2.将重要的信息设计在电子邮件预览窗口中

不同的电子邮件接收软件都可以对电子邮件进行预览,将公司LOGO和重要标题设计在预览窗口,将有助于吸引客户打开企业电子邮件。在线浏览电子邮件时,也要考虑页面刷新的过程,让重要的信息第一时间出现在浏览页面上,如图6-2所示。

图6-2 电子邮件设计页面

3.运用不同颜色来强调重点

在决定使用何种颜色时,应优先考虑使用企业的基准色。持续使用一种基准色是突出企业品牌形象的关键。运用不同颜色来高亮显示电子邮件正文中重要的内容,能帮助浏览者更轻松地抓住重点。如网站的主色调为粉红色,象征着温馨、浪漫的购物环境。网站的主色调不要轻易更改,且各页面要保持一致。

4. 使用统一字体

在一封营销邮件中,一般建议最多使用两种字体。例如,一种字体用来撰写正文,另一种字体用来显示各级标题。建议使用诸如 Arial、Times New Roman 或 Verdana 等标准字体来加强通用性。因为如果使用了非常规的字体,有些客户的计算机不一定能正常识别。

5. 简洁明了、突出重点

许多客户在浏览营销邮件时都是一目十行,因此,营销邮件只有几秒钟时间来争取吸引客户的注意力。保持电子邮件的简洁明了、重点明确是一种有效的方法。实践证明,许多电子邮件都可以在初稿的基础上再减少将近一半的内容,同时也不会影响表达内容的完整性。

6. 使用图片作为补充

在营销邮件中加入图片能让电子邮件更加生动并引人注目,从而更好地传递信息。但如果图片质量太差,反而会影响浏览者对企业的印象。因此,在选择图片时,要挑选那些简单、易于理解,并且与正文内容有直接关联的图片。

7. 切勿在图片中嵌入正文

有些客户会在接收电子邮件时设置关闭图片显示功能,以提高下载速度。因此,不要在图片中嵌入正文。正文内容应当单独显示。

8. 行文排版巧用空行

空行可以让浏览者的眼睛得到休息。否则,面对一大堆没有划分段落的文章,客户不知从哪里开始阅读。确保电子邮件在标题、正文与其他主要内容之间保留足够的空行。

9. 选择合适的电子邮件格式

电子邮件内容需要设计为一定的格式来发送,常用的电子邮件格式包括纯文本格式、HTML 格式和 Rich Media 格式,或者是这些格式的组合,如纯文本/HTML 混合格式。一般来说,HTML 格式和 Rich Media 格式的电子邮件比纯文本格式具有更好的视觉效果,但其较大的字节数会影响客户的接收和显示。

这里需要说明的是,普通的电子邮箱只支持撰写纯文本格式的电子邮件,不支持其他格式电子邮件的撰写。如果要撰写 HTML 等格式的电子邮件,需要用专用的电子邮件客户端软件来实现。

步骤 3:营销邮件发件人设计

电子邮件中的发件人信息是电子邮件内容不可缺少的组成部分,其重要程度不亚于电子邮件主题,甚至对于某些收件人来说,发件人的信息是判断电子邮件是否为垃圾邮件的重要因素,因为客户对陌生人的电子邮件往往会以怀疑和戒备的心理去阅读其主题,然后决定是否删除。Double Click 的一项研究结果表明,60% 的被调查者认为电子邮件的发件人对于收件人是否打开电子邮件起决定作用。

因此,在制作营销邮件时,应注意通过发件人信息来提醒客户——此电子邮件是来自他们订阅的电子邮件列表、购物网站或企业网站等的会员服务,如图 6-3 所示。客户打消了对电子邮件的怀疑后,电子邮件主题对他们的影响力才能发挥作用。最后,电子邮件内的落款(署名)也应该与发件人信息相符或相对应,对于个人署名的电子邮件,应注明署名人与提供信息的单位的关系,并且提供的电子邮箱必须是来自企业服务器的,如图 6-4 所示。

网络营销

图 6-3 电子邮件列表中的发件人信息

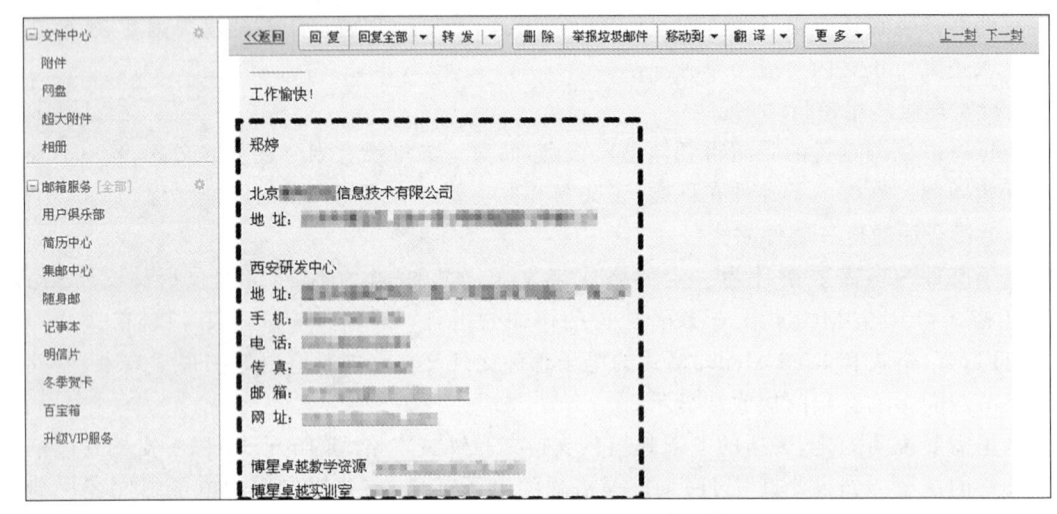

图 6-4 电子邮件内落款（署名）处的发件人信息

步骤 4：营销邮件收件人设计

1. 准确地称呼收件人

为了让电子邮件充分地体现出"一对一"个性化营销的特色，应准确地称呼收件人的姓名、职务或相关的称谓。

2. 称呼尽量具体

绝大多数收件人对群发的营销邮件都会有一种抵触情绪，而对于专门发送给本人的电子邮件则会认真对待，因此，发送营销邮件时应该认真检索收件人的信息，准确而得体地称呼收件人。如"尊敬的××先生"与"尊敬的先生/女士"，"尊敬的 13912345678 用户"与"尊敬的中国移动用户"，"××经理"与"销售部"等，前者要比后者更能吸引收件人去认真阅读电子邮件，帮助你与订户建立更稳固的联络关系。

步骤 5：掌握邮件营销技巧

（1）每个订户都是不一样的，他们有不同的兴趣和需求。因此，企业的名单再分类和目标客户非常重要。可以根据性别、位置、行业或工作角色等人口统计资料对订户进行分类，这可

项目 6　许可 E-mail 营销

以帮助企业确定要发送的邮件内容。同时,利用兴趣爱好也是一个不错的主意,比如购买历史记录、电子邮件互动或网站活动。通过这些资料,企业可以向订户发送相关的产品信息,或者在产品售罄、订阅即将到期时,放置再次购买行为召唤按钮,启动二次销售。

(2)还需要考虑邮件发送的时间。将订户进行再分类会启动自动化流程图。系统可以根据每位订户与邮件互动或网站的互动,发送他们感兴趣的内容邮件。例如,如果访客访问企业的价格页面,企业就可以知道用户会成为企业的销售漏斗,就可以透过自动化营销进行后续追踪。如果访客浏览特定产品页面或点击产品链接,企业也可以再发送产品额外的资讯、好评推荐等。自动化营销方式可以让订户感觉收到的是个性化电子邮件,而不是群发的邮件,也让企业的业务和订户之间建立了个性化的联络,从而找出忠实的客户。

(3)撰写电子邮件的口吻应该与企业的品牌相匹配。文字既能提供资讯,又能让人读起来很愉悦。企业可以再次利用这次机会着重于企业营造的使用者体验,而不是推销产品。突出了产品的价值,订单自然能成交。在营销邮件内容中加入品牌口吻会带给客户个性化感受,同时还能建立互动。邮件不是向收件人轰炸信息的传送筒,而是一种沟通渠道。企业已经获得收件人向他们发信的许可,不要错失与他们建立互动关系的绝佳机会。

思政园地

电子邮件作为重要的营销手段,承载着实现网络生态目标的重要任务。近年来,由于企业都在进行电子邮件营销,导致电子邮件泛滥,不但没达到营销效果,反而使客户对电子邮件营销十分反感。

请思考:在设计营销邮件内容时应如何规范信息发布,弘扬正能量,同时还能避免垃圾邮件?

工作任务 3　营销邮件发送

工作任务描述

1. 任务背景

营销邮件设计好后,接下来的环节便是发送了。有人可能会认为,邮件的发送再简单不过了。其实不然,营销邮件非普通邮件,其发送周期、发送频率等均会影响营销邮件的效果。

2. 任务目标

【知识目标】掌握邮件发送过程中的注意事项。
【技能目标】掌握发送营销邮件的频率和周期。
【思政目标】通过合法有效渠道获取用户电子邮件地址,避免侵权。

工作过程

步骤1：分析邮件发出后到达对方收件箱的过程

邮件发出后，需要经过以下过程才能到达对方邮箱：

(1)判断连接：如果你的IP域名在黑名单中，在这一步可能就直接被拒绝了。

(2)判断账户：如果收件地址不存在、邮箱已满，在这一步会被弹回。

(3)邮件过滤：不同的ISP有不同的Filter(过滤机制)，这是它们拦截垃圾邮件的技术核心。

(4)综合判断：把邮件投递进收件箱、垃圾箱或者ISP黑洞。

邮件经历了以上过程才能进入收件人的收件箱，换句话说，影响邮件送达的因素主要有：技术设置、认证设置、邮件内容和信誉度四个方面。其他三个方面都好理解，接下来我们重点谈一下信誉度。

步骤2：信誉度分析

1.信誉度概述

营销邮件发出后，当企业的IP、域名、发送认证都通过之后，对方邮箱没有满，也不是无效地址，就来到ISP决定把邮件放进垃圾箱还是收件箱的关键时刻：信誉度判断。

ISP通过对邮箱基本信息、以往发送邮件的行为信息进行判断，从而评价邮箱的信誉度水平。如果邮箱的信誉度水平很低，则从该邮箱发出的邮件被拒收或者被投入垃圾箱的概率就比较大。

2.信誉度的影响因素

(1)发送量/发送频率

连接对方服务器太频繁、每次连接发送太多邮件、每个IP建立太多连接、连接时超时次数太多、发送频率过高等造成对方大量服务器资源消耗的情况，都可能遭到对方服务器的屏蔽。不同的ISP也有不同的规则，这些参数都需要在实际发送中积累和优化。

(2)无效地址率

无效地址会白白浪费服务器资源，所以需要控制无效地址率。发送前保证收件人地址正确，可以降低无效地址率。

(3)用户举报

用户举报对发件人来说是致命的，然而用户举报的原因却是多样的、不可控的。我们只能小心预防，却无法完全阻止：用户可能觉得你发送邮件频率太高，举报；用户可能看不懂你的邮件标题，举报。

(4)发送时间和频率

发件人要控制好营销邮件的发送时间和频率，过高的频率会使用户产生反感，从而影响营销邮件的营销效果。

步骤3：获取用户E-mail地址

获取用户的电子邮件地址是进行电子邮件营销的第一步，获取方法主要包括：查看企业以往客户的数据库；销售商品和服务的同时，让客户留下E-mail地址；从网站上提供的用户注册页面收集;网站上设置客户留言板或者论坛收集;在网站上或者线下开展促销活动收集;通过微博、微信等开放入口引入。

步骤 4:总结营销邮件发送的技巧

(1)不要乱发邮件,目的要明确。
(2)要实事求是。
(3)注意地址,活用抄送和密送。
(4)内容因人而异,不可千篇一律。
(5)少用附件,多用链接。
(6)注意发送周期与频率。
(7)事先获得用户许可,或者给用户选择权。
(8)巧妙运用签名或者名片。
(9)灵活运用邮件客户端软件,设计多媒体格式的电子邮件内容。

思政园地

邮件发送流程要依法依规,不得传递与事实不符、虚假浮夸、影响社会稳定的内容,不得破坏网络文明生态。

请思考: 未经收件人允许发送的营销邮件会不会降低企业信誉度?如何规避此类风险?

工作任务 4　E-mail 营销效果监控与评价

工作任务描述

1.任务背景

企业开展 E-mail 营销需要投入一定的人力、物力和财力,因此,必须对 E-mail 营销的效果进行测评,以保证企业投入与产出的平衡。通常,对 E-mail 营销的评价需要对相应指标进行测算,并深入分析影响营销效果的内在因素与外在因素。

2.任务目标

【知识目标】了解影响 E-mail 营销效果的内、外在因素;掌握 E-mail 营销评价指标。

【技能目标】学会对 E-mail 营销效果进行评价。

【思政目标】对 E-mail 营销效果进行分析时要内外兼顾、综合评价,不可片面。

电子邮件营销的效果评估

工作过程

在E-mail营销活动中,通过对一些指标的监测和分析,不仅可以用来评价营销活动的效果,而且可以通过这些信息发现E-mail营销过程中的问题,并对E-mail营销活动进行一定的控制。

步骤1:认知E-mail营销的评价指标

对任何营销活动进行监测和评价都是非常必要的,因此可按照E-mail营销的过程划分出四类评价指标:

1. 获取和保持客户资源阶段的评价指标

获取和保持客户资源阶段的评价指标包括有效客户总数、客户增长率、客户退出率等。这些指标需要每日监测和不断更新,并绘制成统计图,以直观地反映客户资源的变化趋势。对于向下发展(客户退出率为向上发展)或者较平直的曲线,网络营销人员应特别注意,并调查其中的原因。

2. 电子邮件信息传递的评价指标

电子邮件信息传递的评价指标包括送达率、退信率等。这是一组相对的统计指标,它们都反映电子邮件是否被正常地送达指定客户的电子邮箱。如果客户的电子邮箱错误或者是设置了较高的限制等级,都会直接影响电子邮件发送,从而引发退信。另外,对于退信进行跟踪分析,不仅可以及时发现退信的原因,而且可以采取措施予以补救,从而留住客户。

3. 客户对信息接收过程的评价指标

客户对信息接收过程的评价指标包括开信率、阅读率、删除率等。这些评价指标比较难以统计,通常只有通过对客户进行抽样问卷调查来获得,因此,此类评价指标的统计可以与企业的其他营销调查活动结合起来进行。

4. 客户回应评价指标

客户回应评价指标包括直接收益、点击率、转化率、转信率等。此类指标能直接地反映E-mail营销的效果,因此在电子邮件内容设计时,应注意在电子邮件中加入一些方便客户进行回应操作的热点链接。

对E-mail营销的效果评价最好采用综合方法,既要对可以量化的指标进行评价,又要关注E-mail营销所具有的潜在价值,如对增强整体竞争优势方面的价值、对客户关系和客户服务的价值、在行业内所产生的影响力等。电子邮件营销转化率的计算公式为

电子邮件营销转化率=电子邮件营销带来的成交量/发送电子邮件数量

步骤2:分析影响E-mail营销效果的主要因素

影响E-mail营销效果的因素可分为外部因素和内部因素。

1. 外部因素

(1)垃圾邮件泛滥

垃圾邮件泛滥不但严重地降低了E-mail营销的效果,而且让更多的客户逐渐对营销邮件产生抵触甚至是反感情绪。

(2)网络病毒传播

饱受木马、蠕虫等网络病毒侵扰的网民,对于来自陌生发信人的电子邮件或不明链接,都

不愿意去冒险打开或点击,这也使得一些质量不高的营销邮件往往没有打开就直接被删除了。

(3)新的应用技术不断更新

电子邮件在网络带宽资源比较稀缺的时候是很重要的网络沟通方式,随着网络带宽资源的不断升级,新的应用技术不断应用和普及,即时通信工具、在线视听等沟通方式已经逐渐取代以前单一的电子邮件沟通方式。

(4)客户的信息需求不断变化

互联网络上的资源随着信息技术的不断进步变得越来越丰富,客户对信息的需求不但从内容和质量上,而且从形式上越来越高,变化越来越快,营销邮件如果不能及时了解客户需求的变化,其营销效果将无法实现。

(5)电子邮件服务商的屏蔽技术

电子邮件列表退信的原因之一是电子邮件服务商的屏蔽。由于垃圾邮件对电子邮件服务商的影响是致命的,所以为了保证电子邮件服务系统正常运转,电子邮件服务商往往会把一些电子邮件列表服务商或企业的 IP 列入黑名单。

2. 内部因素

(1)电子邮件编写质量

粗制滥造的电子邮件往往不但无法获得预期的效果,还会直接影响用户对 E-mail 营销的信心,甚至会使得企业的品牌和形象受损。因此,只有不断提高电子邮件的编写质量,才能有助于营销效果的提升。

(2)客户定位

网络营销的优势是能实现"一对一"个性化营销,而电子邮件和即时通信是较能发挥个性化营销优势的工具。定位准确是 E-mail 营销成功的基础,因为没有人愿意阅读与自己无关的电子邮件,尤其是大量的商业广告内容。提高电子邮件的可读性需要掌握客户更多的个人信息,进而进行准确的定位。

(3)电子邮件列表的管理和维护

电子邮件列表中的错误或者未及时更新的电子邮件地址是造成退信率提高的主要因素。加强对电子邮件列表的管理和维护,及时清理电子邮件列表中无效的信息,可提高电子邮件送达率。

(4)营销计划的系统性

营销人员不能指望一两封电子邮件就能取得营销效果,即使客户已经对电子邮件进行了回应,但各种干扰信息源的存在,也会逐渐降低电子邮件已经形成的影响。因此持续而有计划地开展营销,将有效地提高营销效果。

(5)稳定的后台技术

如果客户访问企业网站时经常出现无法正常注册、无法退出列表、无法直接回复电子邮件、会员资料管理不方便等情况,不仅浪费客户的资源,降低客户的信心,也严重制约了 E-mail 营销的效果。

(6)企业对 E-mail 营销的信心

企业开展网络营销的常用工具除了电子邮件外,还包括企业网站、搜索引擎、即时通信、网络实名、新闻组、电子杂志等。E-mail 营销效果的不可控使其受企业重视的程度逐渐下降,反过来又会影响营销效果。

网络营销

思政园地

在分析影响 E-mail 营销效果的过程中,不要顾此失彼,要具备全面思考的能力,积极抵制违法和不良网络信息。

请思考:如果有人利用夸张不实的信息获得高阅读率、高开信率,他最终会收获好的营销效果吗?为什么?

任务回顾与总结

通过本项目,我们学习了什么是真正意义上的电子邮件营销;了解了垃圾邮件的特征和预防措施;学习了如何进行营销邮件的设计;学习了营销邮件在发送时要注意的问题;学习了评价和判断 E-mail 营销效果的指标体系和方法。

小试牛刀

请以宏达投影仪有限公司营销人员的身份,向近三年购买了本公司产品的客户发一封营销邮件,邮件内容主要是推介公司的一款新型投影产品。

(1)说明你应如何获取这些客户的 E-mail 地址。

(2)从标题、内容、发件人和收件人的角度,详细设计该封电子邮件。

(3)请在网上搜索并下载一款电子邮件群发软件,完成该营销邮件的群发。

(4)说明如何进行本次群发邮件的效果评价。

项目 7

网络广告营销

项目描述

项目背景

网络不同于传统媒介,网络广告的运作有其自身的特征和规律。一般而言,网络广告的运作程序如下:明确广告目标及核心目标群体,确定网络广告预算,网络广告创意及设计制作,选择网络广告发布渠道及方式,执行网络广告计划,网络广告的效果评价。作为企业的网络营销人员,掌握网络广告运作程序是其基本职责。

知识与技能目标

- 认知网络广告
- 掌握网络广告的计费方式
- 学会网络广告的创意及设计
- 掌握网络广告的发布渠道及方式
- 能进行网络广告的效果评价

思政目标

- 树立网络广告职业标准
- 提升对网络广告从业人员工作能力水平的规范性要求

工作任务 1 认知网络广告

工作任务描述

1. 任务背景

网络广告充斥着整个互联网,可谓是无处不在。对于网络广告,首先人们要认识它,了解它的产生与发展,了解它的特点和常见术语、常见形式,才能为后续的学习和未来从事网络广告相关工作打下基础。

2. 任务目标

【知识目标】 了解网络广告的产生与发展以及网络广告的特点和常见形式。
【技能目标】 学会使用网络广告的常见术语。
【思政目标】 增强遵守网络广告道德规范的意识。

网络广告的诞生和发展

工作过程

步骤 1:认知网络广告的内涵

1. 网络广告的诞生及发展

网络广告于 1994 年出现于美国,是随着互联网的发展而出现的。1994 年 10 月 14 日,美国著名杂志 Wired(连线)推出网络版,其主页上的 AT&T 等 14 个客户的广告,宣告了网络广告的诞生。从此以后,网络广告逐渐成为网络营销的热点。

我国的网络广告从 1997 年起步。当年 3 月,一幅 Intel 的 468×60 像素的动画旗帜广告贴在了 Chinabyte 网站上,这是中国第一个商业性质的网络广告。

2. 网络广告的概念及要素

如同电视广告、报纸广告,网络广告只是广告形式中的一种,它依托于互联网而产生。网络广告是指可确认的广告主运用互联网以付费方式对公众进行劝说的一种信息传播活动。从传播学角度来研究网络广告,其包含以下五个要素:

(1)广告主

广告主是指为推销商品或者提供服务,自行或者委托他人设计、制作、发布广告的法人、其他经济组织或者个人。广告主是广告活动的发起者,是在网上销售或宣传自己产品和服务的商家,是联盟营销广告的提供者。任何推广、销售其产品或服务的商家都可以作为广告主。广告主发布广告活动,并按照网站主完成的广告活动中规定的营销效果的总数量及单位效果价格向网站主支付费用。

(2)广告信息

广告信息是广告主向广告受众所传达的内容,即广告信源通过广告媒介向广告信宿传达的内容。该内容形式多样,包括文字、图像、音频、视频等人所能感知的任何形式。同时由于广告主和广告受众对于固定信息的不同解读，导致了广告主发出的信息和受众接收的信息的差异。

(3)广告媒介

广告媒介就是指能够借以实现广告主与广告对象之间信息传播的物质工具。选择广告媒介，要按各类广告中存在的优点和不足，结合商品的实际情况，选用一、二种或多种宣传媒介，使广告迅速地收到效果，并持久地巩固下去。

(4)广告受众

广告受众就是接收广告信息的受众。一方面，它属于传播学范畴，具有受众的一般意义。另一方面，它又是特定的，指传播过程中的广告信息接收方。

(5)广告效果

所谓广告效果，通常是指广告信息通过广告媒体传播后所能产生的社会影响和效应。这种影响和效应包括两方面：一是广告的传播效果；二是广告的销售效果。测定这两种广告效果，有利于企业更有效地制定广告策略，降低广告费用，提高广告效益。

广告效果有狭义和广义之分。狭义的广告效果是指广告所获得的经济效益，即广告传播促进产品销售的增加程度，也就是广告带来的销售效果。广义的广告效果则是指广告活动目的的实现程度，是广告信息在传播过程中所引起的直接或间接变化的总和，它包括广告的经济效益、心理效益和社会效益。

3.网络广告的特点

与传统广告相比，网络广告摒弃了传统广告中主要采用的"推"的模式，凭借互联网具有的不同于传统媒体的交互、多媒体和高效的独有特性，采用"推""拉"模式相结合，使得网络广告呈现出了不同于传统媒介广告的独特优势，见表7-1。

表 7-1　　　　　　　　　　网络广告与传统广告的比较

类型	覆盖受众	时效性	针对性	传播形式	互动性	服务	检测数据	性价比
电视	广	及时	较弱	图像、声音	单向	无	无法精准	低
广播	覆盖有限	及时	较弱	声音	单向	无	无法精准	中
报纸、杂志	覆盖有限	较及时	较弱	图片、文字	单向	无	无法精准	中
户外	覆盖受限	不及时	弱	图片、文字	单向	无	无法精准	低
网络广告	广	及时	强	视频、图片、文字	互动	有	可提供	高

(1)互动性

网络广告是一种交互式的与受众进行双向沟通的"活"广告，它克服了传统广告中信息发送及反馈的单向性和时滞性。借助于网络，网民可以搜索自己需要的产品信息，检测产品，如果愿意，还可以当场购买。这在某种程度上也体现了网络广告的心理优势，一旦浏览者点击了网络广告，就表明其在心理上已认同，因此，网络广告不是强势推向型的，而是顺势拉进型的。

(2)灵活性

网络广告由于有自动化的软件工具进行制作和管理，所以用户可以通过互联网随时随地访问表现形式多样的网络广告，而广告主亦能以低廉的费用按照需要及时修改、更新广告内容。传统广告则被庞大的制作费用限制了修改频率。

(3)广泛性

Internet是全球最大的计算机互联网，一个站点的广告通过互联网可以传遍世界各地。而且，网络广告可以一天24小时、一年365天不间断地发送，且信息容量大。网络上的文本是超文本格式，一个广告条后面往往有着惊人的信息量。由此可见，网络广告的特色就是它的时间连续性、信息详尽性和地域广泛性。

(4)可控性

利用权威的访客流量统计系统,企业可以很容易地统计出浏览网络广告的客户数,以及这些客户查阅的时间分布和地域分布,从而使得广告主和广告商可以实时评估网络广告效果,调整广告策略,以及按效果付费。

(5)针对性

企业可以按照客户对信息需求的不同而有针对性地提供不同的信息,使之更好地符合每一位访问者的不同需求,使网络广告的投放更具有针对性。做到网络广告的一对一发布以及一对一的信息反馈,从而可以紧密地联系客户,促成产品的交易。

(6)拉动与推动相结合

网络的交互性使得网络广告改变了传统广告单纯的推动方式,由受众主动向企业索要特定的信息、广告主的强势推广转变为顺势拉进,形成了推动与拉动相结合的模式。典型的情况是,用户可以用关键字来查看广告,不用"搭配"阅读自己不感兴趣的内容。从网络广告的各种形式来看,网址、企业网站、旗帜广告、活动页面、赞助内容及下载按钮都需要引发消费者兴趣才能吸引他们进入,这属于拉动式的情况;而插入式广告、电子邮件广告等则属于推动模式。消费者的主动性并不意味着广告主从此处于被动寻找的地位,一方面,他们似乎被动地等待消费者自己找上门来;另一方面,他们也积极搜集顾客资料,建立数据库,伺机而动,把信息推送到消费者面前。

(7)广告成本低

作为新兴的媒体,网络媒体的收费低于传统媒体。网络广告的费用目前大约是报纸的1/5、电视的1/8。这是由于网络广告有自动化的软件工具进行创作和管理,能以低廉费用按照需要及时变更广告内容。如果能直接利用网络广告进行产品的销售,则可节省更多的销售费用。

4.网络广告领域的常见术语

之所以要先了解网络广告领域的常见术语,主要是在实际工作中阅读和签订网络广告合同时会用到这些术语。

(1)主页(Homepage)

主页是指进入一个WWW站点的第一个页面。因为Homepage是站点给人的第一印象,所以从营销的角度来讲主页十分重要。目前,有一些网站设置了"过渡页",即在用户输入域名后,呈现在用户面前的可能是一张大图片或者是一个Flash动图,在图上会有"进入"字样,点击"进入"后,才出现功能完整的网站页面。事实上,这个"过渡页"才是网站的"主页"。从营销的角度来看,这个"过渡页"大大浪费了网站主页的空间,也不利于搜索引擎收录该网站。

(2)第一屏(First View)

这是指当客户访问一个页面时所看到的第一页内容,这是投放广告的绝佳位置。网页的高度是不受限制的,当用户打开网页,在没有滚动右侧滚动条时,映入眼帘的屏幕内容,即为第一屏。

(3)点击次数(Clicks)

访问者通过单击广告而访问广告主的网页,视为一次点击。点击这个广告即表示访问者对该广告感兴趣,希望得到更详细的信息。

(4)点击率(Clicks Ratio)

点击率是指广告被点击的次数与广告收视次数的比率。如果这个页面出现了一万次,而网页上广告的点击次数为五百次,那么点击率为5%。点击率可以精确地反映广告效果,也是判断网络广告是否具有吸引力的一个标志。

(5)接触频次(Frequency)

接触频次是指一个浏览者看到同一个广告的次数。广告主可以通过限定接触频次来达到提高广告效果的目的。

(6)印象(Impression)

印象是指广告的收视次数,计数器(Counter)上的统计数字即为该网页的印象,即含有广告的页面被访问的次数。由于技术原因,网站目前还无法捕捉用户的目光,所以印象只能粗略地设定为:只要含有该广告的页面被浏览者打开一次,我们就认为该页面上的所有广告均给该浏览者留下了一次印象。

(7)超级链接(Hyperlink)

超级链接是指文字或图像可点击的链接,可引领浏览者进入网站中的其他网页或其他网站,是网上很重要的沟通工具。

(8)综合浏览量(Page View)

综合浏览量是指网站各网页被浏览的总次数。一个访客有可能创造十几个甚至更多的综合浏览量。它是目前判断网站访问流量常用的计算方式,也是反映一个网站受欢迎程度的重要指标之一。

(9)广告管理(Advertisement Management)

广告管理是指利用特定的系统管理网站或广告网络播发的网幅广告,同时提供即时的显示数、点击数统计。高级的广告管理系统还能根据访问者的特点和时间选择出现不同的网幅广告。

(10)图标(LOGO)

图标是指用来宣传商家的商标或特定标志。

(11)唯一访客(Unique Visitor)

唯一访客是指在一段时间内访问网站的"人数",而不是"人次",一般通过 IP 地址来区分唯一访客。

(12)关键字(Key Words)

关键字即客户在搜索引擎中提交的查询关键字。

步骤 2:认知网络广告的形式

目前,网络广告大致有下列几种形式:

(1)信息流广告

伴随着移动互联网的飞速发展,人们的上网习惯也在改变,手机占据了人们生活中的碎片时间,成功地把人们的目光转移到移动端。简单的"为什么"已经不能满足这个时代网民的需求,他们开始主动去发现这个世界"有什么",所以信息流应运而生。

信息流与信息流广告并不是一个概念,信息流是内容在载体中展现的一种方式,即使没有广告,也叫信息流;而信息流广告则依托于信息流载体,排布在信息流当中,如图 7-1 所示。

信息流广告是位于社交媒体用户的好友动态或者资讯媒体和视听媒体内容流中的广告。信息流广告的形式有图片、图文、视频等,特点是算法推荐、原生体验,可以通过标签进行定向投放,根据自己的需求选择推曝光、落地页或者应用下载等,最后的效果取决于创意、定向、竞价三个关键因素,如图 7-2 所示。

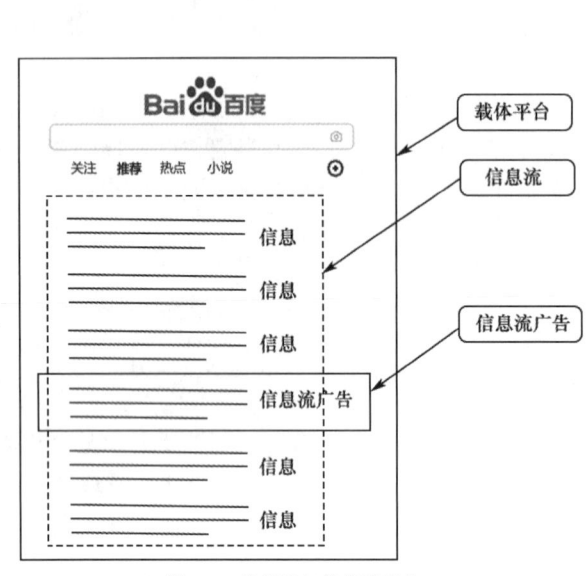

图 7-1　信息流与信息流广告　　　　　　　图 7-2　微信朋友圈广告

通过参考市场覆盖率、企业使用率、预算占比等数据可知,目前市场上主流的信息流媒体有今日头条、百度和腾讯等。

• 今日头条

今日头条是字节跳动有限公司旗下的一款新闻资讯类产品,于 2012 年 8 月上线,是目前国内增速较快的新闻客户端。除了今日头条,字节跳动有限公司旗下还有抖音短视频、西瓜视频等众多应用。

今日头条于 2014 年正式上线信息流广告。其推广主要基于 QQ、微信、通信录等社交数据和用户历史浏览数据,做出人群画像,然后将企业广告穿插在新闻资讯当中,并有针对性地将广告推送给相应用户。今日头条的用户群体较为广泛。

• 百度

百度是全球较大的中文搜索引擎网站,并于 2016 年底正式加入信息流推广。其推广基于百度大数据,结合成熟的搜索优势,采用双引擎模式(搜索＋信息流)。信息流广告可以使用搜索引擎的用户数据进行更加精准的意图定向,从而提高信息流广告的精准度。

百度旗下的主要信息流产品有手机百度、百度贴吧和百度手机浏览器,其中以手机百度为主打产品。通过手机百度的改版及百度在信息流广告方面的技术和流量投入,百度信息流产品的表现越来越好,对其他信息流平台造成了很大的冲击。

• 腾讯

腾讯是中国较大的互联网综合服务提供商、社交网络平台、游戏运营商,有 QQ、微信、QQ 空间等用户基数庞大的社交平台,以及腾讯网、腾讯新闻、天天快报、腾讯视频等丰富多样、高速增长的网络媒体,为信息流广告提供了丰富的媒体资源和广告位储备。

腾讯广告分为腾讯社交广告和微信公众平台广告,腾讯社交广告主要投放在腾讯新闻类 APP、应用宝、腾讯视频、QQ 等平台,微信公众平台广告主要投放在微信朋友圈、公众号和小程序中。

腾讯广告平台通过对微信、QQ 用户数据进行深入分析而产生的众多标签类目,以及不断精进的跨屏定向、人群拓展和智能出价等技术,迅速成为主流的信息流广告平台之一。

(2) 关键词竞价广告

在搜索引擎类网站(如百度、搜狗、360 搜索等)或者在平台类网站(如天猫或淘宝等),用户需要通过竞价方式购买某个关键词,从而获得在搜索结果列表中比较靠前的位置,这类广告称为关键词竞价广告,如图 7-3 所示。

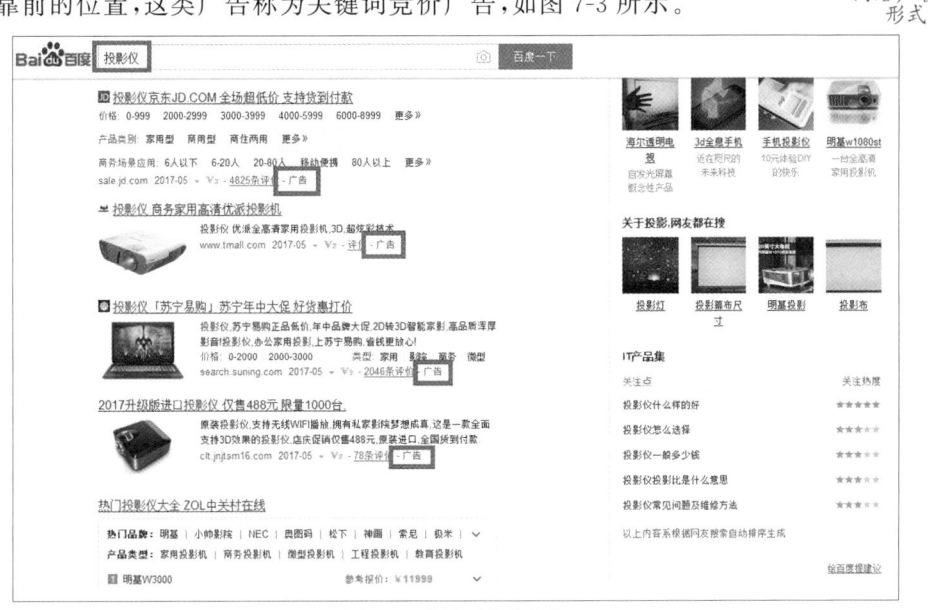

图 7-3　关键词竞价广告

(3) 旗帜(Banner)广告

旗帜广告又称为条幅广告,如图 7-4 所示。旗帜广告通常是一些色彩鲜艳的矩形图片,经常出现在页面的顶部、底部或醒目处,多用来作为提示性广告,吸引那些好奇者来点击它,然后进入了解更多的信息。作为网络广告的主要形式,旗帜广告一般是以 gif 或 jpg 等格式建立的图像文件,它可以是静态的,也可以是动态的,同时还可以运用 Java 等语言使其产生交互性。

图 7-4　搜狐网首页上的旗帜广告

网络营销

(4)按钮式(Button)广告

按钮式广告是一种小面积的广告形式,这种广告形式被开发出来主要有两个原因:一方面是可以通过减小面积来降低购买成本,让小预算的广告主能够有能力进行购买;另一方面是更好地利用网页中比较小面积的零散空白位。常见的按钮式广告有125×125、120×90、120×60、88×31(单位:像素)四种尺寸。广告主可以购买连续位置的几个按钮式广告,组成双按钮广告、三按钮广告等,以加强宣传效果。按钮式广告一般容量比较小,常见的有jpeg、gif、flash三种格式。如图7-5所示为和讯网上的按钮式广告。

图 7-5　和讯网上的按钮式广告

(5)电子邮件列表(E-mail List)广告

电子邮件列表广告又名"直邮广告",是利用网站电子刊物服务中的电子邮件列表,将广告加在每天读者所订阅的电子刊物中发放给相应的电子邮箱所属人。由于电子邮件列表都有特定的客户群,所以在电子邮件列表中可以同时开展对该产品的调查、新产品发布等。电子邮件列表主题多样,内容丰富。如图7-6所示为用户订阅了美团的电子邮件列表,美团定期发给用户的电子邮件列表广告。

图 7-6　电子邮件列表广告

(6)电子邮件(E-mail)广告

传统的邮寄广告是广告主把印制或书写的信息,包括商品目录、货物说明书等,直接通过邮政系统寄达选定的对象。电子邮件广告则是广告主将广告信息以E-mail的方式发送给相关客户,可通过群发软件完成,方便快捷,如图7-7所示。

(7)壁纸式(Wallpaper)广告

企业可以将所要表现的广告内容做成漂亮的电脑壁纸(桌面背景图案),之后将这些图片发布在百度图片等网上空间,供用户下载使用。用户在欣赏漂亮的壁纸图片的同时,企业也隐性地给自己做了广告。如图7-8所示为壁纸式广告。

项目 7　网络广告营销

图 7-7　电子邮件广告

（8）赞助式（Sponsor Ships）广告

赞助式广告形式多样，广告主可对自己所感兴趣的网站内容或网站节目进行赞助，如图 7-9 所示。

图 7-8　壁纸式广告　　　　　　　　图 7-9　赞助式广告

（9）竞赛和推广式（Contests & Promotions）广告

竞赛和推广式广告是指广告主与网站一起合办其感兴趣的网上竞赛或网上推广活动的广告形式。如图 7-10 所示，这是腾讯公司为推广《地下城与勇士 DNF》而举办的全国大学城挑战赛。

（10）插页式（Interstitial）广告

插页式广告又名"弹跳广告"，广告主选择自己喜欢的网站或栏目，在该网站或栏目出现之前插入一个新窗口，并在该窗口中放置文字、图片链接或一件正在促销商品的广告图片，以此来显示广告。例如，浏览者在打开一个网站页面时，会同时弹出一个广告窗口，如图 7-11 所示，这时浏览者可以选择阅读，也可以选择关闭窗口不看。

（11）文字链接（Text Link）广告

图 7-10　竞赛式广告

文字链接广告采用超文本方式，字数一般都不会太多，可以安插在用户浏览的每一个页面

137

网络营销

中。相比图片和动画广告,文字链接广告最大的特点就是节省页面空间。虽然出现较少,但其往往是很有效的广告。

图 7-11 插页式广告

(12) 分类(Classified)广告

分类广告是一种专门提供广告信息服务的站点,在站点中提供可以按照产品或者企业等分类检索的深度广告信息。这种形式的广告为那些想了解广告信息的访问者提供了一种快捷有效的途径,如图 7-12 所示。

图 7-12 分类广告

(13) 互动游戏(Interactive Games)广告

在一段页面游戏开始、中间、结束的时候,广告可随时出现,并且可以根据广告主的产品要求为之量身定做一个属于自己产品的互动游戏广告。如图 7-13 所示为首信手机互动游戏广告。

(14) 流媒体(Streaming Media)广告

流媒体广告是采用了流媒体技术的广告形态,它分为弹出式和点播式流媒体广告。其中点播式流媒体广告是浏览者点击后进行在线播放,由于是主动点击,所以相对来说更具广告效果,如图 7-14 所示。

(a)   (b)

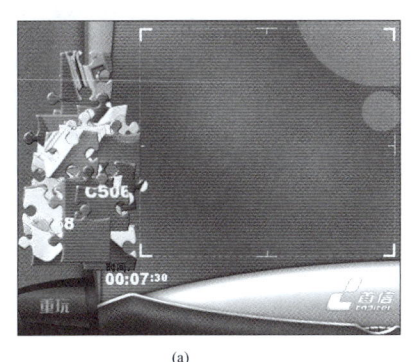

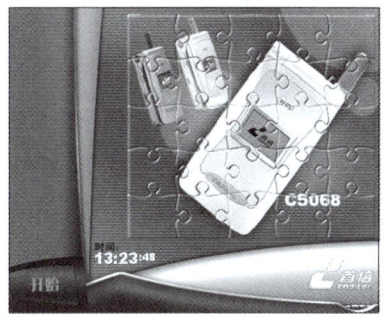

图 7-13 首信手机互动游戏广告

(15)富媒体(Rich Media)广告

富媒体广告是指能达到 2D 及 3D 的 Video、Audio、Java 等具有复杂视觉效果和交互功能效果的网络广告形式。它可以将网络线上广告转换成一个互动模式，而不仅仅是一个静态的广告讯息，所以可以更好地表现广告创意，对于品牌知名度、购买兴趣及内容会产生更大的影响。富媒体广告可应用于网站设计、电子邮件、按钮式广告、旗帜广告、弹出式广告、插页式广告等原有网络广告的内容和表现效果。其具体表现形式多为使真人、真实场景、2D 或 3D 的动画形象同镜出现。

图 7-14 流媒体广告

思政园地

广告效果的反馈有利于企业更有效地制定广告策略，降低广告费用，提高广告效益。但是在企业策划广告内容时，为达到良好的广告效果，有时会出现一些浮夸成分。甚至有的企业明知产品质量不好，但仍花大价钱购买关键词竞价排名。

请思考：这些虚假的广告违背网络广告道德规范，给网络市场公平有序的竞争带来了极其不好的影响，你认为此种现象应如何消除？

工作任务 2　认知网络广告的计费模式和计费水平

工作任务描述

1. 任务背景

通过前面的学习，我们已经了解了各种各样的网络广告形式，接下来我们还要了解网络广告的计费模式和计费水平。不同形式的网络广告,其计价方式是不一样的,掌握这些计费方式和计费水平,有利于合理地安排网络广告的预算并有效规避网络广告合同签订时的风险与陷阱。

2.任务目标

【知识目标】 了解网络广告的计费模式。

【技能目标】 学会分析网络广告的计费水平。

【思政目标】 培养网络广告计费的价值观念,做到诚实守信。

网络广告的计价

工作过程

步骤1:认知网络广告的计费模式

网络广告的计费模式大体上可以分为四类,即展示计费、行动计费、销售计费和按时计费。

1.展示计费

(1)CPM 计费模式

CPM 即 Cost Per Thousand Impressions,意为每千人印象成本,它是依据广告被播放的次数来计算的收费模式。广告图片或文字每显示1 000次为1个收费单位,最后按浏览的总次数来换算计费。

(2)CPTM 计费模式

CPTM 即 Cost Per Targeted Thousand Impressions,意为目标每千人印象成本,是指经过定位和过滤的每千人印象成本,比如按性别、年龄等人口统计信息对用户进行分类和定位之后的每千人印象成本。

2.行动计费

(1)CPC 计费模式

CPC 即 Cost Per Click,意为每单击成本,其收费模式是以广告被单击的次数收费。如前面提到的关键字竞价广告多采用此种方式计费。

(2)PPC 计费模式

PPC 即 Pay Per Click,意为单击用户成本,其收费模式是根据单击广告的用户数量多少来计费。

(3)CPA 计费模式

CPA 即 Cost Per Action,意为每行动成本,是根据每个访问者对网络广告所采取的行动来计费的一种模式。对于用户的行动,需要有特别的约定,如形成一次交易、获得一个注册用户、对网络广告的一次转发等。

(4)CPL 计费模式

CPL 即 Cost for Per Lead,意为每注册成本,是按用户注册成功支付佣金的计费模式。

(5)PPL 计费模式

PPL 即 Cost Per Lead,意为每引导成本,是根据每次通过网络广告产生的引导付费的定价模式。例如,广告客户为访问者单击广告完成了在线表单而向广告服务商付费。这种模式通常用于网络会员制营销的佣金模式中。

3.销售计费

(1)CPP 计费模式

CPP 即 Cost Per Pay,意为每购买成本,主要为广告主规避广告费用风险,只有在网络用户点击广告并进行在线交易后,才按销售笔数付给广告站点费用。

(2)CPS 计费模式

CPS 即 Cost for Per Sale,意为每销售额,是根据网络广告所产生的直接销售额而给予广告站点一定比例提成的广告定价模式。

(3)PPS 计费模式

PPS 即 Pay Per Sale,意为每销售量,是指根据网络广告所产生的直接销售数量而付费。

4.按时计费

(1)包时计费

包时计费就是买断某一时期的广告,实行固定收费制,通常以日、月、年等为计价单位,也称为"包时制"。它操作简单,对网站技术水平要求也低,不需要对浏览量、点击率进行统计,而且广告主与网民间的权利、义务关系也十分明了。正因为如此,它是许多技术水平较低的小网站普遍采用的计费方法。

它的缺点也是十分明显的:首先,就是广告投入费用与实际效果脱钩,这就意味着网站与广告主之间总会有一方在这种误差之间受损;其次,它难以调动网站加大广告宣传力度,因为收费是以时段为标准的,网站不必支付任何费用去加强广告效果,广告效果自然无法保证;再次,这种方式也不利于广告主对广告效果进行测评,因为无法得到广告效果的有关数据。

(2)按位置、时段和广告形式综合计费

这种综合计费方式是目前我国互联网广告的主要计价模式,它以广告在网站中出现的位置、时段和广告形式为基础对广告主征收固定费用。这种计费模式与广告发布位置、时间和广告形式挂钩,而并非与显示次数和访客行为挂钩。在这一模式下,发布商按照自己的需要来制定广告收费标准。

步骤2:了解网络广告的计费水平

在了解了各种网络广告类型和网络广告的计费模式之后,基本上可以与各大网络媒体进行广告业务的洽谈了。但是,还有一个重要的方面,企业的网络广告一般都是有预算的,要想将这些预算资金用得恰到好处,还需了解各类广告的计费水平,即各种类型的网络广告要多少钱!这里列举了一部分广告类型的计费水平,使大家对网络广告的价格水平有一个基本的认知,并作为以后工作的参考。

1.搜索引擎关键词竞价广告

如图 7-15 所示为以"汽车"关键词进行价格查询的结果。

网络营销

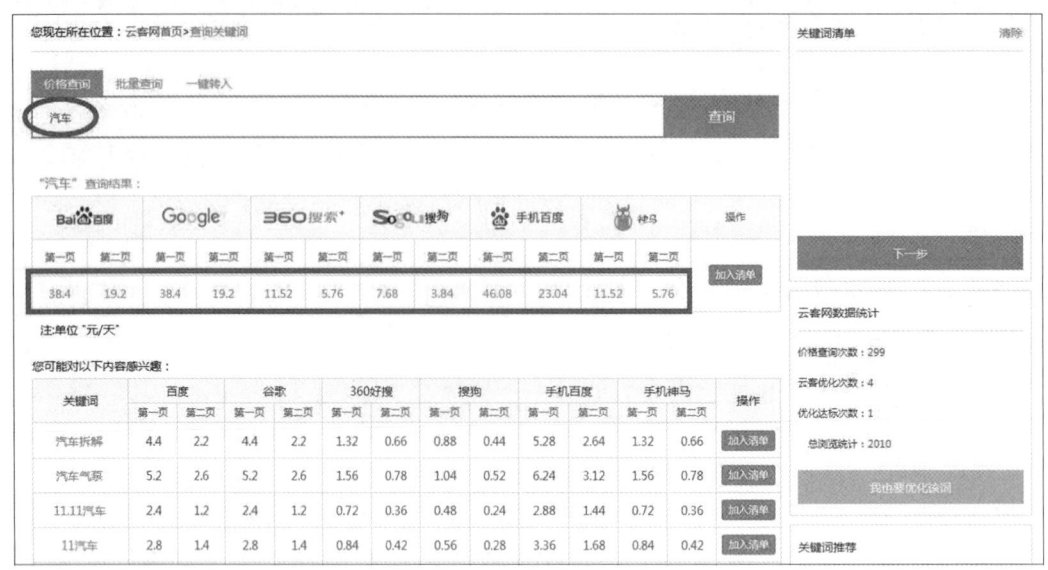

图 7-15　关键词"汽车"的价格

2.信息门户网站广告位的价格

(1)搜狐网

搜狐网广告价格见表 7-2。

表 7-2　　　　　　　　　　　搜狐网广告价格

位置	名称	宽(px)	高(px)	价格	说明
首页	全屏广告	950	480	650 000 元/小时	每天出现 4 小时
	首屏通栏广告	450	105	550 000 元/天	4 轮换
	首页对联广告	120	270	150 000 元/天	3 轮换
新闻频道	全屏广告	950	480	500 000 元/小时	每天出现 4 小时
	首屏通栏广告	590	95	330 000 元/天	3 轮换
	首页对联广告	120	270	50 000 元/天	2 轮换
汽车频道	首屏背投广告	760	480	100 000 元/天	2 轮换
	全屏广告	950	480	320 000 元/小时	每天出现 4 小时
财经频道	全屏广告	950	480	260 000 元/小时	每天出现 4 小时
	首页首屏焦点图	290	215	260 000 元/帧/天	—
体育频道	全屏广告	950	480	250 000 元/小时	每天出现 4 小时
	首页焦点图	290	345	190 000 元/帧/天	—

(2)新浪网

这里以矩形广告为例,其投放要求如下：

- 尺寸:250 pixel×230 pixel,文件要小于 30 KB。
- 投放文件格式:swf,gif,jpg。

新浪网矩形广告价格见表 7-3。

表 7-3　　　　　　　　　　　　　新浪网矩形广告价格

位　置	价　格
新闻首页要闻区右侧两轮播矩形广告	36 万元/轮/天
	90 元/CPM(1/2 轮播)
汽车首页要闻区右侧三轮播矩形广告	32 万元/轮/天
汽车首页要闻区右侧两轮播矩形广告	28 万元/轮/天
财经首页要闻区右侧分时矩形广告	7 万元/2 小时(8:00~15:59)
	4 万元/2 小时(16:00~23:59)
	4 万元/8 小时(0:00~7:59)
体育首页要闻区右侧两轮播矩形广告	22 万元/轮/天
	60 元/CPM(1/2 轮播)
娱乐首页要闻区右侧两轮播矩形广告	16 万元/轮/天
手机/音乐首页要闻区右侧两轮播矩形广告	2 万元/轮/天
女性首页要闻区右侧矩形广告	8 万元/天
博客首页要闻区右侧两轮播矩形广告	8 万元/轮/天
播客视频打通要闻区右侧矩形广告	9 万元/天
科技军事首页打通要闻区右侧两轮播矩形广告	3.5 万元/天
F1 高尔夫首页打通焦点新闻右侧两轮播矩形广告	5 万元/轮/天
星座首页焦点新闻右侧矩形广告	4 万元/天
读书/育儿首页焦点新闻右侧两轮播矩形广告	2.5 万元/天
饮食首页要闻区右侧矩形广告	2 万元/天
论坛首页要闻区右侧矩形广告	2.5 万元/天
旅游首页要闻区右侧两轮播矩形广告	2 万元/天

(3) 新浪微博

新浪微博 PC 端和移动端广告报价分别见表 7-4 和表 7-5。

表 7-4　　　　　　　　　　　　新浪微博 PC 端广告报价

名称	资源	平台类型	所在页面	广告位名称	售卖方式	席位/天	轮播数量/天	刊例单价
PC 端	销售资源	PC 微博	我的首页	顶部公告	CPM	—	—	50 元/CPM
				推荐活动/视频	CPM			30 元/CPM
				推荐商品	CPM			20 元/CPM
				底部公告	CPM			25 元/CPM
			登录页	登录页顶部公告	CPM			40 元/CPM
			我的首页	推荐账户	CPM			10 元/CPM
			我的首页	推荐话题	CPD		4	230 000 元/轮播
	配套广告资源	PC 微博常规资源	新用户注册页	新用户注册推荐	CPD	1 席	10	20 000 元
			品牌馆首页	品牌馆账号推荐	CPD	1 席	—	20 000 元
			品牌馆分类页	品牌馆分类推荐图文	CPD	每分类 1 席	—	10 000 元

(续表)

名称	资源	平台类型	所在页面	广告位名称	售卖方式	席位/天	轮播数量/天	刊例单价
PC端	配套支持资源	由新浪提供搭建/安装/运营等服务的配套支持资源	—	微话题（专题页）	次	—	—	10 000元/次
			—	微直播（专题页）	次	1次	—	150 000元/次
			—	微访谈（专题页）	次	2次	—	150 000元/次
			—	minisite	次	需提前确认	—	50 000元/次
		由客户利用新浪提供平台自助建立/运营的配套支持资源	—	企业微博	次	—	—	设计和制作费用根据客户定制需求单独报价
			—	指定微群页	次	—	—	
			—	活动页	次	—	—	
			—	投票页	次	—	—	

表7-5　　　　　　　　　新浪微博移动端广告报价

名称	资源	平台类型	所在页面	广告位名称	售卖方式	轮播数量/天	刊例单价/(元)
移动端	销售资源	手机微博客户端（APP）	安卓、苹果微博客户端首页	顶部公告	CPM	/	30元/CPM
			安卓、苹果微博客户端首页	开机报头	天	1轮播	960 000元/天
			广场页	推荐话题	天	4轮播	150 000元/轮播
		手机微博触屏版（WAP）	我的首页	顶部公告	周	1轮播	112 000元/周
			广场页第二页第二行第一个icon，位置固定	广场首页icon推荐	周	1轮播	50 000元/周
		iPad微博客户端（APP）	iPad微博客户端首页（仅出现在2.9.2及以上版本）	顶部公告	天	1轮播	150 000元/天
		手机微博标准版（WAP）	广场页（登录前+登录后）	广场首页热门推荐文字链01	天	3轮播	20 000元/轮播
			广场页（登录前+登录后）	广场首页热门推荐文字链02	天	2轮播	20 000元/轮播
			话题页（登录前+登录后）	话题页推荐文字链	天	1轮播	10 000元/天
			我的首页	我的首页文字链	天	4轮播	30 000元/轮播

通过以上列举的搜索关键词竞价、信息门户网站的网络广告报价，大家已经对网络广告的价格水平有了初步的认知。如果企业的网络广告预算有限或者数额不大，建议不要在这些信息门户网站做广告，因为费用太高，可能不是中小企业所能承受的。

思政园地

为了使经济快速平稳地发展，我国一直对中小企业进行政策上的倾斜与扶持。我国中小企业的体量非常大，它们对于网络广告有着非常强烈的需求。

请思考： 你能为中小企业提出一些有关投放网络广告的中肯建议吗？中小企业在运营网络广告过程中要注意哪些不能触碰的规则事项？

工作任务 3 网络广告的创意与策划

工作任务描述

1.任务背景

广告策划是对广告活动所进行的策划,是广告活动的核心和关键。网络广告策划以企业网络营销为基础,以消费者需求为中心,以受众接受为出发点,注重与企业营销发展策略相一致。目前,中国网络广告的主要客户已经从以前的 IT 行业、通信行业的公司及一些国际知名的消费品品牌公司,发展到汽车、教育、电子以及消费品等方面。

2.任务目标

【知识目标】 了解网络广告策划的原则。
【技能目标】 掌握网络广告策划人员应当具备的基本素质。
【思政目标】 培养网络广告的创新意识与创新理念。

工作过程

步骤 1:打破思维定式

一个站点的广告通过互联网可以传遍世界各地,如何避免全球的互联网用户对恼人广告的满腹牢骚呢?回到常识、回到原点,用大家容易理解的方法来传递简单、准确的信息,因为这才是广告真正的目的:理性的思考,感性的诉求。因此,除了广告学以外的各种知识的储备对于广告人来说也是必不可少的。

受众需要的是省力、省时、省心的信息,广告主需要的是省钱。因此,在网络广告策划中多一些换位思考、多一些科学的思维方式就显得尤为重要。

步骤 2:了解网络广告策划人员应具备的基本素质

并不是人人都能成为真正的广告人。网络广告策划人员应具备以下素质:

1.调研分析能力

当今社会是信息社会,网络广告策划人员必须主动去调研、分析、发现那些潜在的、不为常人所注意的市场信息、消费者信息和竞争对手信息。

2.沟通能力

网络广告策划人员从事社会工作,是为了有效地进行信息传递与交流。网络广告策划人员必须具有与人打交道、与人沟通的能力。

3.创造能力

创意是广告的灵魂。在现实生活中,一个好的创意可以创造出一个经典的广告,可以给商家带来巨大的经济效益。

网络广告创意就是网络广告信息设计,其要求和技巧因为网络广告类型的不同而差异较大,但只要掌握三个关键(明确广告目标、找准达成目标的诉求点、表现出广告诉求),再赋予创造性的艺术构思,定能呈现出精彩的网络广告创意。网络广告创意及设计制作主要由广告代理公司或者其下属机构进行,即

知识链接:
创意的价值

网络营销

将创意过程中产生的广告表现概念转化成具体的广告作品。

步骤3：把握网络广告策划的原则

网络广告策划是企业网络营销策划的一个有机组成部分，它在企业网络营销活动中居于服务的地位。因此，应把握网络广告策划的原则，力求准确体现企业网络营销的意图，实现企业网络营销计划。

1. 统一性原则

统一性原则要求在进行广告策划时，从整体协调的角度来考虑问题，从广告活动的整体与部分之间相互依赖、相互制约的统一关系中，揭示广告活动的特征和运动规律，以实现广告活动的最优效果。它体现在这样几个方面：广告策划的流程要统一，广告所使用的各种媒体要统一，产品内容与广告形式要统一，广告与销售渠道要统一。

2. 调适性原则

统一性原则是广告策划的基本原则。但是，仅仅有统一性还不够，还必须具有灵活性，具有可调适的余地。及时地调适广告策划，主要表现在三个方面：一是广告对象发生变化，二是创意不准，三是广告策略的变化。

3. 有效性原则

广告策划的结果必须使广告活动产生良好的经济效果和社会效果。

4. 操作性原则

科学活动的特点之一就是具有可操作性。广告活动的依据和准绳就是广告策划，要想使广告活动按照固有的客观规律运行，就要求广告策划具有严格的科学性。

5. 针对性原则

广告策划的流程是相对固定的。但不同的商品，不同的企业，其广告策划的具体内容和广告策略是有所不同的。

知识链接：网络广告策划书撰写格式

思政园地

2015年9月16日，国务院常务会议部署建设大众创业、万众创新支撑平台。要利用"互联网+"，促进生产与需求对接、传统产业与新兴产业融合，有效汇聚资源推进分享经济成长，助推"中国制造2025"，形成创新驱动发展新格局。

请思考：如何在网络广告中注入创新的理念？

工作任务4 网络广告发布

工作任务描述

1. 任务背景

网络广告最初的形式就是网站本身。但目前对于大多数企业来说，由于建立所谓的"酷网"要花费大量的资金，因此一般都采用其他网络广告的发布形式。

对于广告主来说,怎样才能使自己发布的网络广告获得最大的收益呢?这取决于多种因素,如发布途径、广告设计是否吸引人、广告主本身的站点等。

2.任务目标

【知识目标】 了解网络广告发布的流程,掌握如何锁定目标受众。
【技能目标】 做好广告策划文案,选择合适的发布途径,实施广告效果监控。
【思政目标】 选择合适的网络广告发布途径,避免垃圾信息泛滥,带来负面影响。

工作过程

步骤1:锁定目标受众

1.了解广告主投放的广告类型

广告主投放的广告类型一般分为四种:品牌广告、产品广告、活动信息广告和促销广告。除了品牌广告是为了提升品牌知名度和形象外,广告主投放广告的目的不再仅仅是广而告之,而是目标受众通过广告对自己的产品和品牌产生忠诚度。其他广告都依赖客户的进一步反应和行动来达到效果。

2.清楚目标受众

网络广告作为一种促销手段,其最终目的就是要实现企业的营销目标。核心目标受众就是广告信息指向的对象。例如,谁关注你的产品、谁使用你的产品、谁实际购买你的产品,确定他们是哪个群体,属于哪个阶层和哪个区域。

3.理解网络广告正走向精准投放

搜索引擎记录了大量的用户网上登录、搜索、社区行为等信息,这些信息成为实现精准营销分析的基础数据库。正是在这一基础上,搜索引擎才可以根据包罗万象的数据库资料对不同类别的人群投放相应的广告,从而实现网络广告的精准投放。

步骤2:做好广告文案

在任何广告的预算中,都应兼顾广告的主题与表现方式。从预算的角度来讲,对主题与表现方式从选择到确立都很关键。

在互联网中,信息的容量极其庞大,如何抓住网民的注意力是广告的首要任务,要获得更多的点击,文案标题应尽可能地引起访问者的好奇和兴趣,紧紧抓住访问者的注意力。此外,还可以提供一些用户感兴趣的利益。

1.网络广告文案的构成

网络广告文案主要由标题、正文和标号组成。

好的网络广告文案的标题有四个基本职能:点明主题;引人注目;引起兴趣;诱读全文。

网络广告文案的正文主要是对标题以及网络广告内容主题的解释,是网络广告文案的主体部分。

2.爱达公式

爱达公式也称AIDA法则,它是从消费者的接受心理出发提出的网络广告文案创作模式。其基本思路是通过网络广告文案改变或者强化消费者的思想观念,具体包括以下四个方面的内容:

(1)标题。标题意在引起消费者的注意(Attention)。

(2)正文开头。正文开头要使消费者产生兴趣(Interest)。

(3)正文中间。正文中间意在增强消费者的信任感,并引发其购买欲望(Desire)。

(4)正文结尾。正文结尾让消费者从心动转为行动(Action)。

步骤3:选择发布途径

广告主应根据自身情况及网络广告的目标来选择网络广告的发布方式,主要有以下几种:

1.建立自己的Web站点

对于资金雄厚的企业来说,建立自己的Web站点是一种必然的趋势。在Internet上做广告,建立自己的Web站点,既可以树立企业形象,又可以传播产品或服务信息。主页形式是企业在Internet上进行广告宣传的主要方式,是企业的标志,它也会像产品的商标一样成为企业的无形资产。

2.选择电子邮件和电子邮件列表发布

通过电子邮件或者电子邮件列表形式向外界发布网络广告,是网络广告中较为常见的形式。事实表明,在充分考虑避免垃圾邮件的情况下,电子邮件及电子邮件列表已经成为网络广告主要的发布媒体。

3.委托互联网服务提供商(ISP)和互联网内容提供商(ICP)发布

与ISP一样,ICP同样是经国家主管部门批准的正式运营企业,受国家法律保护,国内知名的ICP有新浪、搜狐、163等,这些网站的访问量非常大,是网上较引人注目的站点。目前,这样的网站是网络广告发布的主要阵地。

4.选择门户网站发布

选择门户网站发布网络广告,特点包括:曝光率高;品牌传播快;营销体系成熟;发布平台单一;成本较高。

5.选择广告联盟发布

选择广告联盟发布网络广告,特点包括:曝光率未知;发布平台可选择性强;营销服务广;成本可以控制;自由度较高。

步骤4:监控网络广告效果

网络广告效果即广告通过网络媒体发布后所产生的作用。网络广告效果测定主要测评上网者对网络广告的反应。例如,对于通栏广告来说,上网者有如下三种选择:没注意;浏览但不点击;点击。网络广告效果监测在收集以上数据的基础上,再综合上网者的其他变量,即可得出一系列指标,作为衡量网络广告效果的标准。

网络广告效果的评估指标有以下几种,广告主、网络广告代理商和服务商可结合自身广告效果评估的要求,运用这些指标进行综合效果评估。

1.点击率

点击率是指网络广告被点击的次数与显示次数之比。它一直都是网络广告直接、有说服力的评估指标之一。点击行为表示那些准备购买产品的消费者对产品感兴趣,因为点击广告者很可能是那些受广告影响而形成购买决策的客户,或者是对广告中的产品或服务感兴趣的潜在客户,也就是说是高潜在价值的客户。如果能准确识别出这些客户,并针对他们进行有效的定向广告和推广活动,对企业业务开展有很大的帮助。

2.二跳率

当网站页面打开后,用户在页面上产生的首次点击被称为二跳,二跳的次数即为二跳量。二跳量与浏览量的比值称为页面的二跳率。这是一个衡量外部流量质量的重要指标。该值初步反映广告带来的流量是否有效,同时也能反映出广告页面的哪些内容是购买者所感兴趣的,进而根据购买者的访问行径来优化广告页面,提高转化率和线上交易额,大大提升网络广告投放的精准度,并为下一次的广告投放提供指导。

3.业绩增长率

对一部分直销型电子商务网站,评估它们所发布的网络广告效果最直观的指标就是网上销售额的增长情况,因为网站服务器端的跟踪程序可以判断买主是从哪个网站链接而来、购买了多少产品、什么产品等情况,从而对于广告的效果有直接的体会和评估。

4.回复率

网络广告发布期间及之后一段时间内客户表单提交量,公司电子邮件数量的增长率,收到询问产品情况或索要资料的电话、信件、传真等的增长情况等,这些回复率可作为辅助性指标评估网络广告的效果。但需注意,应该是由于看到网络广告而产生的回复。

5.转化率

"转化"被定义为受网络广告影响而形成的购买、注册或者信息需求。有时,尽管顾客没有点击广告,但仍会受到网络广告的影响而在其后购买商品。

思政园地

通过本工作任务的学习,我们已经初步了解了网络广告的发布流程,掌握了网络广告发布的理论,请将理论与实践相结合,以"海底捞火锅"为例,制订一份网络广告发布的实践方案。

请思考:如何在网络广告发布过程中避免垃圾信息泛滥的情况?

任务回顾与总结

通过本项目的完成,我们不仅能够识别各种不同的网络广告形式,了解网络广告的计费模式,了解网络广告的计费水平,能够合理选择网络广告发布的渠道和途径,而且能够对网络广告效果进行评估。

小试牛刀

如果你是宏达投影仪公司的网络营销人员,现在公司给你的网络广告预算额度为50万元,请拟订一份该公司的网络广告策划方案。

项目 8

微博营销

项目描述

项目背景

微博有别于传统的博客,通过简短的文字形式,即时表述当下的事物、心情、新闻等内容,非常符合现代人的快节奏生活。而新技术的应用使得用户在发布的内容形式上更加丰富,回复留言方便,彼此之间有了更好的互动关系。因此微博受到了广大网友的喜爱。目前微博也成为一种常见的自媒体营销形式,但是一些企业网站对于微博营销的实践操作和管理知识不够了解。微博作为自媒体的一种重要营销渠道,需要企业花时间去了解,掌握这种网络营销工具。

知识与技能目标

- 掌握微博营销的原理
- 熟悉微博营销的用户运营
- 学会微博营销的内容运营

思政目标

- 加强微博网络的活动管理
- 遵守微博网络道德规范,营造良好、健康的微博网络生态环境

工作任务 1　认知微博及其营销价值

工作任务描述

1. 任务背景

微博作为一种营销信息工具,发挥的是网络营销信息传递的作用,因此,其网络营销价值主要体现在企业市场营销人员可以用更加自主、灵活、有效和低投入的方式发布企业的营销信息。直接实现企业信息发布的目的、降低营销费用和实现自主发布信息等是微博营销价值的典型体现。

2. 任务目标

【知识目标】　了解微博的营销价值。
【技能目标】　认知微博的运营流程。
【思政目标】　明白微博并非法外之地。

工作过程

步骤1:认识微博

微博是一种基于用户信息分享、获取、传播的社交平台,用户可以通过登录微博网页版、移动页面版以及移动设备 APP 等进行使用。通过微博可以发布 140 个字以内的文字内容,同时也可以发布图片、视频等内容,并实时分享。微博集合了社交网站、在线聊天、博客等产品优势。微博上也聚集了大量的名人,形成了名人效应,吸引大量的粉丝注册、开通微博。同时众多企业也纷纷开通企业微博,通过这一形式增强企业网络宣传能力。一个典型的微博结合了文字、图像、其他微博或网站的链接以及其他与主题相关的媒体。能够让读者以互动的方式留下意见,是许多微博的重要因素。大部分的微博内容以文字为主,但仍有一些微博专注于艺术、摄影、视频、音乐、播客等各种主题。

步骤2:认识微博的营销价值

微博的营销价值主要体现在以下几个方面:

1. 操作简单,使用方便

微博平台对于用户的使用技术要求很低,语言文字数量要求也低。在设备使用上,可以直接通过手机或者其他设备联网,随时随地发布微博内容,满足用户的即时分享需求。用户还可以随时通过设备登录微博,了解朋友、关注的用户所发的微博信息,满足评论、交流、转发等社交需求,也发挥了人际圈的辐射作用。同时微博的用户可根据自己的喜好来选择关注用户,这样的一种主动关注,使用户可以更好地即时获取所关注的用户动态,更新的内容。这样不仅起

网络营销

到了记录生活的作用，也通过微博完成了网络互动，加强人际关系交往，同时也为人群画像营销奠定了基础。微博界面如图8-1所示。

图 8-1　微博界面

2. 降低费用，成本低廉

网站推广是企业网络营销工作的基本内容，大量的企业网站建成之后都缺乏有效的推广措施，因而网站访问量过低，降低了网站的实际价值。在微博内容中适当加入企业网站的信息（如某项热门产品的链接、在线优惠券下载网址链接等）达到网站推广的目的，这样的"微博推广"也是极低成本的网站推广方法，降低了一般付费推广的费用，或者在不增加网站推广费用的情况下，提升了网站的访问量。

微博以低成本、传播广的形式，而被许多企业所接受。微博可以部分替代广告投入，减少直接广告费用。企业并不需要在微博文章中大肆做广告，微博文章所带来的免费效果至少部分替代在搜索引擎广告中的开支。

3. 快速立体，影响广泛

企业在使用微博进行营销时可以借助更多的媒体传播形式，使用更多手段，可以使用文字、图片、视频等对企业产品或者营销活动进行描述，帮助用户更加生动、形象地传递内容，也使受众可以更便捷地接收传递的信息内容。多种形式的展示方式，可以吸引更多的微博用户关注账户，形成粉丝效应。

微博发布的内容，通过网络可以以更快的速度进行传播。一条有营销价值的内容，通过微博的评论、转发，在短时间内就可以传播到世界的每一个角落。由于有这样的传播速度，一条微博如果具有极大的新闻价值或者商业价值，那么它可以激发更多的用户参与互动、评论、转发，借助微博庞大的用户群，这样一条微博带来的目标受众将呈几何级数增长。

企业在使用微博进行营销的时候，通过不断地发布微博内容，与粉丝互动，形成正向引流，经过长期的经营,会积累大量的粉丝。通过粉丝完成"病毒式营销",影响面非常广泛。同时企业在进行微博营销时,如果加上名人效应,能够使事件的传播速度更快,传播范围更广,影响更加广泛,对于网络营销有着巨大的推动作用。

4. 互动性强,利于研究

好的企业微博营销必须具备市场分析研究功能,企业可以在微博内容中设置在线调查表的链接,便于有兴趣的读者参与调查,这样就扩大了在线调查表的投放范围,同时还可以直接就调查中的问题与读者进行交流,使得在线调查更有交互性。当微博内容比较受欢迎时,微博网站也成为与用户交流的场所,有什么问题可以在微博内容中提出,读者可以发表评论,从而可以了解读者对微博内容的看法,作者也可以回复读者的评论。

5. 建立权威,形成品牌效应

作为个人,如果想成为某一领域的专家,最好的方法之一就是建立自己的微博。如果能够坚持下去,那么所营造的信息资源将为你带来可观的访问量。在这些信息资源中,也包括收集的各种有价值的文章、网站链接、实用工具等,这些资源为自己持续不断地写作更多的文章提供了很好的帮助,从而形成良性循环。这种资源的积累实际上并不需要多少投入,但其回报却是可观的。企业微博也是同样的道理,只要坚持对某一领域的深度研究,并加强与用户的多层面交流,就为获得用户的品牌认可和忠诚提供了有效的途径。

6. 提高实力,保持用户

从微博在国内流行,不仅参与微博写作的用户数量快速增长,而且浏览微博网站内容的互联网用户数量也在急剧增加。在微博方面所花费的时间成本,完全可以用从其他方面节省的费用来补偿,比如为微博网站所写作的内容,同样可以用于企业网站内容的更新,或者发布在其他具有营销价值的媒体上。在市场营销学中有一个著名的规律:获得一个新顾客的成本要远高于维持一个老顾客的成本。在网络用户保持方面,也是同样的道理。只有不断更新信息才能获得用户的长期关注,不至于失去已经获得的用户,这也是微博对保持现有用户、间接降低获得用户成本的贡献之一。反之,如果因为没有微博而被竞争者超越,其损失将是不可估量的。

7. 自主发布,不受局限

在传统的营销模式下,企业往往需要依赖媒体来发布企业信息,这不仅受到较大局限,而且费用相对较高。当营销人员拥有自己的微博之后,就可以随时发布所有希望发布的信息,只要这些信息没有违反国家法律,并且信息对用户是有价值的。微博的出现,给市场人员营销观念和营销方式带来了重大转变。微博给每个企业、每个人自由发布信息的权利,如何有效地利用这一权利为企业营销战略服务,则取决于市场人员的知识背景和对微博营销的应用能力等因素。

开始微博营销的第一步很简单,真正的挑战在于能否坚持不断地更新,并且真正体会微博与网络营销之间的完美结合。微博具有多方面的网络营销价值,微博营销的这些价值只有通过企业微博所发布的每一篇文章才能体现出来,而且可能需要一个长期的资源积累过程。因此发挥微博营销价值的基本策略是:立即行动!

思政园地

网络生态良好关系到每个人，建设网络精神家园人人有责。社会热点回应、正能量暖心故事等是用户使用微博希望看到的内容。但仍然有些微博博主心存侥幸，企图利用微博做一些非法的事情。

请思考：微博是否是法外之地？我们在进行微博营销时，哪些规则和法律底线不能触碰？

工作任务 2　认识微博的认证类型

工作任务描述

1. 任务背景

随着微博使用人数越来越多，为了能够提高微博的知名度和权威性，微博引入了微博认证功能。通过微博认证，加"V"，可以帮助各类型用户快速建立权威性与知名度，提高微博的媒体能力和营销能力。目前微博认证包括个人认证和机构认证两类。

2. 任务目标

【知识目标】认识微博注册流程。
【技能目标】学会微博个人认证与微博机构认证的技巧。
【思政目标】培养微博舆情引导能力。

工作过程

步骤1：认识微博注册流程

许多大型网站都开始陆续推出自己的微博频道，这种模式已经成为大型企业微博营销的主流方式。大型企业往往拥有丰富的资源，如有资深从业人员、对产品和应用特别熟悉的人员，通过微博频道的建设，可获得更多潜在用户的关注，与客户交流；推广企业品牌，增进顾客认知，听取用户意见等。同时，还可以提高员工对企业品牌和市场活动的参与意识，增进员工之间以及员工与企业领导之间的相互交流，丰富企业网站的资源，加强企业的文化建设。员工只要在新浪、搜狐、网易、腾讯等门户网站的微博频道注册微博，即可将企业微博在短时间内发布至数百家被自动注册的微博平台上。

下面以新浪为例说明微博注册过程：
(1) 登录新浪微博主页，单击"注册"。
(2) 填写手机号码、生日，设置密码，并填写短信激活码即可开通微博，如图8-2所示。

图8-2 新浪微博注册

（3）微博昵称设置。为了让微博更容易被用户记住，在昵称的设置上要下功夫。一般可采用以下命名方法：直接命名法，以企业、机构、品牌、个人的名字直接命名；相似性命名法，以具有代表性的人、事、产品或者影响较大的微博名称作为模板，取相似的名称；功能命名法，根据企业职能、产品功能来命名，突出用途、功能、服务。除了上述常用的几种命名方法，还有抽象命名法、形象命名法等。

（4）设置微博介绍。微博介绍是对企业、组织机构、个人的一个简单说明，通常简明扼要，让用户可以清楚了解该微博的主体相关信息。

（5）添加微博标签。通过设置标签，可以明确微博账户的运营领域，让用户更好地了解自己；也方便用户搜索时进行匹配，增加账户的曝光量，使账户获得更多关注。

步骤2：认识微博个人认证

微博个人认证是针对个人微博用户的一种认证形式，完成个人认证的微博昵称后面会出现一个橙色的"V"标志。通过认证能够增加微博的曝光量，吸引更多的粉丝关注。微博个人认证又根据类型不同分为身份认证、兴趣认证、超话认证、金 V 认证、视频认证、文章/问答认证，如图8-3所示。

（1）身份认证，证明个人用户真实身份，需要完成补充基本信息，填写认证信息，邀请好友帮助三个步骤。

（2）兴趣认证，需要用户在填写个人基本信息后，添加想要认证领域相关的标签，并且关注相关领域的超级话题。需要在超话里面坚持签到、发帖，关注相关领域博主。每天发布相关领域内容，才可以获得相关认证。

（3）超话认证，需要用户在注册账户时，提交清晰的头像，绑定手机号，完成个人验证，账户粉丝、关注用户数均大于50人。担任超话主持人或小主持人的微博用户以及超话内容等级至少为12级。

图 8-3　微博个人认证体系

（4）金 V 认证，当微博个人用户的粉丝数量超过 1 万，月阅读量不低于 1 000 万，就可以申请金 V 用户。变成大 V 以后，微博更容易受到粉丝的关注。如图 8-4 所示为微博金 V 认证。

图 8-4　微博金 V 认证

（5）视频认证，包括原创认证、二次创作认证、非自制认证三种。

（6）文章/问答认证，包括头条文章作者认证和问答答主认证两种。头条文章作者认证需要发布原创内容 20 篇以上，持续发布原创头条文章，每月至少 2 天，坚持 90 天。问答答主认证需要发布原创答案，原创度 80% 以上，坚持 30 天每日都有原创回答，250 字以上的回答不低于 20 条。

步骤 3：认识微博机构认证

微博机构认证是在微博的昵称后面加上蓝色的"V"标志，因此也被网友称为蓝 V 认证。微博机构认证包括政府认证、机构团体认证、校园认证、企业认证、公益认证、媒体认证，如图 8-5 所示。下面对各认证的申请机构进行介绍。

图 8-5　微博机构认证体系

（1）各党政机构及事业单位、国企、行政属性的社团可申请政府认证。
（2）公立行政机构、体育、粉丝、社会团体等民间组织可申请机构团体认证。
（3）校园官方机构及学生组织等相关团体可申请校园认证。
（4）营利性组织、企业、个体工商户等可申请企业认证。
（5）社会公益组织、公益性账号可申请公益认证。
（6）电视台、报纸、杂志、媒体网站、新媒体等机构可申请媒体认证。

微博的机构认证相对简单，选择认证类型，填写认证相关信息，提交认证资料即可。微博审核相关认证信息，通过认证后，昵称后即加"V"。

思政园地

《主播说联播》是中央广播电视总台新闻新媒体中心于 2019 年 7 月 29 日正式推出的短视频栏目。具有微博机构认证账号@央视新闻每天发布的《主播说联播》栏目频频登上微博热搜。

请思考：你如何看待这种微博机构认证账号引导舆论的创新之举？

工作任务 3　微博用户运营

工作任务描述

1. 任务背景

想要做好微博运营，首先要明确粉丝是微博运营的重点内容，只有先做好用户运营，才能达到微博营销的目的。有了粉丝基础，才能保证发布微博内容的时候，有评论、转发，将内容快速地传播出去，达到营销的目的。

2.任务目标

【知识目标】 掌握微博用户定位。
【技能目标】 学会增加微博粉丝的方法与策略。
【思政目标】 增强微博粉丝的正能量互动技巧。

工作过程

步骤1:微博用户定位

在微博的平台上有着几亿的活跃用户,每天用户都会发布大量的信息。微博是通过用户设置的兴趣标签、关注的账户来进行信息的分拣,将相关内容推荐给用户。微博运营人员必须提前根据账号对用户人群有一个清晰的定位,知道哪类人群是需要的用户,针对其发布内容。如图8-6所示为微博用户画像。

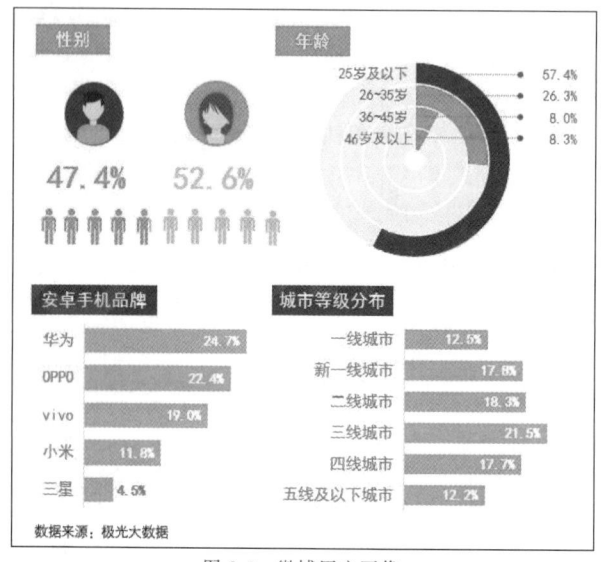

图8-6 微博用户画像

可以从用户属性和用户行为角度构建用户人群画像,通过人群画像对微博的人群进行有效的定位。

1.用户属性

用户属性包括用户的年龄、性别、所在地域、受教育程度等一些用户的基础信息内容。

2.用户行为

用户行为包括用户在使用微博过程中的关注、点赞、评论、转发、打赏、取消关注等。通过这些用户的行为,我们可以了解用户对什么内容感兴趣,对什么行业感兴趣。

微博的用户基数大,因此在构建用户画像时,可以根据需求进一步对用户群体进行细致化研究,可以了解微博用户不同环境下的使用行为、使用习惯,还可以细化不同的行业人士,不同的职业背景,不同的受教育程度,不同的身份、地位的行为习惯。根据不同场景的行为,开发不同的需求内容。

步骤2:增加微博粉丝

微博在运营过程中,粉丝的数量起着至关重要的作用。增加微博粉丝是一个长期的过程,特别增加一些高质量的粉丝,需要微博博主长时间的、持续的运营。下面我们了解几种常见的增加微博粉丝的方法。

1.利用身边关系网增加粉丝量

如果认证的是个人微博,在运营的时候,可以先通过身边的亲戚朋友进行微博互粉,互相关注增加粉丝量,同时也可以通过亲戚朋友帮忙转发微博,增加粉丝关注微博账户。如果是机构认证的微博,在账户创建之初,可以先通过职工完成粉丝积累。鼓励员工对微博账户进行推广。

2.通过关注同类人群增加粉丝量

微博上有很多在同一领域,有共同话题、共同爱好的群体。这些群体因为有共同的话题,沟通交流方便,因此可以互相关注。在运营微博前期,可以通过加入一些不同的群,通过群来进行互相关注,增加粉丝量。

3.通过外部渠道引流增加粉丝量

微博用户可以通过其他渠道引流增加粉丝量,比如播客、豆瓣、微信、QQ、问答、网络平台等。同时可以在一些纸质刊物上注明微博账户,引导粉丝关注,也可以在活动宣传中加上自己的微博账户,引导客户关注,通过活动增加微博的曝光量,增加获得粉丝的机会。

4.通过微博发起活动增加粉丝量

这是一种比较常见的微博增加粉丝的方式,通过举办新鲜、有趣、有奖的活动,来增加微博的粉丝量。可以通过关注抽奖、关注参与话题、转发等形式引导新用户关注微博账户。如图 8-7 所示为通过微博活动增加粉丝量。

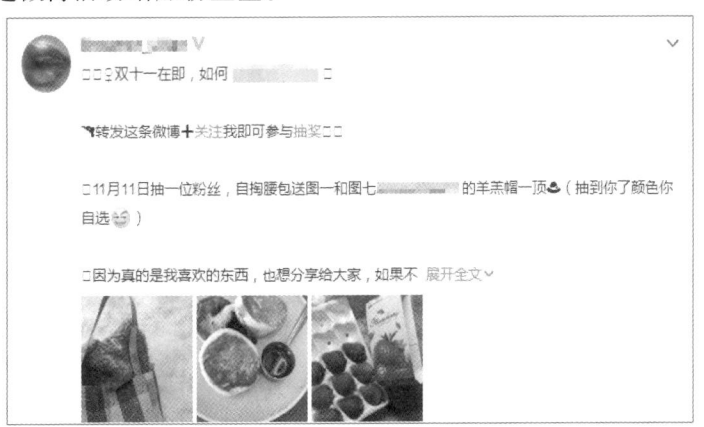

图 8-7 通过微博活动增加粉丝量

5.通过微博内容增加粉丝量

通过在微博发布内容来增加粉丝量是微博运营的一种基础方式,可以通过有价值的、有趣的内容来吸引用户。通过这种方式来增加粉丝,就要求博主能写出高质量的内容,对于作者的创作能力、文字表达能力和专业知识有很高的要求,只有高质量的内容才能够引起粉丝的兴趣、制造话题。微博内容足够吸引人,才会被大量转发。

步骤 3:微博粉丝的互动维护

微博有了粉丝后,还需要注意与粉丝进行互动,以增加粉丝的活跃度。有效的粉丝互动可以增加微博粉丝黏性,让微博具有真正的影响力,发挥微博的营销能力。

1.微博的粉丝互动方式

(1)评论

评论是指在微博下方进行回复,粉丝可以在发布的微博上进行评论。微博博主可以对粉丝的评论进行点赞、回复。通过这样的形式可以拉进博主和粉丝的距离，增加粉丝对博主的好感，提升黏性。

（2）转发

转发是指将他人的微博转发到自己的微博上。在与粉丝互动时，可以请求粉丝帮忙转发微博内容。

（3）私信

私信是一种一对一的交流方式，交流内容只有私信双方可以查看。

（4）提醒

提醒是指在发布微博内容的时候，用"@微博昵称"的方法，提醒指定用户来关注，查看某个信息。

2. 微博互动注意事项

（1）及时回复

博主在收到粉丝的评论、提醒时，要及时回复。这样会让发布评论的粉丝感到很贴心，提升粉丝对博主的好感度。

（2）及时转发

在遇到粉丝的评论非常精彩，有话题性时，博主可以主动及时转发。这一方面可以让评论的粉丝对博主的行为感到高兴；另一方面精彩、有话题性的评论，可以吸引其他粉丝参与评论、转发互动，增加微博的活跃度，帮助微博获取更多的曝光机会，获取更多的粉丝关注。

3. 微博粉丝维护

在微博日常运营的过程中，粉丝数量有时增加，但也会出现减少的情况。该如何进行日常微博粉丝的维护，防止掉粉的情况发生呢？

（1）切忌无效内容刷屏

内容刷屏是指在微博中不断地进行内容的发布。如果连续发布的微博内容没有什么价值，往往会造成粉丝的反感，粉丝会选择取消关注。

（2）切忌发布无价值内容

任何粉丝的关注都会有一定的需求导向，对于微博粉丝来说，只有有价值的内容才具吸引力。如果博主发布的内容不具有原创性，在所属领域不具有专业性，同时缺少兴趣点，粉丝就会对博主所发布的内容产生抵触心理，也会造成粉丝取消关注。

（3）切忌频发广告

对于一些企业博主来说，创建微博账号带有一定的营销目的，但是在微博营销过程中，切忌频发广告，每次广告之间要有一定的时间间隔，中间要有其他内容作为补充。如果微博长期发布广告，也会导致粉丝取消关注。

思政园地

微博粉丝数量对于一个微博博主来说很重要。但是需要注意的是，粉丝数量的增加要靠微博内容的质量，要靠博主的真正实力。在获取微博粉丝的过程中，有一部分博主采取了一些灰色手段。利用灰色手段获取粉丝的行为，会对整个微博生态环境造成负面影响，是不值得提倡的。

请思考：在微博博主获取或者增加粉丝时，都有哪些灰色手段是需要规避的？

工作任务 4 微博内容运营

工作任务描述

1. 任务背景

微博的内容是微博运营的重要组成部分,博主通过发布微博,将内容呈现在用户面前,激发用户参与评论、转发微博。通过微博内容能有效吸引用户的注意力,提升企业口碑形象,提高产品影响力。因此作为微博的运营人员,要了解如何定位微博内容,如何创作微博内容,如何传播话题内容。

2. 任务目标

【知识目标】 熟悉微博内容定位。
【技能目标】 学会微博内容创作与话题传播技巧。
【思政目标】 培养对微博内容质量优劣的判断能力。

工作过程

步骤1:微博内容定位

在创建微博的时候,每位博主的定位都不同,博主日常发布的内容也会有所区别。如果博主在某个领域比较专业,那么发布的内容多是其专业领域的知识内容。如果博主定位于娱乐性领域,那么常会发娱乐大众的内容。微博内容应当在确定运营目的后,结合用户群体、企业自身品牌、产品以及行业数据进行定位。

在微博内容发布上,一般来讲,一个微博账户只专注一个领域,不要随便变更领域。如果一个微博账户发送多个领域的内容,会让粉丝觉得博主不够专业,内容质量不高,难以满足用户的需求。因此,在做微博营销时,建立微博矩阵是一个有效的方法。通过建立微博矩阵,可以将不同定位的内容发布在不同的账号上,账户相互关联,各个账户各司其职,避免内容混乱,定位不清晰。

常用的建立微博矩阵的方法主要包括按品牌、地域、功能、业务建立。下面依次对这几种方法进行介绍。

1. 品牌矩阵

一些企业拥有多个产品线,每个产品线都有独立的产品品牌,因此在进行微博营销时,每个产品线的产品都要申请独立的微博账户。将这些账户链接起来,形成微博矩阵,通过微博矩阵可以对流量进行相互引导,引入相关的账户中,避免流量流失。如图8-8所示为品牌矩阵。

2. 地域矩阵

一些企业在提供服务时,是按照地区来进行划分的。那么在注册微博账户时,就可以按照地区来申请。将这些不同地区的微博账户相互关联起来,形成微博矩阵,可以对流量进行引导。如图8-9所示为地域矩阵。

3. 功能矩阵

创建微博账户的目的不同,设定的微博账户功能也有所不同。因此在注册微博账户时,可以根据功能创建不同账户,形成微博矩阵。

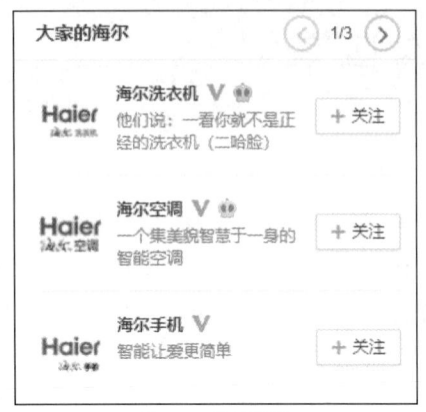

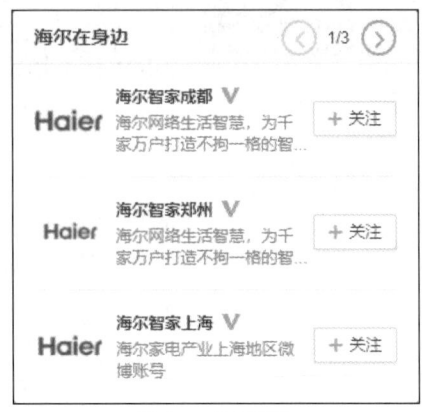

图 8-8　品牌矩阵　　　　　　　　　　图 8-9　地域矩阵

4.业务矩阵

根据企业提供业务的不同,创建多个业务微博账户。通过业务微博账户相互关联,可形成微博矩阵。

步骤2:微博内容创作

微博内容包括微博短文、微博头条文章、视频、直播等。博主可以根据需求,选取不同的形式进行内容创作。

1.微博短文

博主可以直接通过微博首页文字输入框发布微博短文,并且发布文字不需要刻意的排版。微博发布软文没有固定的格式和内容要求,并且在字数上也没有要求。但是超过140个字的部分会被折叠起来,只有"展开全文"才能全部显示。微博短文可以是纯文字的短文,也可以是图文结合的短文。纯文字的短文容易让人产生共鸣,有趣的、有价值的、有创意的、真实的内容更容易受到粉丝欢迎。图文结合的短文与纯文字的短文相比更加适合现代人的阅读习惯,配图可以是单图、多图、拼图等形式。图片可以作为文字的补充、强调和说明。另外,图片也可以作为短文的主体来使用,图片的强大表现能力、视觉效果冲击力也可以很好地起到宣传作用。

2.微博头条文章

微博头条文章是微博2016年全新打造的长文产品,是一种篇幅较长的文字,这类文字需要花费较多时间和精力去阅读。微博头条文章的内容创作要针对目标人群的喜好、特点以及需求,进行选题和写作,这样才能激发用户阅读和讨论。微博头条文章包含的元素较多,其中标题、摘要、正文内容、表达风格、排版设计等因素都会影响文章的阅读量。下面从这几个方面介绍微博头条文章的创作。

(1)标题和摘要

标题和摘要是可以直接在微博中进行展示的,是最先展示给微博用户看的内容,因此只有标题和摘要内容能引发用户的兴趣,才能促使用户点开文章,阅读文章正文内容。标题和摘要要将有价值的内容直接表达出来。

(2)正文内容

正文内容必须是具有价值的内容,并且要和标题内容相呼应,不要让用户产生被标题欺骗的感觉。正文包括开头、主体和结尾三部分,可以设置悬念,也可以用层层递进的方法进行创作。

(3)表达风格

文字的表达风格,根据题材,可以是严谨的,也可以是幽默、风趣的。

（4）排版设计

排版设计关系着用户对于文章的阅读体验，一般包括文章的字体、字号等。在排版过程中，可以将标题、重要句子和词语等加粗，或者变化颜色。文章中可以加入一些图片、表情等，提升用户体验。

3. 视频与直播

在微博中，除了短文和头条文章，博主还可以发布视频，开设直播。

微博视频的关键因素是内容，视频内容的质量直接决定了视频的传播度和影响力。因此微博视频内容新颖、有情感、有创意、有价值更容易获得用户的关注和喜爱。

博主除了发布视频，还可以和用户进行实时直播互动，与粉丝快速建立情感共鸣。

步骤3：微博内容传播

在微博中，一些新鲜事、热门话题，可以通过庞大的用户群体快速传播。对于做微博运营的企业或者个体来说，想要充分利用微博的庞大用户覆盖量、传播速度快等优势，来对企业品牌、产品、服务等进行推广，就必须掌握以下几种传播技巧：

1. 利用话题传播

话题是指在微博中围绕一个中心主题而展开的讨论，在微博中常以"♯＊＊♯"的形式出现。利用话题进行传播是微博内容运营的一个重要利器。热门话题本身就具有很高的用户阅读量和粉丝讨论量，同时热门话题内容也会引导粉丝时刻关注话题的发展方向。因此，微博博主利用热门话题进行内容的传播，能够收获不错的推广效果。利用热门话题进行内容传播的步骤如下：

（1）选择话题

选择话题非常关键，选择一个充满爆点的话题可以使微博营销效果事半功倍。微博热门话题、实时热点话题、热搜榜单话题都可以作为微博内容的切入点，来进行微博内容的制作。如果没有符合的热门话题内容，企业博主也可以围绕自己的品牌、产品、活动来创建关键词，制造一些话题。如图8-10所示为微博话题。

图8-10 微博话题

（2）发布话题

在微博的话题榜单中，可以点击话题名称，查看当下热门话题的具体内容。这样博主在发布微博话题时，应该可以保证微博话题的内容与微博主要内容保持一致，保证其能够吸引用户的注意力，同时可以引导粉丝参与微博话题，提高话题热度，增加话题覆盖范围。博主也可以发布新的微博话题,当微博话题人气足够高时,可以升级成超级话题。超级话题有机会进入热门话题榜,产生更加广泛的传播效果,对于企业的产品、品牌推广更有利。

(3)维护话题

发布话题,或者加入话题后,微博运营人员还要保持对话题内容的维护,保证话题的热度。可以引导粉丝参与评论、讨论话题,转发话题,也可以联合一些行业大V或网络达人参与话题内容,利用名人效应迅速引爆话题热度。

2.借助热点事件

企业微博运营人员可以借助当下网络流行、娱乐热点新闻、社会热门事件等热点事件,编辑发布微博内容,同时也可以借助节日、文化等编辑微博短文。通过借助热点事件,可以成功地将企业的品牌和产品送到用户视野中,同时也可以引起病毒式传播效应。

3.利用@功能

在微博发布博文时,可以利用@功能,@其他微博账户进行互动。在编辑微博内容时,输入@,选择想要互动的微博账户,这里可以选择博主的粉丝,同时也可以选择一些大V、新闻媒体、明星等微博账户进行互动,通过这样的形式增加微博的名气,吸引更多粉丝关注。当大V、新闻媒体、明星等微博账户转发消息后,也会给微博账户带来大量的粉丝流量,起到宣传作用。

思政园地

有网友发现,某人气博主所有平台的账号已经全数被封禁。国家广电总局发布禁令,进一步加强管理艺人违法失德等问题。

请思考: 好的、优质的微博内容具有哪些特征?将你觉得优质的微博内容分享推荐给大家。

工作任务 5 体验海尔的微博营销

工作任务描述

1.任务背景

通过观察参考一些成功的微博案例,可以让我们更好地去经营自己的微博,这是一个不断改进和提升的过程。即使是一家很小的公司,微博也能对公司形象、顾客关系、顾客对公司及产品的认知等产生很大的影响。

2.任务目标

【知识目标】 了解海尔的微博营销过程。

【技能目标】 熟悉海尔在微博营销中使用的方法,能够举一反三。

【思政目标】 深入培养民族自豪感。

项目 8　微博营销

工作过程

步骤 1：了解海尔

海尔创立于 1984 年，是全球领先的美好生活解决方案服务商。海尔始终以用户体验为中心，连续 3 年作为全球唯一物联网生态品牌蝉联 BrandZ 全球百强，连续 12 年稳居欧睿国际世界家电第一品牌，旗下子公司海尔智家位列《财富》世界 500 强。海尔拥有 3 家上市公司，拥有海尔 Haier、卡萨帝 Casarte、Leader、GE Appliances、Fisher & Paykel、AQUA、Candy 等七大全球化高端品牌和全球首个场景品牌"三翼鸟（THREE-WINGED BIRD）"，构建了全球引领的工业互联网平台卡奥斯（COSMOPlat），成功孵化 5 家独角兽企业和 37 家瞪羚企业，在全球布局了 10＋N 创新生态体系、28 个工业园、122 个制造中心和 24 万个销售网络，深入全球 160 个国家和地区，服务全球 10 亿多用户家庭。

步骤 2：了解海尔实施微博营销的过程

1. 海尔开通新浪微博

2010 年 4 月 12 日，海尔开通新浪微博。外部环境的变化是海尔决定开设微博的主要原因。市场发生了改变，全球市场在扩张，越来越多的人开始使用微博。海尔认为只有不断学习才能够保持强大。最好的学习方法之一就是聆听来自客户的声音。日新月异的科技使得聆听、学习和客户沟通变得更加有效、更加简单。社会媒体的崛起使公司把外面的声音带到内部来。海尔微博如图 8-11 所示。

图 8-11　海尔微博

2. 制订中长期微博营销计划

这一计划的主要内容包括从事微博写作的人员计划、每个人的写作领域选择、微博文章的

网络营销

发布周期确定等。由于微博写作内容有较大的灵活性和随意性,因此微博营销计划实际上并不是一个严格的"企业营销文章发布时刻表",而是从一个较长时期来评价微博营销工作的参考。

3. 创建合适的微博营销环境

海尔微博自开通以来,一直坚持更新。在微博内容上涉猎的范围很广,不仅有企业产品的宣传、营销活动等,还积极参与热门话题讨论。海尔微博在开通以后,一直由专人负责日常维护,积极与粉丝互动,与多个品牌微博进行互动。通过互动经常会制造出热点内容、话题,引发大量粉丝评论、转发与关注。这样的互动,更加生动地展示了企业的形象,增加了粉丝的好感,同时也带来了一波口碑营销,为海尔带来的宣传是其他宣传形式无法比拟的。

4. 对微博营销的效果进行评估

企业微博帮助海尔快速行动、准确地分享信息、解决问题、提供有创意的解决方案。企业微博为海尔带来了意想不到的收获,自2010年4月12日以来,海尔公司微博已经获得超过150万粉丝,发布微博1万多条。目前海尔旗下已经开通各类微博账户30多个,涵盖海尔的各类型产品、服务,形成微博矩阵,以各个账户覆盖不同用户,实现更广、更快的内容传播。

思政园地

海尔作为持续创新的引领企业,其在积极落实国家质量强国战略的同时,不断根据时代发展和用户需求对质量创新的内涵和举措进行迭代。

请思考:在微博营销方面,海尔还可以做哪些创新举措?

任务回顾与总结

通过对微博营销的学习,我们应该思考,企业在微博营销过程中应该注意哪些问题?启示一:有效提高顾客对公司产品的意识需要塑造一个让顾客可以持续和公司对话的空间。启示二:不同行业可以根据自己产品区域特性来设置微博的类型,这取决于自己的目标定位。启示三:为企业设置一个微博,真正的问题在于经过一段时间的体验,微博内容的设置是不是对企业的形象、曝光率、产品或者对外交流起到强化或者帮助作用。启示四:微博营销者应该更专注于自己所属的行业,专注于企业的产品,专注于产品能够给顾客带来的价值,引起顾客对企业产品的兴趣。

小试牛刀

假设你是一名网络营销人员,接到的工作任务是为某一类农产品进行微博营销,具体工作内容包括:

(1)选择微博平台,熟悉微博功能。
(2)将农产品信息写成微博内容。
(3)对微博进行推广。

项目 9

微信营销

项目描述

项目背景

现在许多企业转向了移动互联网营销,竞争越来越激烈,越来越多样化。唯有与时俱进,不断创新,才是企业生存壮大的不变法则。企业微信营销的终极目标就是通过老客户发展新客户。当我们把目标客户拉进企业微信公众平台后,要不断地对其输出企业文化、企业特点、企业内在等实质性的东西,使客户了解企业,从而对企业产生依赖感。通过这些目标客户建立初步的客户群体,形成自己的企业微信品牌。

知识与技能目标

- 掌握微信营销的原理
- 熟悉微信营销的常用模式
- 掌握微信营销的技巧和方法

思政目标

- 加强微信网络的活动管理
- 营造良好、健康的网络生态环境
- 推进网络强国建设

工作任务 1　认知微信及其营销价值

工作任务描述

1. 任务背景

微信作为一种营销信息工具，发挥的是网络营销信息传递的作用，因此，其网络营销价值主要体现在企业市场营销人员可以用更加自主、灵活、有效和低成本的方式发布企业的营销信息。因为微信的使用人数多，发布信息方便，朋友圈的辐射广，所以，许多商家都十分看好微信营销。

2. 任务目标

【知识目标】　初步了解与认识微信。
【技能目标】　了解微信的营销价值。
【思政目标】　提升对微信营销信息工具的接受度，遵守网络礼仪，传递正能量。

工作过程

步骤1：认识微信

微信是腾讯公司于2011年1月21日推出的一个为智能终端提供即时通信服务的免费应用程序，它支持跨通信运营商、跨操作系统平台通过网络快速发送免费（需消耗少量网络流量）语音短信、视频、图片和文字，同时，也可以使用通过共享流媒体内容的资料和基于位置的社交插件，如"朋友圈""公众号""微信运动""微信搜一搜"等服务插件。微信官网首页如图9-1所示。

图 9-1　微信官网首页

2021年3月24日,腾讯发布了2020年第四季度和全年业绩报告。报告指出,截至2020年底,微信、WeChat合并月活跃账户达12.25亿,同比增长5.2%,环比一个季度内也增加了1 220万。

步骤2:认识微信的营销价值

有人的地方就有需求,有需求的地方就有市场。从微信庞大的月活跃账户数就足以看出微信蕴含的巨大商机。

微信营销是网络经济时代企业或个人营销模式的一种,是伴随着微信的火热而兴起的一种网络营销方式。微信不存在距离的限制,用户注册微信后,可与周围同样注册的"朋友"形成一种联系,用户订阅自己所需的信息,商家通过提供用户需要的信息,推广自己的产品,从而实现点对点的营销。

微信营销主要体现在以安卓系统、苹果系统的手机或者平板电脑中的移动客户端进行的区域定位营销,商家通过微信公众平台展示微官网、微会员、微推送、微支付、微活动,已经形成了一种主流的线上线下微信互动营销方式。

1. 微信营销与其他营销方式的区别

微信营销与其他营销方式的特点比较见表9-1。

表 9-1　　　　　　　　　　微信营销与其他营销方式的特点比较

比较项目	微信营销	其他营销
传播媒介	以微信为主	传统的大众媒介
传播方式	一对一和一对多的精准营销	单向的传播
营销目标	高到达率、高接受率、高精准度	追求传播的数量和覆盖的广度
适用范围	适用于各类型主体	适用于规模较大的企业
营销成本	不收取任何费用	较高的成本

2. 微信营销的优势

通过以上的分析,我们不难发现,微信营销存在着以下优势:

(1)高到达率

微信营销效果很大程度上取决于信息的到达率,这也是所有营销工具非常关注的地方。与手机短信群发和邮件群发被大量过滤不同,微信公众账号所群发的每一条信息都能完整无误地发送到终端手机,到达率高达100%。

(2)高曝光率

曝光率是衡量信息发布效果的另外一个指标。信息曝光率和到达率完全是两码事,与微博相比,微信信息拥有更高的曝光率。在微博营销过程中,除了少数一些技巧性非常强的文案和关注度比较高的事件被大量转发后获得较高曝光率之外,直接发布的广告微博通常很快就被淹没在微博滚动的动态中了。而微信是由移动即时通信工具衍生而来的,具有很强的提醒力度,比如铃声、通知中心消息停驻、角标等,随时提醒用户收到未阅读的信息,曝光率高。

(3)高接受率

微信已经成为或者超过类似手机短信和电子邮件的主流信息接收工具,其广泛和普及性成为营销的基础。除此之外,由于公众账号的粉丝都是主动订阅而来,信息也是主动获取,不存在垃圾信息遭抵触的情况。

网络营销

（4）高精准度

事实上,那些拥有粉丝数量庞大且用户群体高度集中的垂直行业微信账号,才是真正炙手可热的营销资源和推广渠道。比如佳酿网旗下的酒水招商公众账号,拥有近万名由酒厂、酒类营销机构和酒类经销商构成的粉丝,这些精准用户粉丝相当于一个盛大的在线糖酒会,每一个粉丝都是潜在客户。

（5）高便利性

移动终端的便利性再次增加了微信营销的高效性。相对于电脑而言,智能手机不仅能够拥有电脑所能拥有的功能,而且携带方便,用户可以随时随地获取信息,而这给商家的营销带来了极大的方便。

（6）低营销成本

传统营销一般需要借助大众媒体或开展落地活动,营销推广成本高;而微信本身是免费使用的,团队组建、运营、监控管理的成本都较低。

思政园地

网络不是法外之地,微信平台更不是法外之地。法律底线不容践踏,规范网络言行,共同维护网络清朗是我们每一位公民的责任。

请思考:利用微信群、朋友圈、公众号进行营销时可能会涉及哪些不文明或者是违法的情况?请举例说明。

工作任务 2 了解微信营销公众平台

工作任务描述

1.任务背景

微信营销离不开微信公众平台的支持。微信作为时下热门的社交信息平台,也是移动端的一大入口,正在演变成为一大商业交易平台。消费者只要通过微信公众平台对接微信会员云营销系统,就可以实现微会员、微推送、微官网、微储值、商品查询、选购、体验、互动、订购与支付的线上线下一体化服务模式。

2.任务目标

【知识目标】 了解微信公众平台,学习公众号功能使用。

【技能目标】 掌握订阅号付费功能以及微信公众平台的注册步骤。

【思政目标】 培养微信公众平台舆情引导能力。

工作过程

步骤1:认识微信公众平台

微信公众平台,简称公众号,曾命名为"官号平台""媒体平台",最终定位为"公众平台",这体现了微信对后续更大的期望。微信公众平台登录页面如图 9-2 所示。

图 9-2 微信公众平台登录页面

利用微信公众平台账号进行自媒体活动,简单来说就是进行一对多的媒体性行为活动,如商家通过申请微信公众服务号,二次开发展示商家微官网、微会员、微推送、微支付、微活动、微报名、微分享、微名片等,已经形成了一种主流的线上线下微信互动营销方式。

目前,微信公众平台已经汇聚超过 2 000 万的公众账号,不少作者通过原创文章和原创视频形成了自己的品牌,成为微信里的创业者。

步骤2:微信公众平台功能使用

1.微信公众平台功能介绍

微信公众平台功能介绍见表 9-2。

表 9-2　　　　　　　　　　微信公众平台功能介绍

模块	内容	说明
功能模块	群发功能	可将编辑好的素材群发给关注该公众号的粉丝,粉丝收到文章后可以阅读或者转发至朋友圈,从而达到宣传效果
	自动回复	通过编辑内容或关键词规则,快速进行自动回复设置
	自定义菜单	可在会话界面底部设置自定义菜单,菜单项可按需设定,并可为其设置响应动作。粉丝可以通过点击菜单项,收到设定的响应,如收取消息、跳转链接
	门店管理	支持拥有线下门店的商户上传、管理自己的门店信息。商户可将自己的门店在卡券、公众号、摇周边、微信 WiFi 等业务中使用,更好地为用户提供服务
	微信连 WiFi	为商户的线下场所提供一套完整和便捷的微信连 WiFi 方案,通过微信生态链和开放平台体系,更好地帮助商户触达线下用户
	投票管理	可提供给使用公众平台的用户有关于比赛、活动、选举等的投票功能,收集粉丝意见

(续表)

模块	内容	说明
管理模块	消息管理	可以在此页面查看粉丝发送过来的即时消息、答复粉丝发送的消息
	用户管理	展示关注公众号的粉丝,设有标签项,可通过标签对粉丝进行标记,直接根据粉丝标签群发消息,方便公众平台用户对粉丝进行管理
	素材管理	展示公众平台用户自行编辑后保存的内容,后续可通过素材库查找自己所需的内容进行使用
推广模块	广告主	向不同性别、年龄、地区的微信用户精准推广自己的服务,以获得潜在用户
	流量主	自愿将公众号内指定位置分享给广告主作为广告展示,按月获得广告收入
统计模块	用户分析	查看粉丝人数的变化、当前公众平台粉丝的分布情况
	图文分析	查看图文页及原文页阅读人数和次数
	菜单分析	查看自定义菜单发布后被用户点击查看的情况
	消息分析	查看粉丝主动的消息发送人数、次数变化的情况
	接口分析	可查看接口调用次数、失败率、平均耗时、最大耗时
	网页分析	对于部署了微信 JS-SDK 的网页,可通过网页分析查看 JS-SDK 调用统计数据
设置模块	公众号设置	对部分账号详情、功能设置方面的信息自行调整
	微信认证	为了确保公众账号信息的真实性、安全性,提供给公众账号进行微信认证服务
	安全中心	为了加强公众账号的安全,避免盗号者恶意使用账号给平台造成损失,公众平台自动开启登录保护,需扫码登录等措施保护账号的安全
	违规记录	查看公众账号的违规记录,更清晰地了解账号违规情况及相关规则
开发模块	基本配置	AppID+Secret、URL+token+密钥,以及未来需要的其他配置项
	开发者工具	现有的开发文档、接口调试工具、测试账号、第三方平台以及腾讯云
	运维中心	各接口调用情况曲线及接口调用问题排查定位
	接口权限	权限表格,以及规划中的接口调用上限临时申请

2.订阅号付费功能介绍

好的内容创作者值得更高的收益,微信平台努力为优质的内容创作者提供更多能力,让创造价值的人体现价值。目前微信灰度测试订阅号付费能力,符合条件的运营者可以前往公众平台开通付费功能。成功开通后,运营者可对原创文章的部分或全部内容设置收费,用户购买文章后方可阅读全文。

注册超过 3 个月、近 3 个月内无严重违规记录、已发表至少 3 篇原创文章的订阅号可以开通付费功能。通过订阅号列表右上角"…"进入"我的付费内容",用户可查看自己曾经付过费的订阅号和对应的付费内容。

运营者可在 1~208 元里的 35 个价格档位选择合适的定价,暂时不支持运营者自定义价格。运营者可以在公众号后台编辑器底部的"图文类型"里选择"付费图文",根据指引设置文章可试读的比例,以及购买定价。

订阅号付费内容支持 iOS 端与安卓端用户购买,iOS 端通过苹果 IAP 支付,安卓用户则通过微信支付进行付费。运营者可以自行删除付费阅读文章。如文章违反《微信公众平台运营规范》,平台将依据规定进行相关处罚,处罚手段包括但不限于禁止文章继续收费、封禁公众号的付费功能、冻结公众号未结算资金等。

对文章付费是用户对订阅号的信任。运营者对付费阅读文章质量要进行严格把关,对用户负责。如因运营者自行删文导致用户投诉或纠纷,平台会视情况进行相关处罚。

付费文章仅付费用户可查看,其他用户无论从什么途径获得文章,都需要购买后才能阅读。

步骤3:注册微信公众号

个人注册微信公众号的步骤如下:
(1)打开微信公众平台官网首页,如图9-2所示,单击右上角的"立即注册"。
(2)选择账号类型,如图9-3所示。

图9-3 账号类型选择

(3)填写邮箱,然后登录邮箱,查看激活邮件,填写邮箱验证码激活,如图9-4所示。

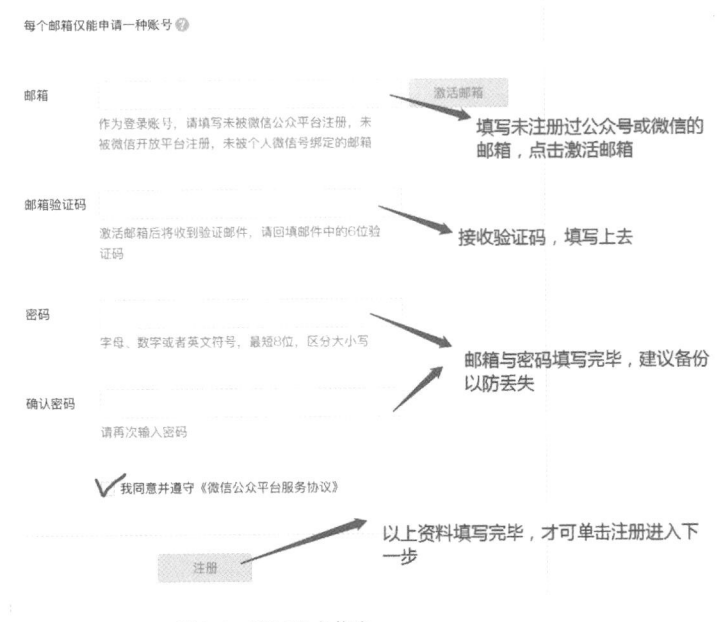

图9-4 填写基本信息

网络营销

(4)了解订阅号、服务号和企业微信的区别后,选择想要注册的账号类型,如图9-5所示。

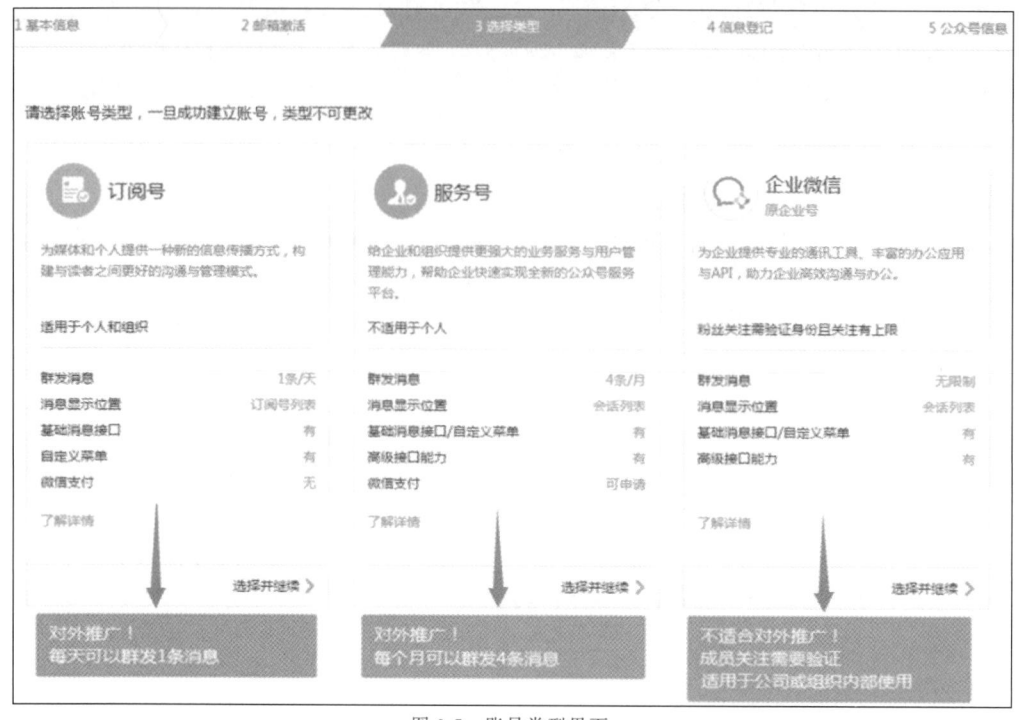

图9-5 账号类型界面

订阅号、服务号和企业微信在手机端展示效果如图9-6所示。

图9-6 订阅号、服务号和企业微信在手机端展示效果

(5)信息登记。选择"个人"类型之后,填写身份证信息,如图9-7所示。

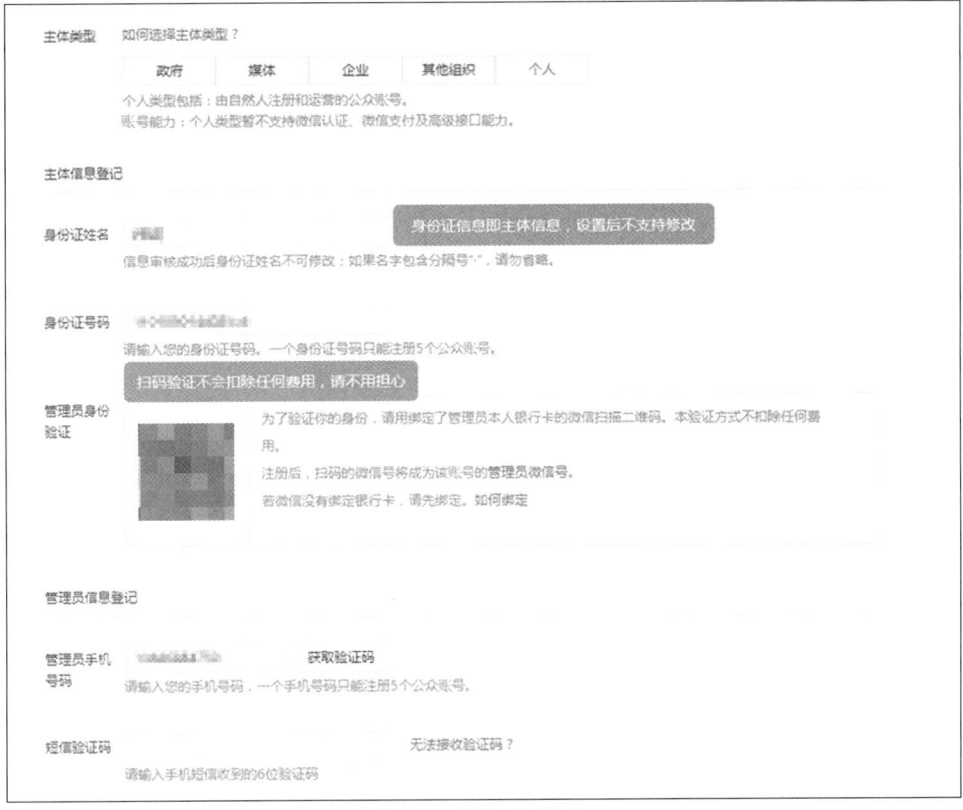

图 9-7　填写身份证信息

（6）填写账号信息，包括账号名称、功能介绍，选择运营地区，如图 9-8 所示。

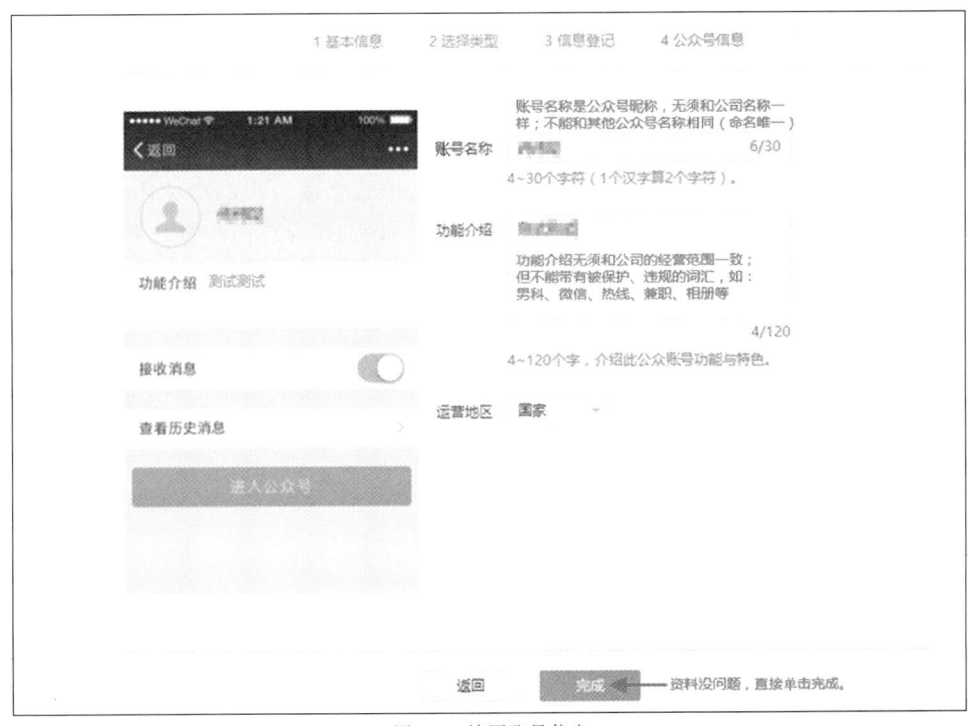

图 9-8　填写账号信息

（7）注册成功，如图 9-9 所示，可以开始使用公众账号了。

图9-9 注册成功

思政园地

当前，我国正逐步进入老龄化社会，长辈在家族群内转发谣言类似的新闻也时常见诸报端，老年网民更易受到不良内容的影响。

请思考： 作为一名大学生，你如何让老年人在信息化发展中有更多获得感、幸福感、安全感？说出你的做法。

工作任务3　掌握企业微信营销策略

工作任务描述

1. 任务背景

信息载体变革，消费群体向移动端转移，移动端营销市场规模增长迅速，手机成为消费者接触的第一屏幕，移动社交营销未来增长空间巨大，微信营销成为当前移动社交营销的重要阵地。越来越多的企业加入微信的阵营中，找出租车、订酒店、找餐馆……都在微信上得以实现，这一切都让我们感觉到生活如此便利。微营销是移动互联网经济时代企业营销模式的一种创新，微信是目前微营销中较火爆的营销平台之一，其不存在距离的限制。

2. 任务目标

【知识目标】　了解微信营销渠道。

【技能目标】　学会运用企业微信营销策略。

【思政目标】　熟悉企业微信的高效办公模式，同时规避在微信中的违法情况。

工作过程

步骤1：了解微信营销渠道

1. 微信群

微信群已经成为各行各业进行沟通和交流的首选平台之一。拥有微信的人基本上都拥有微信群，微信群里面一般都有大家的目标客户，所以不妨把这些微信群好好利用起来。另外，也可以组建属于自己的微信群,跟群里的成员进行互动,比如讲解一些专业知识等。

2.微信公众号

微信公众号也是一个不错的营销平台,而且公众号上的内容拥有非常广泛的传播度。不过想要让自己的文章给大家带来价值,就必须写一些迎合大众口味的文案,甚至可以提供一些福利来让读者帮忙转发和分享。这样也能够起到良好的推广和宣传作用,甚至还能吸引粉丝。

3.微信运动

现在的人越来越注重自己的身体健康了,所以很多人都有微信运动,只要是好友就能够看到运动情况,并且每天晚上都会推送一个微信运动排名。要是能够排名靠前,尤其是前三位,那就大大提升了自己的存在感。这样就会吸引人们去看自己的朋友圈,进而也就看到了产品,还有可能会促进转化。当然这个方法不适合每天都采用,否则会适得其反。

4.微信小程序

可以使用小程序中的一些小游戏来跟潜在顾客互动,然后设置一些奖品,调动大家的参与程度。当然也可以设置一些条件,比如购买了商品的顾客才能够参与等,这样也能够调动顾客去购买自己的商品。

步骤2:有效利用微信的影响力

可以综合运用意见领袖的影响力和微信自身强大的影响力进行微信营销。一般企业的高层管理人员、营销策略企业家等都是比较具有影响力的人物,他们的观点具有比较强的辐射力,言辞也对人们有着重大的影响。在潜移默化中,人们的消费观念会被他们影响甚至改变,可以刺激需求,从而激发购买欲望。如小米创始人雷军的微信公众号就是意见领袖型营销策略的体现,如图9-10所示。

步骤3:微信内容设计

微信内容可以适度加入声音、视频等,图文并茂更容易吸引人。作为广告的核心,微信内容必须做到独特、新颖,从而更容易被用户接受。首先,运用视频、图片营销策略,在与微友的互动中发现市场,为潜在客户提供差异化、个性化的服务。其次,可以多运用一些技术,打造独特的企业产品形象,定格在消费者的大脑中,为企业赢得潜在的竞争优势,进一步打造优质的品牌服务。

比如,百果园公众号如图9-11所示。可以运用微信较高的媒体展现力,突出产品功能、优势以及相对的缺陷,勾勒出消费者在没有任何购物经验下的立体形象,让品牌宣传获得更多的受众。

步骤4:运用多种方式进行品牌推广

灵活运用"漂流瓶"和二维码等进行品牌推广营销。商家可以以品牌推广和营销为目的,发布有关促销打折信息的语音或文字的"漂流瓶",然后抛向大海中,潜在用户看到后,会根据自己的意愿对"漂流瓶"的信息进行筛选,参加商家的品牌活动。这样可以增加用户的参与度,产生预期的营销效果。另外,扫描二维码也是如今各个商家使用较多的方式,用户只需扫描二维码,就可以获得优惠及各种折扣和服务。这种方式有利于拓宽品牌的受众群体,提高品牌知名度,而消费者在了解二维码的过程中也得到了优惠,这就是共赢互利的O2O模式。

步骤5:设置微信账号的相关参数

通过微信与陌生人沟通交流非常便捷,一般是通过"摇一摇"。该工具主要是通过参考微信账号的参数进行和数据库的匹配,然后和具有有关参数的账号进行沟通。所以设置好自己企业的营销内容对企业微信营销的应用很重要,好的内容更容易获得用户的青睐。

网络营销

步骤6：打造人工客服的优势

当客户进行咨询时，如果收到的是提前设置好的自动回复，可能就会选择取消关注。很多企业的微信营销只是一味地向客户传达信息，而没有认真地关注客户的反馈，这种沟通方式不够人性化，同时也极大地损害了用户体验。所以企业应该设置人工客服，实现人与人的实时沟通。当客户进行咨询时，由专业的、服务质量优秀的客服人员进行回复，对客户的咨询给出满意的答复，如图9-12所示。

图9-10 小米创始人雷军的微信公众号 　　图9-11 百果园公众号 　　图9-12 微信客服在线

思政园地

数字经济时代，企业都在借助数字化手段，试图从过去的以企业为中心向以客户为中心转变。然而，在企业数字化过程中，总有这样或那样的信息壁垒，让信息传递的链条不能顺畅。

请思考：在使用企业微信进行营销时，在打破信息壁垒的同时，应如何规避信息不对称的风险？

工作任务 4　体验 H5 微信页面制作工具

工作任务描述

1. 任务背景

H5 是由 HTML5 简化而来的词汇。H5 是集文字、图片、音乐、视频、链接等多种形式于一体的展示页面，具有丰富的控件、灵活的动画特效、强大的交互应用和数据分析功能，可以高速低价地实现信息传播，非常适合通过手机展示、分享。H5 也因其灵活性高、开发成本低、制作周期短而成为当下企业营销的不二利器,常用于企业宣传、活动推广、产品介绍、会议邀请、公司招聘等。

2.任务目标

【知识目标】　了解常用的H5微信页面制作工具。
【技能目标】　学会某一种H5工具的使用方法,并能够举一反三。
【思政目标】　培养使用H5工具的创新理念,领会在运用工具过程中的创新精神。

微信营销H5工具的应用

工作过程

步骤1:选择H5微信页面制作工具

1. 易企秀

(1)优点

易企秀的口号是移动场景自营销管家,它是针对移动互联网营销的在线H5场景制作工具,有iOS、安卓移动客户端,在手机上也可创建场景应用,动态模板丰富,可以简单、轻松制作基于HTML5的精美手机幻灯片页面。易企秀模板数量有1 100多个,且用户可以自行上传模板,模板分类标签详细。

(2)缺点

易企秀的统计数据是否准确需要进一步确认,目前看来可能有遗漏数据的现象。模板质量一般,在创意、精美程度上低于其他工具。由于定位是移动场景自营销管家,在H5定制方面,易企秀发展很慢,而且专业性略显不足。易企秀编辑页面如图9-13所示。

图9-13　易企秀编辑页面

2. 人人秀

(1)优点

人人秀的口号是三分钟制作互动展示。相较于其他平台,人人秀编辑页面功能按钮设计简洁明了,功能强大。人人秀具有很多行业首发的功能,如地图导航、事件、艺术字体、预约调研等。模板方面,人人秀模板更加精致,动态效果丰富。人人秀支持PC端、手机端、iPad端多终端平台。此外,人人秀还提供H5定制,包括方案策划和新媒体传播。

(2)缺点

人人秀是电影娱乐高端定制的H5供应商,但平台上免费模板数量偏少,虽然已经做到周更新,但仍显不足。人人秀编辑页面如图9-14所示。

图9-14 人人秀编辑页面

3.MAKA

(1)优点

MAKA的口号是简单、强大的HTML5创作工具。其编辑界面有新手(有模板)和高阶(无模板)两种编辑模式,提供一些特效模板,都是设置好的效果。MAKA模板美观。

(2)缺点

MAKA中提供的文字、图片样式都比较有限,不能修改表单,另外要使用数据统计模板也有条件限制。免费版不提供添加外链,且不提供自定义动态效果、支付、导航、预约等功能。VIP账户价格略高,且不提供方案策划、H5传播等高级定制服务。MAKA适合对功能要求不高的人使用。MAKA首页如图9-15所示。

图9-15 MAKA首页

4.兔展

(1)优点

兔展的口号是像PPT一样制作移动H5页面。它分为免费版、体验版和VIP版。相对于其他平台,兔展的编辑页面简单易上手,自己动手完成程度较高,动画实现方便。兔展的模板多样,但精美度一般。同时兔展还提供H5定制,包括方案策划和新媒体传播。

(2)缺点

兔展编辑页面大小不可调节,上传的图片会比例失调,生成页面后在不同手机型号上显示会存在拉伸现象。兔展免费版仅支持默认功能,体验版和VIP版价格偏高,性价比略低。兔展编辑页面如图9-16所示。

图9-16 兔展编辑页面

上述四大平台都是优秀的H5页面制作平台,都采用了基础功能永久免费,高级功能按需付费的方式,能满足绝大多数企业日常的H5营销需求。其中,VIP付费账号性价比最高的是人人秀和易企秀;模板数量最多的是易企秀;设计感最强的是MAKA;高级定制能力最突出的是人人秀。做一些H5特效的动态页面,以前需要专业技术团队和设计师才能完成,现在通过这四大平台,几分钟就能免费创作自己的H5页面。

步骤2:利用兔展制作微信营销页面

(1)进入创作后台。首先进入模板选择页面,如图9-17所示。可以选择空模板,自由创作;也可以选择主题模板,更快速地创作出炫丽的页面。

(2)选择模板后,进入创作界面,如图9-18所示。

(3)预览树操作,如图9-19所示。

①预览页面的显示顺序。

②鼠标拖曳调整页面的显示顺序。

③单击页面调整页面模板,复制页面,删除页面,也可以通过按钮调整图片顺序。

(4)添加、修改文字:

①添加文字:单击页面右侧的文字选项,主编辑区会出现文字输入框,双击即可修改。

②文字属性修改:单击页面右侧文字属性修改选项,包括字体、字号和文字颜色等,进行选择修改,如图9-20所示。

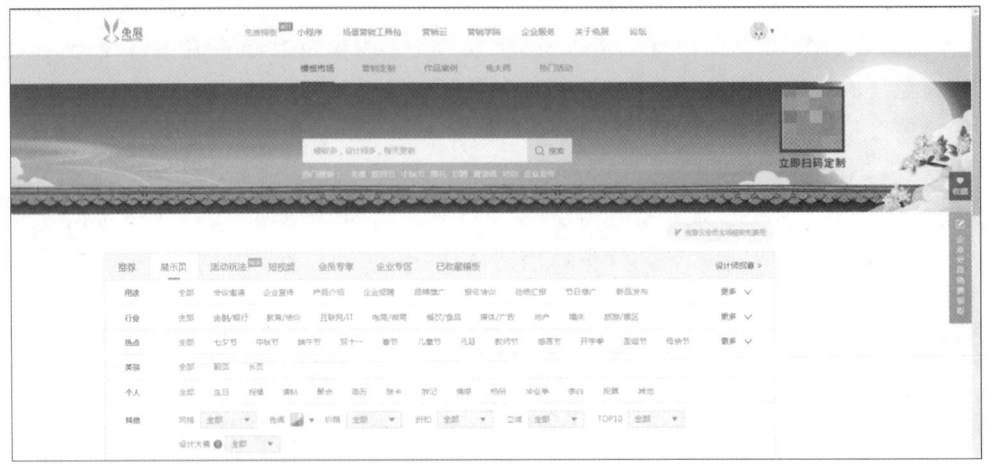

图 9-17 兔展模板选择页面

图 9-18 使用模板

图 9-19 预览树操作

图 9-20　文字属性编辑

(5) 添加图片：

① 上传图片：单击"图片"选项→单击上传按钮→选择图片→确定。

② 我的图片：单击我的图片→选择图片，如图 9-21 所示。

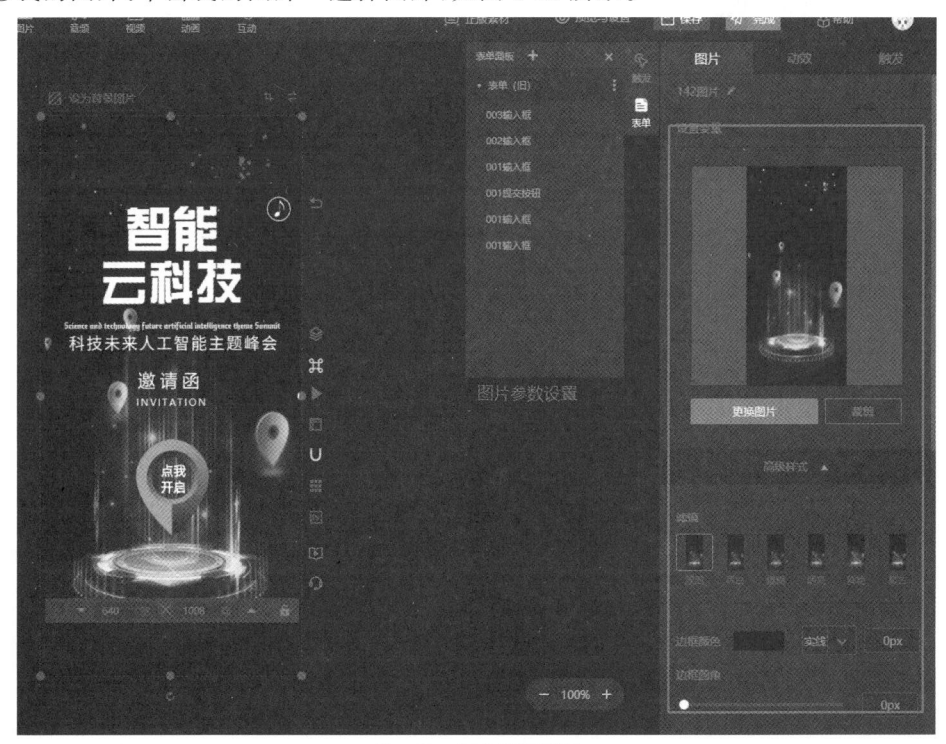

图 9-21　图片编辑页面

(6) 添加背景音乐：单击"音频"选项→开启背景音乐→替换音频，如图 9-22 所示。

网络营销

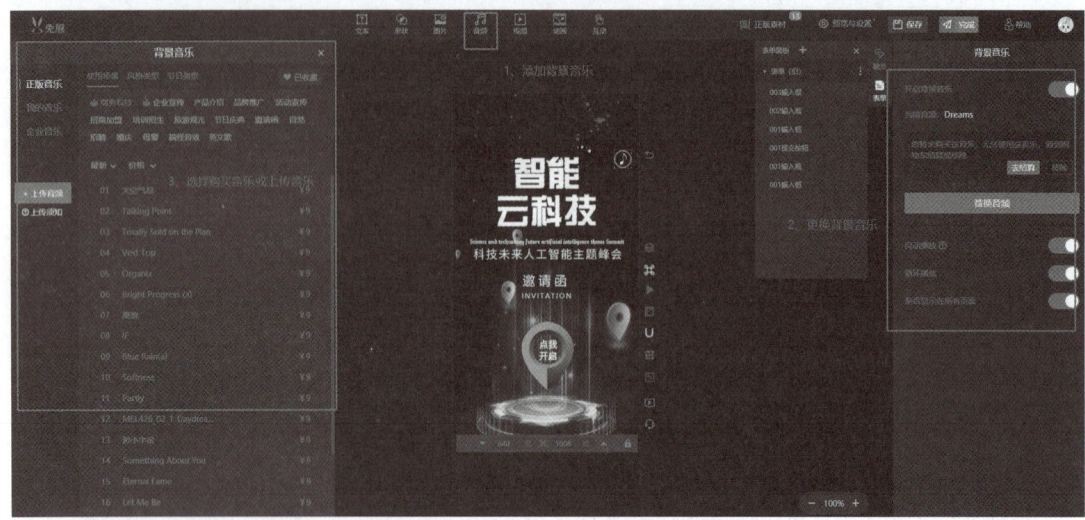

图 9-22　插入背景音乐页面

（7）保存并发布。所有创作完成后，单击导航栏的"保存"按钮，再单击"预览"按钮，进入发布页面，如图 9-23 所示。

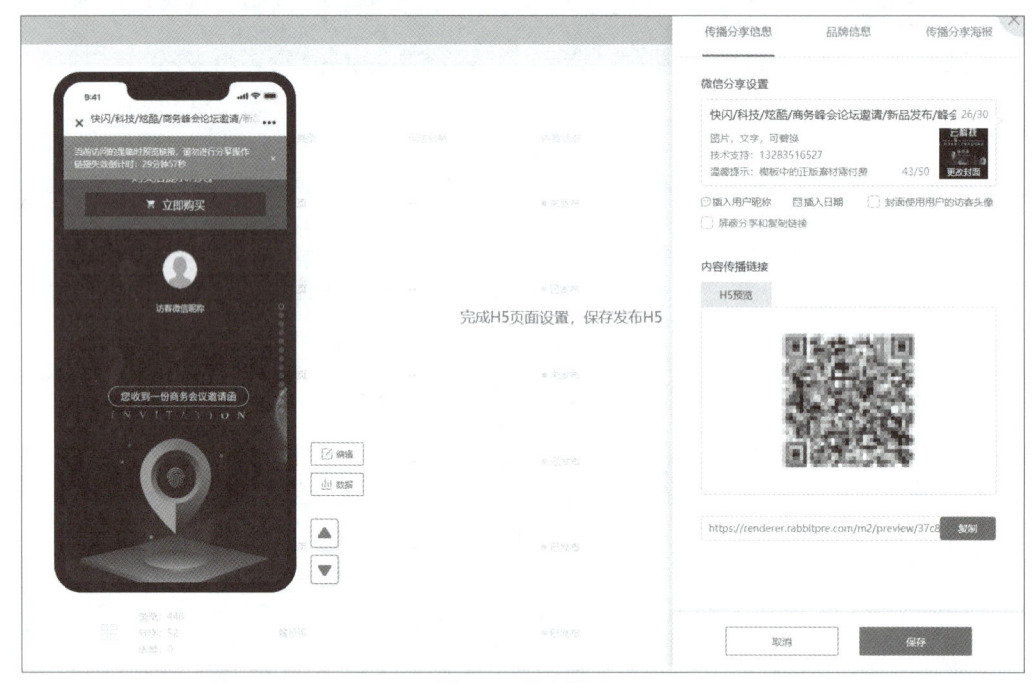

图 9-23　发布页面

思政园地

机遇总是垂青勇于竞争的人。公平竞争是市场经济的核心。习近平总书记指出：强化反垄断、深入推进公平竞争政策实施，是完善社会主义市场经济体制的内在要求。

请思考：在运用 H5 工具设计和制作信息展示页面的过程中可能会涉及哪些违反道德、违反规则和违反法律的情形？

任务回顾与总结

通过本项目的学习,我们了解了微信营销的特点、原理、营销价值,了解了微信公众号的类型,掌握了微信公众号的注册步骤。更重要的是,掌握了微信营销的技巧和方法,微信营销渠道,熟悉了企业微信营销策略,体验了 H5 微信页面制作工具的运用技巧。

小试牛刀

假设你是热风(hotwind)的网络营销人员,元旦就要到了,请利用 H5 工具为企业制作一个产品促销的微信推广页面。具体包括:

(1)选择 H5 工具。

(2)参考企业微店的产品信息(图 9-24),寻找产品素材。

(3)利用 H5 工具为企业制作一个产品促销的微信推广页面。

(4)发布推广链接地址。

图 9-24 热风微商城

项目 10

短视频营销

项目描述

项目背景

在新媒体时代,短视频凭借其短小精悍、内容有趣、社交属性强、符合用户碎片化阅读习惯,以及制作门槛低、操作流畅简单等特点成为人们浏览资讯、分享信息的可选渠道之一。在这样的时代背景下,新媒体人、企业和商家也纷纷注意到短视频蕴藏的巨大潜力,开始投身于短视频的创作与运营中,借助短视频来开展引流和营销工作。然而,短视频运营者要想做好短视频的创作与运营,运用好短视频这个有效的引流和营销工具并非易事。

知识与技能目标

- 了解短视频的发展历程
- 掌握短视频迅速发展的原因
- 认知短视频的营销价值
- 学会短视频的内容策划,打造爆款短视频

思政目标

- 短视频制作与传播过程中要注意避免不良信息
- 短视频内容要遵守网络礼仪和公序良俗

工作任务 1　认知短视频

工作任务描述

1. 任务背景

2016年被称为"短视频元年"，在接下来的几年时间里，短视频发展迅速，互联网巨头纷纷布局短视频。到2020年3月，短视频用户规模为7.73亿，占网民总体的85.6%，而市场竞争格局也趋于稳定，内容创作更加精细化，商业变现模式也逐渐成熟。随着5G网络的普及，短视频还将打开更大的市场。

2. 任务目标

【知识目标】　了解短视频的发展历程、特点以及推动短视频快速发展的因素。
【技能目标】　认知短视频平台的类型划分以及短视频的营销价值。
【思政目标】　在短视频制作与传播过程中要保持实事求是的职业素养。

工作过程

步骤1：认识短视频

短视频是一种继文字、图片、传统视频之后新兴的互联网内容传播形式，它融合了文字、语音和视频，可以更加直观、立体地满足用户表达和沟通的需求，满足用户相互之间展示与分享信息的诉求。短视频是指视频长度以秒计数，主要依托于移动智能终端实现快速拍摄和美化编辑，可以在社交媒体平台实现实时分享的一种新型媒体传播形式。

当前短视频行业正在快速发展，用户数量、行业规模和社会影响力持续提高，已经成为移动互联网产业的重要组成部分。抖音、快手等短视频平台在下载量、排行榜和应用市场评论数等维度均体现出强大的竞争力，西瓜视频、抖音火山版、微视、美拍、秒拍等短视频平台以独特的用户定位吸引着不同的用户群，尤其一些新兴的短视频平台聚焦垂直细分领域，为行业发展持续注入新鲜血液，短视频平台格局呈现出百花齐放的局面。

1. 短视频的发展历程

从2004年到2011年长达8年的时间里，随着优酷、乐视、搜狐、爱奇艺等视频网站的相继成立及用户流量的持续增加，全民逐渐开始进入网络视频时代。

2011年以后，伴随着移动互联网终端的普及和网络的提速，以及流量资费的降低，更加贴合用户碎片化内容消费需求的短视频凭借着"短、平、快"的内容传播优势，迅速获得了包括各大内容平台、用户以及资本等多方的支持与青睐。

自2013年新浪微博推出秒拍，短视频在我国互联网的土壤中开始快速成长。2016年开启了"短视频元年"，自此短视频进入蓬勃发展阶段；2017年，短视频流量变现规模已达57.3亿元；2018年，短视频内容爆发式增长，整个行业欣欣向荣；2020年，我国短视频用户达7.22亿人。各互联网巨头都将短视频提到了核心战略地位,投入资金与资源来推动用户增长。总体来说,短视频经历了萌芽期、探索期、成长期、成熟期和突破期五个发展阶段。

(1)萌芽期:短视频初露锋芒

短视频的源头有两个:一个是视频网站,另一个是短的影视节目,如短片、微电影,后者出现的时间比前者更早。2004年,我国首家专业的视频网站乐视网成立,拉开了我国视频网站的序幕。2005年,土豆网、56网、PPTV等相继上线,成为我国视频网站群体发展初期的主要成员。

视频网站在国内刚兴起时,就以用户上传分享的短视频见长。但在PC互联网时代,视频网站内容仍以传统电视传媒的内容为主,而短视频只是补充。进入移动互联网时代之后,短视频才得到发展。

(2)探索期:各类短视频平台崛起

随着移动互联网时代的到来,信息传播的碎片化和内容制作的低门槛促进了短视频的发展。2011年3月,北京快手科技有限公司推出一款叫"GIF快手"的产品,用来制作、分享GIF图片。2012年11月,"GIF快手"转型为短视频社区,改名为快手,但一开始并没有得到特别多的关注。2014年,随着智能手机的普及,短视频的拍摄与制作更加便捷,智能手机成为视频拍摄的利器,人们可以随时随地拍摄与制作短视频。

伴随着无线网络技术的成熟,人们通过手机拍摄分享短视频成为一种潮流。2014年,美拍、秒拍迅速崛起。2015年,快手也迎来了用户数量的大规模增长。

短视频的特点不只是时长短,更重要的是其生产模式由专业生产内容(Professional Generated Content,PGC)转向了用户原创内容(User Generated Content,UGC),这无疑让短视频的产量随之剧增,各类短视频平台也如雨后春笋般纷纷涌现。

(3)成长期:短视频行业井喷式爆发

2016年是短视频行业迎来井喷式爆发的一年,短视频市场的融资金额高达50多亿元。随着资本的涌入,各类短视频APP数量激增,用户的媒介使用习惯也逐渐形成,平台和用户对优质内容的需求不断增大。

2016年9月,抖音上线,其最初是一个面向年轻人的音乐短视频社区,到了2017年,抖音进入迅速发展期;而快手在2017年11月的日活跃用户数超过1亿。

伴随着更多独具特色的短视频APP的出现,短视频创作者也纷纷涌入,短视频市场开始向精细化和垂直化发展。此时,主打新闻资讯的短视频平台开始出现,如《南方周末》的"南瓜视业"、《新京报》的"我们视频"、界面新闻的"箭厂"等。

在短视频的成长期,内容价值成为支撑短视频行业持续发展的主要动力。

(4)成熟期:短视频行业发展回归理性

2018年,快手、抖音、美拍相继推出商业平台,短视频的产业链条逐步形成。而后平台方和内容方不断丰富细分,用户数量大增的同时商业化也成为短视频平台追逐的目标。如今,以抖音、快手为代表的短视频平台月活用户环比增长率出现了一定的下降,用户规模即将饱和。如何在商业变现模式、内容审核、垂直领域、分发渠道等方面更为成熟,成为短视频行业发展的新目标。

(5)突破期:寻找短视频市场的蓝海领域

随着5G技术的发展和增强现实(Augmented Reality,AR)技术、虚拟现实(Virtual Reality,VR)技术、无人机拍摄、全景技术等短视频拍摄技术的日益成熟及广泛应用,短视频为用户呈现出越来越好的视觉体验,有力地促进了短视频行业的发展。

①"短视频+"模式逐渐形成。在短视频市场如火如荼的竞争下,人们都在努力寻找市场发展的蓝海区域,而"短视频+"的模式备受瞩目。例如,短视频平台与电商平台共同积极响应国家网络扶贫政策,开拓出通过"短视频+直播"和"短视频+电商"售卖农副产品的渠道,这类渠道传播路径更短、效率更高,能够给消费者带来更加直观、生动的购物体验,产品转化率高,营销效果好。显而易见,"短视频+直播"和"短视频+电商"将成为短视频发展的全新赛道。

随着5G时代的开启,"短视频+社交"模式正在成为下一个风口。艾媒咨询发布数据显示,37.3%的用户愿意采用短视频代替文字交流。未来,5G将为视频类社交方式带来新的变革。

②短视频与长视频融合发展。短视频"变长"、长视频"变短"已经成为当下各视频平台探索的新方向,抖音、快手等短视频平台开始进军长视频领域。2019年4月25日,抖音全面开放了用户1分钟视频的发布权限。同年8月24日,又宣布逐步开放15分钟视频的发布权限。而快手也在2019年7月内测长视频功能,时长限制在57秒以上、10分钟以内,对于获得权限的用户,官方会私信通知,用户在相册中选择时长超过57秒的短视频发布即可。目前,抖音和快手正在积极推动短剧等内容的开发。

优酷、爱奇艺、腾讯视频等长视频平台在短视频领域表现并不突出,但已开始开拓新的短视频模式——短视频剧,这种模式做到了视频的长短平衡,剧情虽然简短,但是内容完整,如优酷设立"小剧场",爱奇艺设立"竖屏控剧场",腾讯设立"短剧"频道等,短视频和长视频呈现出融合发展的趋势。

2. 短视频的特点

短视频与传统视频相比,主要以"短"见长,其主要特点如下:

(1)短小精悍,内容丰富

短视频的时长一般在15秒到5分钟,其内容融合了技能分享、幽默娱乐、时尚潮流、社会热点、街头采访、公益教育、广告创意、商业定制等。短视频短小精悍,内容丰富,题材多样,灵动有趣,娱乐性强,注重在前3秒吸引用户,视频节奏快,内容紧凑,符合用户碎片化的阅读习惯。

(2)门槛低,生产流程简单

相较于传统视频,短视频大大降低了生产和传播的门槛,实现了生产流程简单化,甚至创作者利用一部手机就可以完成拍摄、制作、上传与分享。目前主流的短视频APP中,大都具有一键添加滤镜和特效等功能,各种功能简单易学,使用门槛低。

(3)富有创意,极具个性化

短视频的内容更加丰富,表现形式也更加多元化,更符合"90后"和"00后"个性化和多元化的审美需求。用户可以运用充满个性和创造力的制作和剪辑手法创作出精美、震撼的短视频,以此来表达个人想法和创意。例如,运用比较动感的节奏,或者加入幽默的内容,或者进行解说和评论等,让短视频变得更加新颖。

(4)传播迅速,交互性强

短视频的传播门槛低,渠道多样,容易实现裂变式传播与熟人间传播,轻松实现直接在平台上分享自己制作的视频,以及观看、评论、点赞他人的视频。丰富的传播渠道和方式能够使短视频传播的力度大、范围广、交互性强。

网络营销

(5)观点鲜明,信息接收度高

在快节奏的生活方式下,大多数人在获取日常信息时习惯追求"短、平、快"的消费方式。短视频传播的信息观点鲜明、内容集中、言简意赅,容易被用户理解与接受。

(6)目标精准,触发营销效应

与其他营销方式相比,短视频营销可以准确地找到目标用户,实现精准营销。短视频平台经常会设置搜索框,对搜索引擎进行优化,而用户一般会在平台上搜索关键词,这一行为使短视频营销更加精准。

用户在"刷"短视频时经常会"刷"到广告,甚至短视频界面中还有添加商品到购物车的链接,这便是短视频触发的营销效应,很多广告商都会和短视频平台合作来推销产品或者传播品牌。

3.爆款短视频必备要素

优质的短视频必定是主题鲜明、内容有价值的作品。通常来说,要想打造爆款短视频,需要具备以下五大要素:

(1)创意标题

广告大师奥格威在其《一个广告人的自白》中提到,用户是否会打开文案,80%取决于标题。同样,对于短视频来说,标题也是最先给用户留下印象的。标题是否有创意,是否吸引人是用户能否点开观看的关键,所以短视频的标题是影响短视频播放率的重要因素。具有创意的标题不仅能够提高短视频的播放率,还能吸引用户关注账号。

(2)内容为王

优质的内容才是竞争的核心要素。能够吸引用户观看的短视频通常具有两个特点:一是用户能够从中获取有价值的内容;二是用户能够从中获得情感共鸣。

(3)背景配乐

在制作短视频的过程中,要准确把握短视频背景配乐的节奏感。背景配乐决定着短视频的整体风格,短视频是以视、听来表达内容的形式,而配乐作为"听"的元素,能够增强短视频在屏幕前给用户传递信息的力量。

(4)画质清晰

短视频画质清晰与否决定着用户观看短视频的体验感。清晰的视频画面能够给用户带来视觉上的享受,从而获得更多用户的关注。很多受欢迎的短视频,其画质像电影一样,画面清晰度较高,这一方面取决于拍摄硬件,另一方面取决于视频后期的编辑工具。

(5)精雕细琢

多方面、全角度优化短视频能提升短视频的整体价值,专业的短视频创作团队都会在编剧、表演、拍摄和后期制作等方面精雕细琢,从而打造出颇具创意、与众不同、更有核心竞争力的短视频。

步骤2:短视频获得快速发展的原因分析

1.符合用户对内容消费的需求

用户对内容消费的需求可以细分为四个方面,即快餐化消费、寻求消费指导、获取新闻资讯、进行深度阅读,而短视频恰好契合了用户对内容消费的细分需求。

(1)快餐化消费

短视频能够让用户充分利用碎片化时间直观、生动、便捷地获取信息,从而降低获取信息的时间成本,这种快餐化消费更符合现代人的消费习惯。在移动互联网时代,短视频以短小精悍、生动有趣的特点,迅速赢得了广大用户的喜爱,从而得以飞速发展。

(2)寻求消费指导

现在人们不管是做什么、买什么,不用单纯地依靠搜索引擎寻找指导和攻略,可以从短视频平台搜寻信息,在吃、穿、住、行各个方面寻求消费指导。例如,通过美食类短视频学习各种美食的制作技巧,通过时尚类短视频学习穿衣打扮,提升个人形象和魅力等。利用这类平台,用户可以对一些产品的基本信息、优惠信息及购买价值等有一个基本的了解,从而决定是否消费。

(3)获取新闻资讯

对新闻资讯的需求几乎是所有用户的需求,手机上包含新闻资讯信息的内容形式有文字、图片、短视频和直播,与其他三种内容形式相比,短视频不仅直观、明了,而且更加生动。

(4)进行深度阅读

知识内容视频化同样是用户的需求,一些用户观看短视频并不只是为了娱乐消遣,而是想通过深度学习来提升自我。例如,知乎作为知识内容社区,专门上线了短视频专区,以满足用户对深度学习及碎片化学习的需求。

2.互联网技术的助推

除了短视频内容契合用户的消费需求外,网络通信技术与推荐算法也是助推短视频发展的重要因素。

(1)网络通信技术

在互联网时代,短视频是一个水到渠成的产物,它符合互联网表达方式的演进规律,其迅猛发展的基础是移动互联网通信技术的发展。移动互联网通信技术的升级可以不断丰富沟通的方式,让沟通的双方建立更好的沟通场景。

(2)推荐算法

推荐算法即通过一些数学算法,推测出用户可能喜欢的内容。机器在推荐之前会对用户画像和用户行为进行分析,准确判断用户的喜好,然后选出用户最可能感兴趣的内容。利用推荐算法进行个性化推荐是短视频平台的核心竞争力,可以增强用户的沉浸感。

步骤3:认知短视频平台的类型

在激烈的竞争环境下,各类短视频平台都在寻找自己的生存模式,差异化竞争成为各自突围的战略。目前,短视频平台大致可以分为三种类型,分别为工具类短视频平台、资讯传播类短视频平台和社区类短视频平台。实际上不少短视频平台在类型划分上可能会出现交叉,并非只属于某一类型,在此只是依据其在应用商店的类别、平台自带的标签及风格等来划分。

1.工具类短视频平台

工具类短视频平台主要是指侧重于满足制作短视频需求的工具类平台,如小影、VUE、剪映、快影、随刻创作等。这类平台通过提供手机录制、逐帧剪辑、电影滤镜、字幕配音等功能的短视频制作工具,降低了短视频拍摄与制作的门槛,让非专业人员也能利用手机剪辑出较高水准的短视频作品。

虽然现在大多数短视频APP都自带基本的剪辑功能和特效,但由于工具类短视频平台功能强大、界面简洁,对于有需求的群体依然有十分重要的作用。

2.资讯传播类短视频平台

资讯传播类短视频平台主要是指侧重于传递有价值的新闻,满足发现新鲜事物需求的资

网络营销

讯类平台。短视频作为新闻、资讯传播的方式之一,是早已被行业认可的,早在短视频市场如此火爆之前,各大新闻客户端就已经开设了短视频专栏。资讯类短视频与静态的报道相比,能够更好地还原现场,解释信息,传递信息,如梨视频,通常依托社交或资讯平台提供短视频播放功能。

梨视频拥有专业的新闻生产制作团队,带着特有的新闻敏锐度,着眼于短视频行业资讯类空白领域,在差异化竞争中独树一帜。梨视频建立内容收集体系,强化了 PGC 和 UGC 的结合,打造了"全球拍客计划",通过付费征集的方式吸引用户提供原始素材,使内容更真实、更全面。梨视频还设有专业的编导团队对拍客提供的所有素材进行精选、精修,在保证内容领域广泛的同时,还能坚持追求高品质。

3.社区类短视频平台

社区类短视频平台主要指侧重于满足用户社交需求的视频平台,以快手、抖音等为代表,通过互动式创作分享,营造浓郁的社交氛围,吸引高黏性用户。这类平台的行业市场占有率较高,引流能力较明显。

社区类短视频平台主打社交,以美拍为例,它沿袭了美图软件的技术优势和用户基础,注重对用户社交心理的揣摩,成功地从工具型产品转型为社交型产品。用户可以利用美拍对短视频进行剪辑,还可以根据自己的需求添加贴图、音乐和特效等,更贴切地表达自己的喜、怒、哀、乐,为社交需求打下基础。

美拍为用户提供了多样化的特效功能,并不断更新素材,使用户在制作短视频时享受到更多的乐趣;用户可以对短视频中的人像进行美颜修饰。另外,美拍增加了微博、QQ、微信等第三方登录方式,让用户可以一键登录,同时引导用户将短视频分享到主流社交平台。

思政园地

通过本工作任务的学习,我们了解到短视频作为移动互联网时代流量的新风口,承担着传播时事新闻、分享社会民生百态的窗口功能,在短视频的制作和传播过程中要保持实事求是的职业素养。同学们在短视频营销中要遵守社会主义核心价值观,弘扬正能量和发挥短视频的价值观引导功能。

请思考:你认为短视频制作与传播的过程中,为了更好地发挥移动互联网时代流量新风口的功能,还有哪些方面需要注意?

工作任务 2　内容策划,打造爆款短视频

工作任务描述

1.任务背景

短视频的内容策划是决定短视频账号运营成败的关键因素之一。短视频创作者要想让自己的短视频脱颖而出,需要用新奇的创意来策划短视频的选题和内容,选题要新颖、贴近用户,内容要注重用户诉求。短视频创作者在短视频创作过程中要充分发挥创造力和想象力,通过

演绎故事、渲染情感,引起用户的共鸣,从而打造出传播力强的优质作品。

2.任务目标

【知识目标】 掌握短视频内容策划的核心原则以及确定短视频选题的基本原则和"五维"方法论。

【技能目标】 掌握构思短视频内容的方法,学会运用讲故事的方法增强短视频情节性的技巧,学会短视频内容优化。

【思政目标】 短视频内容策划时要遵守社会道德与公序良俗,短视频传播过程中要注意不宣传不良信息和虚假信息。

工作过程

步骤1:了解短视频内容策划的核心原则

当前,用户对短视频的质量要求越来越高,短视频创作者要想让自己的短视频在众多短视频中脱颖而出,就要在短视频的内容策划上下功夫,创作符合用户需求的短视频,这样短视频成为爆款的可能性才会增加。因此,短视频创作者在进行内容策划时需要遵守以下三个原则:

1. 娱乐性原则

娱乐性原则是指短视频的内容要有幽默感,向用户传递乐观、积极向上的生活态度。在各大短视频平台上,通常是轻松娱乐类的短视频占据热门内容的首位,这主要是因为在当今这个快节奏的社会,带有娱乐性的短视频可以在很大程度上缓解人们的精神压力,所以保持内容的娱乐性也成为进行短视频内容策划需要遵循的原则之一。研究机构对用户选择观看短视频动机的调查表明,大多数用户倾向于观看有趣的内容,而那些备受欢迎的账号内容在本质上都具有娱乐性,都可以给用户带来愉悦、放松的感官享受。

2. 价值性原则

价值性原则是指要让用户感觉短视频内容对自己是有价值的,也就是说,用户通过观看短视频能够有所收获,例如获得经验、感受、知识、技能等。在短视频行业,涌现出越来越多分享知识、传播知识的内容创作者,他们是拥有知识、热爱分享、熟谙技巧的科普"达人",他们分享的这些优质内容满足了用户对知识的需求。

其实每个用户都有求知欲,都需要在生活和工作中不断地学习新知识、新技能,而短视频平台的兴起让知识的生产环节从精英拓展至大众,不仅让知识更具场景化,而且进一步实现了知识普惠、知识分享和知识共创。短视频打破了用户学习知识的时空限制,他们可以利用业余时间随时随地进行学习。

短视频的价值性要符合以下三点要求:

- 实用——拒绝华而不实,一定要对用户的生活和工作有所帮助。
- 专业——内容要有专业性和深度。
- 易懂——不能晦涩难懂,而要深入浅出。

3. 情感性原则

情感性是影响用户选择观看短视频的关键因素之一,在用户特别感兴趣的短视频类型中,带有感动、励志、震撼、治愈等情感元素的内容都具有情感性,这些内容能够激发用户的情感共鸣。因此,创作者在创作短视频时,不仅要注重提升短视频画面质量和情节感染力,而且要思考如何让内容更贴合用户的心理需求,激发其情感共鸣。

步骤2:做好短视频选题

想要创作出爆款短视频,选题是关键。选题不能脱离用户,只有保证短视频主题鲜明,为用户提供有用、有趣的信息,才能吸引用户关注。

1.选题基本原则

不管短视频的选题属于哪个领域,其内容都要遵循以下五项原则,并以此为宗旨,落实到短视频的创作中。

(1)内容有新意,注重价值输出

选题内容要有新颖的创意。创意是比较抽象的概念,因为创作选题的角度和侧重点各不相同,所以创意并没有统一的标准和框架。通过分析那些爆款短视频不难发现,它们的选题都有一个共性,那就是内容新颖、独树一帜。另外,还要注重内容价值输出,短视频的选题内容一定是有价值的内容,能够激发用户对短视频产生收藏、点赞、评论和转发等行为,达到裂变传播的效果。

(2)以用户为中心,保证垂直度

目前,短视频行业的竞争越来越激烈,用户对短视频的要求也越来越高,所以一定要注重用户体验,以用户为中心,短视频的内容切不可脱离用户的需求。在策划短视频选题时,要优先考虑用户的喜好和需求,这样才能最大限度地获得用户的认可。此外,短视频选题必须符合账号定位,绝不能左右摇摆,选题内容越具有垂直性,就越容易引起目标用户的关注,提升账号在这一领域的专业度,从而不断提高用户的黏性。

(3)紧跟网络热点,避免违规操作

短视频创作者要对新闻事件时刻保持敏感度,善于捕捉并及时跟进热点,这样就可以使短视频在短时间内获得大量的流量。但是,并非所有的热点都可以跟进,如果跟进不恰当的热点,就有违规甚至被封号的风险。每个短视频平台都有管理制度,会限制一些敏感词汇,所以短视频创作者要时常关注平台出台的相关管理规范,远离敏感词汇,避免违规操作。

(4)选题侧重互动,提高用户参与度

在策划短视频选题时,要尽可能选择一些互动性强的选题,尤其是热点话题,这类话题受众关注度高、参与性强,这种互动性强的短视频也会被平台大力推荐,从而增加短视频的播放量。

(5)弘扬正确价值观,把握选题节奏

要想让短视频在各大平台上都得到有效的推广,就必须树立健康向上的价值观,真正弘扬正确价值观的短视频才能在平台上得到更好的推广位置。对于用户也是一样,充满正能量的短视频才能得到用户的认可。想要让短视频账号持续健康发展,还要把握选题的节奏,因为社会是在不断发展的,用户的需求也随之不断改变。短视频的选题必须适应这种变化,紧跟潮流,根据用户的反馈不断地进行调整,使用户能够更好地接受。

2.策划选题"五维"方法论

很多人在创作短视频时感觉没有选题思路,不知道从哪里下手,在这种情况下,可以寻找选题的五个维度,即"人、具、粮、法、环",见表10-1。

表 10-1 寻找选题的五个维度

维度	说明
人	人物。例如,拍摄的主角是谁,是什么身份,有什么属性,未来的用户群体是什么
具	工具和设备。例如,短视频的主角是一位职场女性,她平时会用到 PowerPoint、Word、Photoshop、投影仪等,这些是属于角色的工具和设备
粮	精神食粮。例如,职场女性喜欢看什么书,或者喜欢什么电影,会参加什么培训等。要分析目标群体,了解他们的需求,从而找到合适的选题
法	方式、方法。例如,职场中如何与客户沟通等
环	环境。不一样的剧情需要不一样的环境,要根据剧情选择能够满足拍摄要求的环境

只要围绕以上五个维度进行梳理,就可以做成二级或三级,甚至更多层级的选题树。以一个喜欢旅游的女性为例,可以通过选题树策划出各种各样的选题,如图10-1所示。

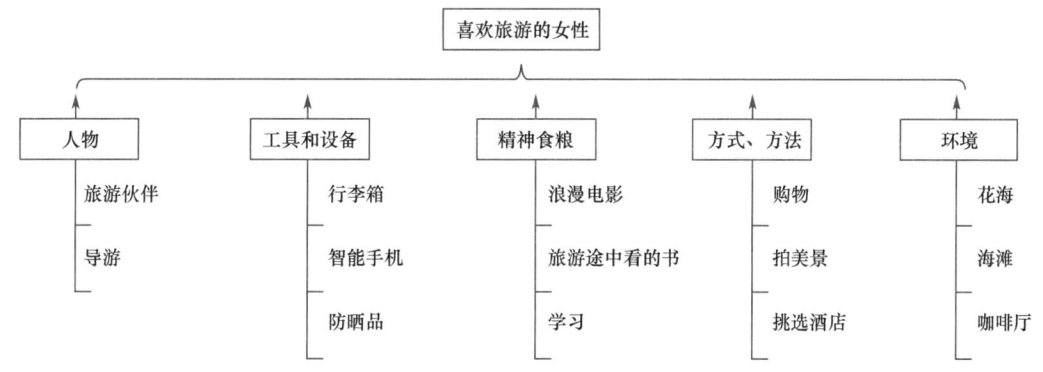

```
                    喜欢旅游的女性
         ┌───────┬───────┬───────┬───────┐
       人物    工具和设备  精神食粮   方式、方法   环境
       旅游伙伴   行李箱    浪漫电影    购物      花海
       导游     智能手机   旅游途中看的书 拍美景    海滩
              防晒品     学习       挑选酒店   咖啡厅
```

图 10-1 选题树

需要说明的是,制作并拓展选题树并非一朝一夕的工作,随着时间的推移,选题树中延展出来的选题内容会越来越多。有了这么多的选题内容,当遇到相关节假日或热点事件时,就可以快速而有效地创作出相应的选题内容。

3. 借助热点策划爆款选题

在短视频创作中,除了自身的创意外,还要学会"蹭"热点,让短视频热度凭借热点话题迅速发酵与升温,所以它是一种投入少、产出高的选题方法。

(1)热点的类型

一般情况下,可以把热点分为常规热点和突发热点,见表10-2。

表 10-2 热点类型、释义及其特点

热点类型	释义	特点
常规热点	可预见的热点,大众熟知的一些信息,如国家法定节假日、大型赛事活动、热播影视剧、社会需求热点等	①备受大众关注; ②发生的时间、持续的时长相对稳定; ③可以提前策划,减轻创作压力; ④同质化内容较多,考验视频创意
突发热点	无法预见的、突然发生的事件活动,或者一些社会事件,如环保问题、婚姻问题等	①突然爆发,要在第一时间创作并发布短视频,才能借势而上; ②流量较大,短视频的切入点要独特、新颖

(2)搜集热点的渠道

短视频创作者可以从各大资讯网站、社交平台、热门榜单中搜集热点,或者关注热门话题的热门评论，也可以挖掘出很多题材和故事。

①在微信公众号中寻找热点。微信公众号中有许多结合热点、能够引发读者共鸣的爆款文章，短视频创作者可以把这些文章的内容作为拍摄短视频的素材，这样打造出爆款短视频的概率会更大。

②在微博热搜榜中寻找热点。微博是当前人们在网络中使用较多的社交平台之一，其口号是"随时随地发现新鲜事"，所以可以在微博上找到时下热门的新闻事件和话题，其中微博热搜榜是对当下热点较为及时的整理和归纳。

③在百度搜索风云榜中寻找热点。百度搜索风云榜是以数亿网民的搜索行为为数据基础，将关键词进行归纳分类而形成的榜单，在此也可以寻找热点。在百度搜索风云榜中，可以看到"热搜榜""实时脉搏""热点活动"等内容板块，如图10-2所示。根据其中的热点，我们可以寻找适合自己短视频创作的选题方向。

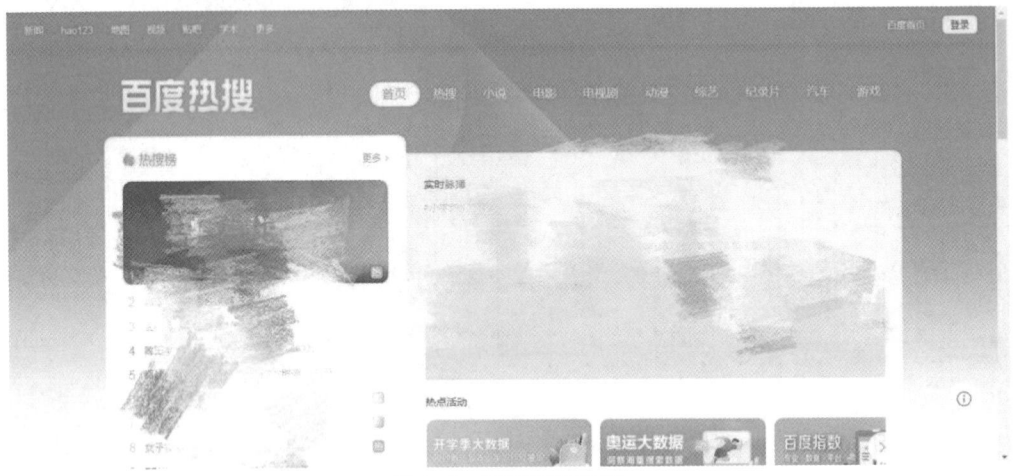

图10-2 百度搜索风云榜

④在资讯聚合类平台中寻找热点。一些资讯聚合类平台自身并不生产内容，所有内容都由创作者发布，这些平台会根据标签把内容推送到用户面前，如今日头条网站的推荐和热点板块，如图10-3所示。在这些平台上找到适合自己领域的热点事件后，将评论中的精华部分抽取出来，并以此为切入点制作成短视频，就很容易引发用户的共鸣。

图10-3 今日头条

从以上渠道中找到热点题材作为创作短视频的素材，策划短视频内容，以达到博取人们关注的效果,有利于短视频账号的运营。

(3) 对热点进行分析

当遇到一个热点时,不能为了追求热点的及时性就马上将该热点植入短视频中,而应当对热点进行分析,判断该热点是否值得使用,是否符合自己的短视频账号定位,以及如何围绕热点创作短视频。通常来说,可以从以下几个维度来对热点进行分析:

①热点的真实性。短视频创作者要详细了解热点的内容和始末,明白热点是如何发生的,真实过程是什么,不能为了抢占热点时间上的优势,而不考究热点的真实性。

②热点的时效性。热点具有很强的时效性,对于突发热点,短视频创作者需要判断该热点所处的传播阶段,分析该热点能否持续发酵,然后有针对性地对短视频内容进行策划。对于短期热点,短视频创作者要重视短视频的发布时间,在第一时间发布可以抢占大量的流量;对于长期热点,短视频创作者要对其进行深入分析与解读,体现自己的见解和看法。

③热点的话题性。短视频创作者要判断热点是否具备可讨论性。之所以成为热点,主要是因为它能够在受众之间形成广泛的分享和传播,所以具有话题性的热点更容易引起受众关注。

④热点的受众范围。分析哪些领域、哪种类型的受众群体会对该热点感兴趣,以及这些受众群体的规模有多大。

⑤热点的相关度。热点的相关度是指热点与短视频账号定位的关联程度。如果某个热点与短视频的内容格调相契合,短视频创作者就可以围绕此热点创作短视频,从而引来大量的流量,同时加深用户对短视频账号"人设"的印象,这有利于短视频账号的长期运营。

⑥热点的风险性。短视频创作者在运用热点时,一定要保持理智,切忌使用有悖于法律法规、道德伦理等的内容。

(4) 整体策划

短视频创作者在借助热点策划短视频内容时,需要做好以下工作:

①找准热点的切入角度。借助热点制造话题的本质是借势营销,短视频创作者在借热点的"势"时,首先要做的是找准热点的切入角度,要从热点中独特、新颖的基点出发,找到既符合账号定位,又契合目标用户需求的关键点来切入。

②对短视频进行整体策划。找准热点的切入点后,短视频创作者要构建短视频框架,策划展现形式。例如,是做成访谈形式,还是植入故事剧情,这些都需要综合考虑、整体策划。

③创作完成后第一时间发布。热点是有时效性的,短视频创作者要保证在较短的时间内完成短视频创作,并在第一时间发布,争取抓住利用热点吸引流量的最佳时机。

步骤3:掌握构思短视频内容的经典方法

短视频创作者要想持续地生产优质内容,需要找到正确的构思短视频内容的方法,然后按照这些方法进行操作,才能建立规模化的内容生产流水线。

1. 搬运法

所谓搬运法,简单来说就是从别的地方把一些自己认为不错的内容搬运过来作为视频素材进行二次创作,然后发布到自己短视频账号上的一种方法。短视频创作者即使没有很好的原创能力,但掌握了"搬运法"的精髓,同样可以打造出属于自己的爆款作品。

(1) 寻找内容搬运的渠道

短视频内容搬运渠道通常有：

①从社交媒体上搬运。各大社交媒体是成熟的内容制造平台，微信公众号上的文字，以及微信朋友圈、微博里的各种视频等，都可以作为搬运的内容。短视频创作者要善于在社交媒体中发现有创意的内容，并将其应用到自己的短视频创作中。

②从经典影视剧中搬运。很多经典的影视剧桥段都是非常吸引人的，短视频创作者可以对这些经典桥段重新演绎，也可以对某些经典镜头重新剪辑，都可以创作出非常精彩的短视频作品。

(2) 对搬运内容进行加工

创新加工是搬运法运用关键的一步，短视频创作者时刻都要明白"搬运≠照抄"。对搬运的内容进行创新加工，赋予自身特色，就可以让其焕发出新的光彩。在对搬运内容进行创新加工时，可以采用以下三种方法：

①创新展现形式。创新展现形式是指改变原来内容的展现形式，例如，如果搬的内容是文字版的，那么在进行视频展现时，可以把纯文字的内容转换为人物的台词，或者使用方言等能够展现自我特色的形式来呈现，这样不仅能够更好地呈现文字内容，还能彰显个人风采，从而达到引人注目的效果。

②创新内容。创新内容就是对搬运的内容进行加工改造。例如，如果搬运的内容是讲解道理的，就可以用生动的故事来诠释这个道理，这样用有剧情的故事来呈现，比单纯地讲道理更能激发用户的情感共鸣，更能赢得他们的认可和好感；如果搬运的是剧情故事，就可以改变故事结局，因为故事情节的反转更能激发用户的好奇心，引发互动评论，并得到用户的持续关注。

③创新框架结构。创新框架结构也是一种对搬运内容进行创新加工的方法。例如，如果搬运的内容是一个大的框架，就可以把这个大的框架分成几个小板块，并对每个小板块都进行详细的解释，赋予其独立、完整的观点。把每个小板块当作一个切入点，使其成为相对独立的短视频内容。以制作短视频的方法为例，可以将其细分为视频拍摄方法、视频剪辑方法、文案撰写方法、音频制作方法、封面设计方法等。与原来笼统化的搬运内容相比，这样细分以后的短视频内容往往更有吸引力。

2. 模仿法

模仿是创新的基础。创作者运营短视频账号，在尚未完全形成自己的风格前要学会模仿。模仿法又分为两种形式，即随机模仿和系统模仿。

(1) 随机模仿

所谓随机模仿，就是指创作者发现哪条短视频比较火爆，自己就参考该条短视频拍摄一条同类型的短视频。

(2) 系统模仿

系统模仿是指创作者寻找一个与自己短视频账号运营定位类似的账号，对其进行长期的跟踪。创作者要先分析该账号中短视频的选题方向、拍摄手法、运营策略等，然后参考创作自己的短视频。创作者要融入一些新的创意，从而让短视频形成自己的风格。

3. 代入法

在拍摄短视频时，创作者可能需要不断地更换拍摄场景，这样在选拍摄场景和布置拍摄场景时就会耗费许多时间和精力。那么，有没有一种方法既能免去不断更换拍摄场景的麻烦，又能保证短视频的内容有足够的吸引力呢？答案是肯定的，这种方法就是代入法。

所谓代入法，就是指创作者将某个场景作为拍摄短视频的固定场景，然后根据自身需要在这个固定的场景中不断地代入各种不同的元素来填充内容，丰富这个固定场景中的内容表现。具体来说，代入法的操作要点有三个，即设置固定的场景；在固定的场景中填充不同的内容；用充满创意的方式呈现这些内容。

下面以4S店销售汽车为例，介绍代入法的使用方法。

(1)设置固定的场景：将4S店的大厅作为固定场景。

(2)在固定场景中填充不同的内容：从现实生活中提炼出与客户在4S店买车过程相关的内容，如销售员向进入4S店的客户发传单、销售员打电话邀约客户、销售员接待客户、销售员为客户讲解车型、客户试乘和试驾汽车、销售员和客户进行价格谈判、销售员向客户介绍保险项目、客户成交签约、客户提车、客户来店保养车辆等。创作者可以将这些内容填充到4S店的大厅这一固定场景中，即在4S店的大厅里设置这些事件的发生。

(3)用充满创意的方式呈现这些内容：以上内容都是买车过程中经常遇到的情景，如果直接拍摄这些情景，短视频的内容可能会显得过于平淡，因此，为了提高短视频内容的吸引力，创作者要为这些内容添加新的创意。例如，销售员向进入4S店的客户发传单可以策划成销售员穿着玩偶服装，边唱边跳向客户发传单；销售员为客户讲解车型可以策划成在销售员讲解车型的过程中，客户提出各种搞笑的问题，销售员机智地回答；客户提车可以策划成4S店为提车的客户准备了一场别开生面的提车仪式等。这样，创作者将日常生活中人们在4S店买车可能会遇到的各种情景提炼出来，并在这些情景中融入新的创意，拍摄成各种具有趣味性、娱乐性的短视频，更容易吸引用户的关注。

4. 场景扩展法

场景扩展法就是创作者明确短视频的主要目标用户群体后，以目标用户群体为核心，围绕他们关注的话题，通过构建九宫格来扩展场景，寻找更多内容方向的方法。例如，短视频的主要目标群体是35岁左右的人群，运用场景扩展法构思内容的操作步骤如下：

(1)画出九宫格。创作者以"35岁左右的人群"为核心，列出与之相关的8对核心关系，如图10-4所示。

(2)以这8对关系为核心，分别构建九宫格，并在每个九宫格中都列出8个常见的、最好有冲突的沟通场景。在此，以"35岁左右的人群和孩子"这一对关系为例进行介绍，如图10-5所示。

爸爸、妈妈	亲密朋友	公公、婆婆
领导、下属	35岁左右的人群	孩子的老师
兄弟姐妹	夫妻	孩子

上学	家教	购物
辅导作业	35岁左右的人群和孩子	出游
做游戏	做家务	吃饭

图10-4 构建九宫格第一层核心关系　　图10-5 以"35岁左右的人群和孩子"构建沟通场景

(3)分别为九宫格中列出的每个沟通场景规划3段对话。例如，选择"做家务"这个沟通场景，规划3段对话，可以包括拖地时的对话、洗碗时的对话、洗衣服时的对话等，然后分别为"上学""家教""购物""出游""做游戏""辅导作业"等沟通场景规划对话。

(4)为图10-4九宫格中剩余的7对关系分别列出8个常见的沟通场景，并分别为每个沟通场景规划3段对话。

这样角色之间的冲突关系会在每一个场景里都体现出来,创作者可以拓展出多段对话,为短视频内容策划提供参考。

步骤4:讲故事,增强短视频的情节性

生活中从来不缺好故事,而是需要我们增强把故事讲好的能力。创作短视频内容也一样,抓住关键点、制造矛盾、巧设拐点,以故事情节增强代入感,使用户如同身临其境,与剧中人物感同身受,达到强烈的情感共鸣,才会吸引更多的用户驻足观看、点赞和评论,最终成为自己忠实的粉丝。

1.明确故事主题、类型和角色

(1)明确故事主题

短视频创作者拍摄短视频之前要明确短视频讲述一个什么样的故事,故事的主题是什么。只有明确主题,才能赋予故事灵魂,使短视频内容更具吸引力。

主题就是故事的核心,通过故事要告诉用户什么,要传递什么价值信息,是诠释人生哲理,还是分享工作经验,或是表达对爱情、事业、婚姻的观点、看法等。只有明确了主题,才能围绕主题来寻找素材,才能设计故事角色、语言及情节。

(2)确定类型

明确了故事的主题以后,就要确定能够表现主题思想的故事类型,例如,创业故事、爱情故事、亲情故事等。只有找到适合表现故事主题的类型,才能将故事完美地呈现给用户。

(3)确定角色

故事的主题需要角色来承载,只有角色设置得合理、明确,才能突出表现故事的主题。短视频创作者在选择角色时,需要注意以下两点:

①主角必须与故事主题相契合。什么样的主题,决定选择什么样的主角,一个严肃的价值观主题不可能通过滑稽演员表演出来,一个幽默搞笑的主题也不可能由面部表情呆板的主角来诠释,所以主角的形象、性格、气质等必须与故事的主题相契合。

②适当设定次要角色。当一位主角无法将故事的主题完美地展现出来时,就需要设定次要角色。次要角色是根据故事情节发展需要配置的,主要是配合主角更好地呈现故事主题。

2.根据主题搜集故事素材

要想通过短视频讲出好故事,首先需要找到好故事。如何寻找好故事?这就需要短视频创作者根据设定的主题搜集故事素材,经过认真筛选后,找出与主题相契合的故事素材。

故事素材的来源主要有以下三种:

(1)自身经历

我们身边的人和事是最真实、最生动,也是最直接的视频故事素材。我们可以根据确定的故事主题,从自身经历中寻找契合主题的素材,这样做出的短视频才更真实、更自然,故事才会"有血有肉",短视频才更有个性和感染力。

在短视频的展现形式上,可以采用多种手法。例如,采用"第三人称代入法",增强故事的代入感,让人觉得自己就是故事的主角,仿佛身临其境;或者在故事的结尾,曝光主角的真实身份,增强故事的真实感,提升故事的感染力,营造出更为强烈的震撼效果。在选择自身经历时,短视频创作者可以从以下三个方面来考虑:

①最难忘的事情。例如,最让我引以为豪的事情是什么?什么事情让自己最有成就感?

最难忘的事情是什么?最想和别人分享的事情是什么?

②失败的经验。想想自己做过的失败的事情,所承受过的打击,经历失败后收获了哪些经验和教训等,以此为切入点。这些经验和教训对于别人来说往往很有价值,避免其再走同样的弯路。

③生命中最重要的人。在自己成长过程中出现的最重要的人,如父母、老师、朋友或崇拜的人等,都可以用来做故事的主角,分享与他们一起经历的事情,传递自己的价值观念。

(2)时事热点

在现实生活中,每时每刻都有新鲜的事件发生,形成不同的热点,这些热点往往能够吸引人们的目光。因此,短视频创作者平时要多看、多听、多观察,对新闻事件始终保持敏锐感,对于新发生的或者已经引起热议的事件,找到合适的视角切入进去,将其作为短视频的故事素材。

(3)好书、影视剧

在生活中,总有那么一两本书让自己印象深刻,像指路明灯一样指引前进的方向,甚至影响自己的价值观,短视频创作者可以将其浓缩成简短的故事,作为短视频的内容素材,以传递正能量。此外,还有很多人喜欢的影视剧,短视频创作者可以从中选取经典的情节作为创作短视频的故事素材,重要的是融入自己的价值观念。

3. 为情节设置矛盾冲突

一个故事是否精彩,往往取决于是否存在足够激烈的矛盾冲突。没有矛盾冲突的故事就像"流水账",没有起伏波澜,让人觉得索然无味。短视频创作者在创作短视频时,需要刻意地制造矛盾冲突,这不仅能增加故事的戏剧性,使故事情节更加紧凑,扣人心弦,引人入胜,在短时间内吸引用户,还能突出人物性格,塑造更加丰满的人物形象,给用户留下深刻的印象,更便于短视频的传播与扩散。

冲突的表现形式有很多,如角色冲突、利益冲突、情感冲突、行为冲突、认知冲突、目标冲突以及人物自身的内心冲突等。一般来说,可以从以下三个方面来设置故事的矛盾冲突:

(1)设置得失矛盾

每个人都想成功,但往往要历经坎坷;每个人都渴望拥有,但往往障碍重重。实现梦想的路不可能一帆风顺,都会遇到挫折和失败,只有设置得失矛盾,才更能体现出人物遭遇挫折后的坚强,以及得到的不易,才更容易打动他人,赢得更多人的关注和点赞。

(2)通过人物性格制造矛盾

短视频创作者在设计故事矛盾冲突时,可以利用人物性格的发展变化制造出强烈而又鲜明的矛盾,以此推动故事情节的发展,使故事更具吸引力。

①巧用人物内心矛盾塑造鲜明的人物形象。例如,创业青年在拼搏的路上遇到挫折,是选择放弃还是坚持,这种矛盾冲突能够带给人们强烈的冲击力。

②用心设计人物之间的矛盾。在生活中,人与人之间经常会因为一些小事产生矛盾冲突,在矛盾解决的过程中,人物的性格会表现得淋漓尽致。利用人物间的矛盾制造冲突点,利用配角对主角的烘托作用来凸显主角的人物形象,把情节推向高潮。

(3)设置善与恶、正与邪的对立矛盾

故事中的善与恶、正与邪的矛盾冲突容易引发用户的共鸣,所以短视频创作者可以在短视频故事中适当夸大这些对立,在人与人、人与社会之间发掘善恶,剖析正邪,从而制造更加鲜明的对立与矛盾。

4.为情节设置拐点

所谓拐点,就是故事情节发展的转折点。在编创短视频故事时要巧设拐点,使剧情跌宕起伏,紧紧揪住人们的心。

(1)拐点设置要有新意

在编创短视频故事时,不能按照人们的正常想法来设置剧情,否则既没有悬念,又没有新意,这就要在情节发展中设置出乎意料的拐点,才能最大限度地推动故事情节达到高潮。

(2)拐点设置要自然

拐点的设置不仅要符合主角的年龄、性格特点及成长环境等,还要符合自然规律,不能显得太突兀,这样更容易被人们接受。

步骤5:短视频内容优化

短视频的内容是核心部分,要想短视频深入人心,传播得更广,对短视频的内容进行优化是必不可少的。短视频内容优化主要包括对短视频的封面、标题和内容简介等的设置,它们会在很大程度上影响短视频的形象,进而影响短视频的播放量和传播范围。

1.设置短视频封面

短视频封面往往用来展示短视频的核心画面,也是留给用户的"第一印象"。用户会在短时间内决定要不要点开短视频进行观看,所以短视频封面尤为重要,它直接关系到用户的点击欲望。要想提高短视频的播放量,创作者就要为其设计"吸睛"的封面。短视频封面要符合以下要求:

(1)封面要有吸引力

封面必须有足够的吸引力,才能快速抓住用户的注意力。提高封面吸引力的方法主要有:

①封面中的人物表情要夸张,夸张的表情可以传递丰富的情绪信息。

②封面中各元素之间可以制造强烈的对比,对比效果越大,就越能吸引用户点击观看。

③引发用户的好奇心,使用户在好奇心的驱动下产生期待感,从而进一步产生点击观看的行为。

④封面中要展示出人物强烈的戏剧性动作、台词、表情等,直接诉诸用户的感官,吸引用户产生观看的欲望。

(2)封面应是短视频的亮点

短视频封面要将短视频中的亮点和精华展示出来,让用户直接了解短视频的内容,吸引用户点击观看。例如,如果短视频内容是"干货"知识,可以把短视频中讲解"干货"知识的清晰截图设置成封面;如果短视频内容属于幽默搞笑类,可以选择其中夸张的人物形象图片作为封面。

(3)封面要与创作领域相关

创作者在为短视频设置封面时,要根据其所属的领域选择相应的封面,让封面与短视频内容保持一致。如果用户点击观看短视频,看到的内容与封面不相关,不仅不会关注账号,还可能会产生厌恶情绪。

(4)封面要适应平台风格

短视频有时会被发布到多个平台上,这时创作者要注意更换封面,因为每个平台都有其不同的特点,要抓住各个平台的特点,设置符合平台风格的封面,这样更容易获得相应平台用户的认可,从而提高短视频的播放量。

（5）原创性要高

现在各个短视频平台都在大力扶持原创作者,封面作为短视频的一部分,也要具有一定的原创性。因此,创作者在设置短视频封面时,要建立属于自己的风格,或者专门为短视频设计一个封面,打上个人标签,形成个人特色。此外,创作者还可以设置一个固定的模板,让每条短视频的封面都形成统一的风格,这样用户就可以非常方便地在历史记录中找到创作者创作的短视频了。

（6）封面的质量要高

封面的质量要符合以下要求：

①一定要完整,如果封面上有人像,不能遮挡人脸。

②比例要协调,不能拉伸变形。

③构图要主次分明,被摄主体要放在焦点位置,突出重点。

④调整原图的清晰度、亮度和饱和度等,让封面的色彩更加鲜亮。

⑤封面上的文字要尽量少一些,放在最佳展示区域,不能被播放按钮、播放时间等要素遮挡或覆盖;文字要在不影响封面美观的前提下放大一些,这样显得更有视觉冲击力。

⑥封面背景要深一些,如果太浅,界限感就很弱。

⑦不要设置纯文字封面,不然很容易与标题混在一起,显得杂乱。

（7）禁止违规操作

在设置短视频封面时,禁止违反法律法规,封面上不能出现暴力、惊悚和低俗等内容,不能含有二维码、微信号等推广信息,也不能带水印。如果出现违规操作,短视频就不会获得平台推荐,严重的话,创作者还会受到相应的平台处罚。

2. 拟定吸引人的标题

在短视频运营过程中,内容是"红花",标题是"绿叶",只有两者完美结合,才能增加短视频成为爆款的概率。很多时候,即使短视频的内容很平淡,但因为创作者为短视频写了一个非常吸引人的标题,短视频也可能会被推上热门,由此可见短视频标题的重要性。在拟定短视频标题时,创作者需要把握好以下要点：

（1）提取短视频内容的关键词

现在大多数短视频平台都采用推荐算法机制,这样可以更精准地明确用户的兴趣点。目前,机器算法对图像信息的确有一定的解析能力,但机器算法解析文字信息更容易,机器算法解析文字信息的优先级要高于图像,当短视频转向图像后,机器算法很难从短视频内容中获取相关的有效信息,而最直接、有效的获取途径是短视频的标题、简介和标签等。

推荐算法机制的基本流程为:机器解析—提取关键词—按标签推荐—推送给相关用户—用户点击观看。短视频平台在分发推荐短视频时,会通过用户输入的关键词给出搜索列表,如果短视频标题上有用户搜索的关键词,就会被平台推荐。因此,在拟定短视频标题时,要尽可能多地添加一些高流量关键词,这有利于增加短视频的推荐量和播放量。创作者可以使用相关的数据分析工具查看关键词的相关热度指数,如微信小程序"标题大师"或头条的"热词分析"等,从而对短视频的播放量有合理的预估。

（2）引用数字

数字可以带给用户直观而具体的感受,更能被用户快速接受。在短视频标题中使用数字时,以阿拉伯数字居多。一般来说,"干货"盘点类或总结分析类的短视频适合使用数字式标题。例如,某抖音账号的一条短视频的标题为"剪辑时卡顿怎么办？4大方法提高你的剪辑效率,喜欢就给我点赞吧",该标题先根据用户对视频剪辑中经常遇到的问题展开提问,然后马上利用数字直截了当地提出4种方法,指向明确,内容清晰,想学习这方面知识的用户很可能会马上点击观看短视频。

(3)使用热点词汇

热点词汇自带流量光环,更能吸引用户点击观看短视频。创作者在拟定短视频标题时,合理地使用热点词汇可以将内容传播给更多的用户,同时也会增加短视频账号的关注度。不过,热点词汇不能随意使用,而要与短视频的自身定位保持一致。例如,美食类短视频标题中一般不能出现娱乐热点词汇,如果短视频的内容与娱乐热点没有太大关联,即使短视频获取了巨大的流量,用户也难以转化为"粉丝",推广效果并不好,甚至会起到反作用,引起用户的反感。

(4)使用第二人称

创作者在短视频标题中使用第二人称"你",可以拉近与用户之间的关系,减少距离感,例如,"这个技能,对你很有用!"就比"这个技能,对大家很有用!"更有吸引力。尽管短视频要呈现给所有的用户,但使用第二人称可以给用户一种为其量身定制的感觉,使其产生强烈的代入感,更愿意点击观看短视频。

(5)激发用户的好奇心

创作者在拟定短视频标题时,通过激发用户的好奇心,可以促使用户对短视频产生浓厚的兴趣,进而产生点击观看短视频的欲望。

激发用户好奇心的方法一般有以下三种:

①使用简单疑问句。用户看到标题中的问题后,要想获得答案,就会迫不及待地点击观看短视频,以满足自己的好奇心。

②在标题中设置强烈的矛盾冲突。存在矛盾冲突的标题会让用户产生好奇的心理,创作者可以在标题中提供两个完全不同甚至对立的观点和事实,以此来吸引用户点击观看短视频。

③制造悬念,引发联想。带给用户更多的悬念,会让用户产生联想,从而点击观看短视频。

(6)指出用户的痛点

用户观看短视频的目的除了消遣娱乐外,还有学习知识和技巧,解决现实问题,尤其现实生活中特别让人头疼的问题,是用户迫切需要解决的痛点。因此,创作者不仅要在短视频内容中为用户提供解决方案,在标题上也要指出用户的痛点,以吸引用户点击观看。

(7)引发讨论

创作者可以在短视频标题中抛出有讨论性的观点,或者提出有讨论性的话题,从而引发用户的讨论,吸引用户的注意力。

(8)角色代入

角色代入就是指在短视频标题中直接表明目标用户群体,使其知道该短视频"与我相关",从而引起目标用户的共鸣。

(9)确定标题句式

创作者在拟定短视频标题时,尽量避免使用大长句,而应多用短句,除了使用陈述句以外,也可以使用疑问句、反问句、感叹句、设问句等句式,从而引发用户的思考,增强用户的代入感。目前,短视频标题以两段式和三段式居多,这两种标题格式可以承载更多的内容,使表述更加清晰,且易于用户理解。

3.撰写具有感染力的短视频内容简介

短视频的内容简介对短视频的重要性主要体现在两个方面:一是让短视频的内容更立体、更丰富,让短视频更具有传播力;二是可以迅速地传达创作者的思想和意图,感染用户的情绪,吸引其关注。

(1)撰写短视频内容简介的步骤

创作者要想撰写具有感染力的短视频内容简介,一般要经历以下步骤:

第一步:搭建基本框架,即列好短视频内容简介的写作大纲,以确定内容简介的创作方向。在搭建内容简介框架时,创作者一定要弄清4个问题:短视频的观看用户是谁?内容简介要传递什么信息?内容简介可以带给用户怎样的情感推动?内容简介会导致什么结果?

第二步:找到内容简介的切入点。创作者搭建好内容简介的框架以后,要对所了解和掌握的信息进行筛选和整理加工,确定短视频内容简介的主题和切入点。

第三步:将信息转化为文字。根据确定好的主题,将搜集到的信息转化为文字,形成短视频的内容。

(2)短视频内容简介的常见类型

短视频内容简介的类型和格式并不是固定的,但都要遵循一个共同的原则,即调动用户的情感,引发用户的共鸣。创作者在撰写短视频内容简介时,要找到目标用户的共性,挖掘出他们共同感兴趣的话题,并合理地表达出观点和态度,从而使用户更愿意关注短视频账号。

比较常见的短视频内容简介有以下几种:

①互动类内容简介

互动类内容简介一般采用疑问句或反问句,这种带有启发性的开放式问题不仅可以很好地制造悬念,还能为用户留下比较大的回答空间,从而提高短视频的播放量和评论数,如"有你喜欢的吗""你认为怎么样"。

②共谋类内容简介

当用户在做某件事情时,总想找一个或一群人与自己一起努力,用户的这种心理使共谋类内容简介能够产生良好的效果。共谋类内容简介可以分为励志类内容简介、同情类内容简介等多种类型,这类内容简介可以引发用户的情感共鸣,获得更多用户的关注,如"春天来了,愿意和我一起打卡健身吗""春节这几天,你是否也感受到了不一样的快乐"。

③悬念类内容简介

悬念类内容简介能够带给用户无限的想象空间,使其产生意犹未尽的感觉,有效地延长用户在短视频页面的停留时间。一般来说,这类短视频会在最后设置反转或者留下悬念,给用户留下深刻的印象。

④叙述类内容简介

叙述类内容简介通常是对画面进行的叙述,给用户营造置身其中的感觉,使其浮想联翩,产生共鸣。因此,创作者在撰写这类内容简介时,要选用富有场景感的故事,不能平铺直叙。

思政园地

通过本工作任务的学习,我们了解了短视频内容策划的方法和技巧,提高了短视频制作专业性的职业素养,对短视频价值观的传递引导有了更深刻的认识,比如引导爱国、敬业、诚信、友善的人生观、价值观,弘扬社会正能量,培养民族自豪感和认同感,对中国特色社会主义制度、理论、道路、文化的自信。

请思考: 在短视频内容的选取和制作、传播中,都有哪些角度可以实现社会主义核心价值观的传播?如果遇到短视频中有虚假或者不良信息,你应当怎么做?

任务回顾与总结

通过本项目的学习,我们了解了短视频的发展历程以及近几年短视频行业快速发展的原因,同学们要清楚认知短视频的营销价值,在新时期能够进行短视频的内容策划,打造爆款短视频,运用短视频进行特定产品或服务的营销。

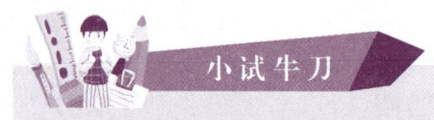

小试牛刀

1.创作者进行短视频内容策划应该遵守哪些原则?

2.以"35岁职场女性"为短视频的主角,运用"五维"方法论策划一个选题树。

3.假设短视频的主要目标用户群体是20~25岁的女性,请尝试运用"场景扩展法"来构思短视频的拍摄内容。

4.如何为短视频中的故事情节设计矛盾冲突?

5.自行拟定一个选题方向,拍摄一条短视频,并为短视频设计封面、标题和内容简介。

项目 11

网络客户关系管理

项目描述

项目背景

客户服务质量是影响企业品牌声誉和客户忠诚度的关键因素,也是直接影响收益的因素,客户服务的重要程度有时已经远远超过产品本身,这些早已被大量的实践所证实。在线客户服务是客户服务中的一个重要组成部分,特别是对于网络消费者,在线客户服务不但能成为对客户购买行为产生决定性影响的因素,而且能成为企业为客户提供的核心价值之一。如何认知网络客户服务,开发、实施和管理网络客服项目,将是进一步提升网络营销层次所要研究的重要内容。

知识与技能目标

- 掌握网络客户关系管理的内涵、意义、特点
- 认知网络客户关系管理与传统客户关系管理的主要区别
- 能熟练运用 FAQ 等不同的工具和形式进行网络客户关系管理

思政目标

- 引导学生在网络客户关系管理中强化业务能力
- 引导学生加强职业德育和坚持职业伦理操守
- 引导学生学会换位思考,提高分析问题、解决问题的能力
- 培养学生与人沟通、团队协作的能力
- 加强学生保护客户隐私、保守企业秘密的意识

工作任务 1　认知网络客户关系管理

工作任务描述

1. 任务背景

网络客户关系管理基于网络环境实现对客户的管理并维系客户关系，提升客户忠诚度。在环境发生变化之后，传统环境下的客户关系管理的方法、手段和策略就不再能满足网络客户关系管理的需要了，这就需要管理人员对网络客户关系管理有一个清醒的认识，对原有的策略做出改变。

2. 任务目标

【知识目标】　掌握网络客户关系管理的内涵，理解网络客户关系管理的意义及特点。
【技能目标】　认知网络客户关系管理的工具、形式及核心。
【思政目标】　培养学习和工作中的服务意识及以客户为中心的思想。

工作过程

步骤 1：认知客户关系管理的内涵

所谓客户关系管理（Customer Relationship Management，CRM），即客户之间关系的新型管理机制，是指通过客户细分以及应用先进的技术系统，有针对性地配置企业资源来满足客户需求，实现企业利润、客户满意度和忠诚度的最大化，主要应用于企业市场营销、服务和技术支持等企业外部资源整合领域。客户关系管理既是一种概念，又是一种管理软件和技术。利用 CRM 系统的企业可以搜集、追踪和分析每一个客户的信息，从而知道他们是谁，现在需要什么，还可能需要什么，把客户想要的送到他们手中，并及时与客户联系，得到他们潜在需求的反馈，从而开拓新的业务，实现对外部资源（客户）的循环化管理。

步骤 2：了解客户关系管理的意义

1. 客户资源是现代企业的重要战略资源

当今世界，市场竞争的焦点已经从产品的竞争转向品牌、服务和客户资源的竞争，谁能拥有客户，并能与客户建立和保持一种长期、良好的合作关系，赢得客户信任，给客户提供满意的服务，谁就能通过为客户服务和最优化来实现企业利润的最大化。例如，"美国在线"（AOL）投入 100 亿美元，奋斗 10 年得到的最大财富就是拥有 1 700 万个客户。正是凭此 1 700 万个客户，"美国在线"（AOL）才得以顺利吞并无论在关键资产还是营利规模上都远胜于自己的、具有近百年历史的美国时代华纳。由此可见，在激烈竞争的今天，客户资源已经成为企业宝贵的财富。只要有客户，就能有商机。

2. 争夺客户资源是现代商战的主要特点

客户资源已经成为一种战略资源，因此对客户资源的争夺已经成为现代商战的主要特点。

客户是企业生存和发展的基础,市场竞争的实质就是争夺客户资源。《哈佛商业评论》的一项研究报告指出:1位满意的客户会引起8笔潜在的生意,其中至少有1笔成交;1位不满意的客户会影响25个人的购买意向;争取1位新客户的成本是保留住1位老客户的5倍。竞争加大赢得新客户的难度和成本,使越来越多的企业转向保持老客户,把营销重点放在获利较为丰厚的客户群上,即使不在新客户上投资,企业也能够实现大部分的营利目标。因此,客户关系管理的策略着眼点不仅在于维系现有客户,而且在于在此基础上发展新客户。

3. 寻求企业利润最优化是客户关系管理的根本目的

通过采用先进的客户关系管理系统,一方面企业能够对客户信息进行全面的整合,在企业内部充分共享,从而为客户提供更快速的优质服务,吸引和保持更多的客户;另一方面,客户关系管理所蕴含的先进管理理念优化了企业的业务流程,把"满足客户明确的和隐含的需求"的经营理念贯彻到企业经营管理的全过程中,无论客户采取什么途径向企业发出任何联系信号,都能够像遇到老朋友一样对待,企业和每个部门都知道他寻求的目标、购买的习惯、付款的偏好和感兴趣的产品。只要客户的一切信息尽在掌握中,就能够有的放矢地提供及时、周到、满意的服务,使企业通过客户价值的最大化、客户服务的最优化来寻求市场开拓的最大化和企业利润的最优化。

步骤3:了解网络客户关系管理的特点

网络营销时代的企业必须面对更多的客户、更多的商品、更多的竞争者和更短的反应时间,了解客户的行为进而满足客户的需求变得异常困难。网络客户关系管理主要呈现出以下特点:

1. 客户关系管理不受时空限制

在网络营销的条件下,企业与客户间不用约定时间和地点,不用在客户购买企业的产品和服务时才能给企业留下自己的信息,企业可以通过网站上的留言板、电子邮件、FAQ以及网络客户服务中心与客户进行实时与非实时的沟通,这种沟通给企业和客户都带来了极大的方便。

电子商务环境下客户关系管理发生的变化

2. 客户处于主动地位

在网络营销条件下,在沟通过程中客户的主动性增强。虽然企业可利用信息技术和网络手段建立一系列沟通渠道,但没有客户的主动参与这些渠道会失去作用。如客户需主动浏览网站的FAQ、在留言板上留言、与网络客服人员即时交流等。相对于传统客户关系管理而言,企业处于被动地位。

3. 客户关系管理的个性化

利用网络工具,企业加强了同客户的交流,深化了对客户需求和偏好的认识,获得了更快的客户信息反馈,从而使企业向客户提供个性化服务有了渠道上的可能性。基于这一背景,建立以客户为中心、网络为载体、个性化服务为特色的新型电子商务模式就成为众多企业追求的目标。电子商务实现了需求与服务的电子匹配,它贯穿于企业服务的全过程,从设计、生产、运输、付款到维修。借助多样的电子手段,它可以对每个客户提供全面的个性化服务。

4. 客户关系管理的系统性

网络营销时代的客户关系管理是以大数据为基础、以网络为手段的现代化管理。企业将客户的数据(包括自然状况及行为特征等方面)事先存入客户数据库,而后企业的所有部门都可以共享该数据,从而对客户实现全方位、个性化管理,建立客户对企业永久的忠诚度。

5.客户关系管理的实时性

在电子商务时代,时间就是效率。现在的客户早已对传统商业模式以天为单位的回应速度不满意了,他们要求企业在几分钟甚至几秒钟内对他们的要求做出反馈。电子商务企业如果不能做到实时服务,就会在很大程度上削弱企业的竞争力。

6.客户服务过程简化

互联网不仅改进了信息的提交方式,加快了信息的提交速度,而且简化了企业的客户服务过程,使企业提交与处理客户服务的过程变得更加方便。客户希望能以最方便的方式交易。因此,他们需要的不只是最好的网站服务,而且是能让他们自行寻找所需信息并进行交易、查询订单处理进度等整合完善的互动渠道,还希望能够通过社交软件、专属APP、电话、传真、电子邮件或网站等不同方式实现互动。必要时,最好有专人为他们服务。

步骤4:认识网络客户关系管理的工具与形式

目前在互联网上我们能够看到的网络客户关系管理的工具、手段和形式很多,现列举

电子商务环境下客户关系管理的工具和方法

(1)电子邮件。电子邮件是网络客户服务人员经常使用的工具。

(2)网站FAQ。网站FAQ是维系客户关系的主要手段之一,但经常被网站管理人员所忽视。

(3)专家在线(实时在线咨询)。此处的专家,实质上就是客户服务人员。

(4)在线QQ。目前有相当多的企业将客户服务人员设置为在线QQ的形式,这样做的好处是,与客户互加好友后,随时可以对客户进行指导。

(5)阿里旺旺。阿里旺旺是淘宝网上的商家与客户沟通的主要工具,其他网站也有自己独特的沟通工具。

(6)客户留言板。客户留言板在网站中极为常见,客户有意见和建议可以留言,属于非实时交流。

(7)用户(社区)论坛。企业在自己的网站上为客户设计一个开放的论坛,不仅可以为企业提供建议和意见,还可以和其他用户进行沟通。

(8)呼叫中心。一般最简单的网络客户服务形式就是在网站上公布售后服务电话,如800或者400呼叫中心号码。

(9)客户关系管理软件。随着IT技术的发展,开发出了多种多样的客户关系管理软件,例如依附于第三方电商平台的各种软件,依附于社交软件的各种软件,还有企业独立开发的云服务系统、APP等。这些软件相比传统的客户关系管理方法而言,功能多,时效性强,互动率高,客户数据分析更精准。

此外,还有其他一些网络客户服务的形式。但网络客户服务都有一个宗旨,那就是维护客户关系,提高客户忠诚度。

步骤5:认知网络客户关系管理的核心

整个企业的所有活动,实际上都是为了最后的销售服务。不管企业卖的是什么产品,都要把企业的客户关系梳理清楚,筛选高价值客户满足需求,最终完成订单。网络客户关系管理可解决因缺乏有效的系统管理,客户数据散乱,跟进无序,无法聚焦优质客户,导致效率低下的问题,也可以解决因员工离职,沟通记录无法管理,难以形成运营体系的问题。总之,网络客户关系管理的核心是通过客户管理,提高企业营销效果。

项目 11　网络客户关系管理

> **思政园地**
>
> 通过本工作任务的学习，我们认识到信息经济时代，客户关系已经成为现代企业商务活动中巨大的信息资源。营销人员要掌握专业知识，提高自己的专业素质，在以客户为中心的竞争中获得成功。建立与维护客户关系，必然要求企业营销人员具备诚信经营、服务精致、公平公正的职业品德及正确的价值观，才能更好地进行客户关系管理。
>
> **请思考**：为了更好地进行网络客户关系管理，你认为还应该提高哪些方面的专业素质？

工作任务 2　运用电子邮件管理网络客户关系

工作任务描述

1. 任务背景

E-mail 是网络营销人员与客户进行通信和交流的重要工具，同时也是客户关系管理的重要工具。在实际应用中，E-mail 在企业客户关系管理中有着不可替代的作用和地位。

2. 任务目标

【知识目标】　了解 E-mail 在客户关系管理中的作用和分类。
【技能目标】　掌握管理客户 E-mail 的方法和技术。
【思政目标】　引导学生加强职业道德和坚持职业伦理的操守。

工作过程

目前，企业普遍应用电子邮件来与现有客户和潜在客户进行沟通与联系，建立起双向互动的沟通模式，维持与客户之间的业务关系，保持客户的忠诚度。

步骤 1：认知 E-mail 在客户关系管理中的作用

许可 E-mail 是企业网络营销的重要工具，其沟通对象是企业的现有客户和潜在客户，在客户关系管理中的作用表现在开发客户资源、留住客户、培养客户忠诚度、创造客户价值等方面。

步骤 2：管理客户 E-mail

来自客户的 E-mail 应引起网络营销人员的高度重视，因为无论客户是主动联系，还是应邀回复，都表明客户已经关注了企业所发布的信息，并有采取进一步行动的可能性。因此，网络营销人员应该把客户 E-mail 当成企业的重要资源来进行管理。

1. 客户 E-mail 管理的目标

客户 E-mail 管理的基本目标是：企业必须通过一定的组织与管理确保每一位客户的

211

E-mail都能得到认真、及时的回复。

2. 客户 E-mail 管理的主要内容

客户 E-mail 管理的内容主要包括 E-mail 接收、阅读和分拣、回复、存档等工作。

(1) 接收——安排电子邮件的传送通路

对于客户 E-mail 管理的首要工作是安排好 E-mail 的传送通路,以使客户的要求能够归口到各个职能部门,并由专人受理。电子邮件的通路通常包含两层意思:一层是指企业内部建立起来的通信网络;另一层是指企业针对客户 E-mail 所建立的处理流程。

(2) 阅读和分拣

E-mail 的分拣与传统邮件并不一样。传统邮件的分拣是根据信封外面的收信人信息进行分拣后再派送到各个职能部门去拆阅。而对于电子邮件来说,很多客户特别是消费者,在发送电子邮件时并不能(通常也不会)准确地填写主题,甚至客户也不知道自己的投诉或问题应该由谁来解决,因此,要分拣 E-mail 必须先阅读,这个工作可以由人工或计算机程序来完成。

(3) 回复

在大多数情况下,拖延回复与不回复的影响几乎是一样的。因为对于大多数客户来说,他们往往期待能在 24 小时内得到企业的答复,而超过这个时限,客户会寻求其他解决问题的途径或者干脆放弃。

(4) 存档

客户的 E-mail 通常包含着丰富的信息,如客户电子邮箱是否变换、发信时间、来信的次数、是否曾尝试自己解决问题等。因此,将客户的 E-mail 及时存档,将有利于日后改进服务或跟踪客户,如更新企业的 FAQ。

3. 客户 E-mail 的分类管理

(1) 客户 E-mail 的分类

对客户 E-mail 进行分类管理将有助于提高电子邮件回复的效率。一般情况下,可按以下两个标准进行分类:

① 按服务部门分类。客户关心的不同问题应由不同的职能部门来进行专业的解答。通常企业的职能部门有销售部、客户服务部、公共关系部、人力资源部、财务部等,分别负责处理自己职能范围内的客户问题。

② 按紧急程度分类。据有关调查显示,24 小时是客户等待网站回复的心理极限时间。因此,网络营销人员应充分利用已经建立的 FAQ 数据库,快捷地为客户提供解决方案。以下是可以参考的分类:

• 给企业提出宝贵建议的电子邮件。对于这类电子邮件,企业应在第一时间给予客户回复,并表示感谢。

• 普通紧急程度的电子邮件。对于此类问题,在企业的数据库中应准备好现成答案,这样就可以迅速解决大部分问题,并且应该在回信中提供查询类似问题答案的网址或方法。

• 特殊问题的电子邮件。特殊问题意味着在企业现有的数据库中还没有现成答案,这就需要相关部门的人员来给予答复。

• 重要问题的电子邮件。这类电子邮件的内容涉及一些重要问题,事关企业的发展,需要交给管理层人员或特定部门研究解决,在得到解决方案前,也应马上回复并请客户等待专门的答复邮件。

• 紧急情况的电子邮件。当出现紧急情况且问题严重时,电子邮件应由企业内部信息系统转发、抄送有关高层管理人员,并快速解决。

(2)采用计算机程序,实现自动答复

为了提高回复客户电子邮件的速度,可以采用计算机自动应答程序,实现对客户电子邮件的自动答复,客户收到的是一封预先设置好的信件。这样做的目的是让客户放心,并说明电子邮件已经收悉,已引起企业的关注。这种答复可以采用某种特定格式,如"本企业经理对您的建议很感兴趣,并十分感谢您为此花费了宝贵的时间"。

几乎所有的电子邮箱都提供了系统自动回复功能,这项功能也是营销人员必须掌握的一种技术,因为使用自动回复既可以让客户及时收到企业的回复邮件,让客户知道他们的信件已经成功发送,也为企业节省了回复电子邮件的时间,大大提高了沟通效率,尤其是对那些有庞大的客户群的企业更是如此。

下面以网易电子邮箱为例,说明如何设置电子邮箱的自动回复功能。

①用已有的账户和密码登录网易邮箱,如图 11-1 所示。

图 11-1　登录网易邮箱

②单击右上角的"设置"菜单(注意,不同的电子邮件服务商,其邮箱界面和项目不尽相同,但都可以找到类似的菜单项或标签项),选择"常规设置",出现如图 11-2 所示的界面。

③在"自动回复/转发"选项中编辑自动回复内容,如图 11-3 所示。

图 11-2　电子邮箱设置界面

图11-3 编辑自动回复界面

④单击"保存"按钮后,便完成了电子邮箱自动回复功能的设置,当其他人向该电子邮箱发送信件后,发件人会立刻收到一封回信,如图11-4所示。

图11-4 自动回复的电子邮件

4.运用 E-mail 进行客户关系管理所存在的主要问题

(1)垃圾邮件问题

垃圾邮件泛滥是很多企业在使用 E-mail 进行营销时,因管理控制不到位而造成的后果。垃圾邮件不但不能有效地与客户进行沟通,反而会让客户对企业的电子邮件产生厌烦感,损害企业的品牌形象,甚至会让客户或电子邮件服务商将企业列入黑名单,拒收企业的电子邮件。因此,运用 E-mail 进行客户关系管理必须杜绝垃圾邮件。具体的做法参见项目6的相关内容。

(2)回复问题

通过 E-mail 回复客户的咨询必须及时和诚恳。客户往往会从企业对咨询邮件的回复情况来判断企业的服务和态度。例如,如果4小时内客户能得到回复邮件,他会觉得备受重视,企业的办事效率高,责任心很强,这样的企业值得信赖。

(3)个性化服务问题

电子邮件的形式和内容富有个性化,用词亲切,表明企业具有责任心,非常重视客户的要

项目 11　网络客户关系管理

求,从而让客户相信企业的产品和服务。如果电子邮件格式呆板,言辞普通,没有特色,客户会觉得自己面对的只是计算机程序的应答,从而对电子邮件营销失去兴趣和信心。

(4)隐私问题

当企业与客户已经建立起通过 E-mail 进行沟通的途径后,企业应注意对客户个人信息的保护。最主要的内容是管理好客户的电子邮件地址,防止外泄和被滥用。

> **思政园地**
>
> 通过本工作任务的学习,同学们增强了运用电子邮件进行客户关系管理的职业道德认识,具备了客户关系管理的礼仪素养、文字表达与沟通的基本素质,能够更好地运用电子邮件进行客户关系管理,满足信息经济时代对网络营销人才的需求。
>
> **请思考:** 针对现在 E-mail 客户关系管理中普遍存在的问题,你认为还需要具备哪些方面的专业素质?

工作任务 3　运用网站 FAQ 管理网络客户关系

工作任务描述

1.任务背景

目前,企业网站已经成为消费者了解企业产品、服务和其他基本概况的重要信息源。一般情况下,网民很难快速地从网站上找到自己关心的信息,特别是针对特定问题的解决方案。因此,网站设计时应站在访问者的角度为他们提供信息搜索的便利,在网站上设置 FAQ 栏目就是一个很好的方法。设计和管理好网站的 FAQ,将会为网站访问者提供优质和高效的信息服务。

2.任务目标

【知识目标】　了解 FAQ 的内涵,掌握 FAQ 的内容设计。
【技能目标】　学会 FAQ 功能设计、布局设计,以及 FAQ 的管理维护方法。
【思政目标】　引导学生学会换位思考,提高学生分析问题和解决问题的能力。

工作过程

步骤 1:认知 FAQ 的内涵

FAQ 是英文 Frequently Asked Questions(常见问题解答)的首字母缩写,网站 FAQ 即网站的常见问题解答。网站的最主要功能是为客户提供有关企业产品和服务等方面的信息,面对众多客户对信息的不同需求,如何帮助客户正确、高效地使用企业网站上的各种服务,最好的方法就是在网站上建立客户常见问题解答。FAQ 主要为客户提供有关产品、企业的情况,

网络营销

它既能够引发那些随意浏览者的兴趣,又能为企业客户提供他们所需的信息,帮助他们迅速而有针对性地解决疑问。

步骤2:FAQ内容设计

FAQ的内容如果从服务的对象来看可分为三个方面:

1.针对潜在客户设计的FAQ

浏览者只是对企业提供的产品和服务感兴趣才登录企业的网站,浏览该网站的FAQ也只是想了解产品和服务的特性。但是这部分浏览者是企业的潜在客户,企业对他们想要了解的问题事先就要有所设计,并发布在FAQ中,以激发他们的购买需求,使他们成为企业的现实客户。如图11-5所示为京东商城的FAQ,其页面设计简洁。

图11-5 京东商城的FAQ

2.针对新客户设计的FAQ

由于新客户是第一次购买企业的产品和服务,所以他们对产品和服务的关心程度比潜在客户要高;但和老客户相比,他们关心的问题却不是很深入。因此,针对新客户设计的FAQ应尽可能多地包括一些有关新产品的使用、维护说明及注意事项等方面的问题。如图11-6所示为苏宁易购帮助中心的FAQ,其中所设计的问题是专门针对第一次使用苏宁易购的客户的,其页面设计简洁清楚。

3.针对老客户设计的FAQ

由于老客户对企业产品已经有了较多了解,因此可以提供更深层次的技术细节、技术改进等信息,或者按照客户已经熟悉的产品或服务关键信息对FAQ进行分类显示,还可以增加搜索功能,让老客户能按照关键字快速地查找到相关的问题及其解决方案。如图11-7所示为淘宝网服务中心的FAQ,其为老客户提供更深入的问题解决方案。

项目 11　网络客户关系管理

图 11-6　苏宁易购帮助中心的 FAQ

图 11-7　淘宝网服务中心的 FAQ

步骤 3：FAQ 页面与布局设计

FAQ 页面的设计主要从两个方面考虑：一是页面的布局，二是功能。精心设计的页面布局和功能，不仅可以体现企业服务的理念和形象，而且便于客户使用，能够为企业和客户节约很多的在线时间。

从企业实践应用来看，FAQ 页面的布局通常是整个网站中最简洁的。这主要是考虑到客户访问这个页面，需要快速找到相应问题的答案。因此，FAQ 页面布局通常要注意以下问题：

（1）尽量减少图片、动画、按钮、广告条等网页元素，减少对客户的干扰。

（2）切忌将不同主题的所有问题流水账似地列在同一个页面上，问题显示务必设置顺序和分类。

（3）设计多个链接点，让客户快速地在页面中和页面之间方便地转移和切换，例如"返回页首""上一页""下一页"等。

217

(4)页面中最好添加留言本或注册链接,便于客户提交意见和问题。
(5)最好将页面设置为静态 HTML 页面,以便在增加链接的同时起到类似网站地图的效果,便于搜索引擎收录。

步骤 4:FAQ 功能设计

FAQ 功能设计要保证客户的主要需求得到有效的满足。因此,在设计时应注意以下问题:

1.保证 FAQ 的效用

FAQ 是客户常见的问题,设计的问题和解答的问题都必须是客户经常问到和遇到的。为保证 FAQ 的有效性,需要做到:

(1)要经常更新问题,回答客户提出的一些热点问题。
(2)问题应短小精悍,便于阅读,切忌一个提问中涉及多个疑问。
(3)对于提问频率高的常见问题,不宜用很长的文本文件。
(4)产品或服务有变化后,问题也应该及时更新。

2.使 FAQ 简单易寻

在网站上放置多少信息才能既充分利用网站空间,又能保证这些信息简单易寻?这是网页设计师普遍遇到的问题。考虑到寻找问题答案的客户心情会比较急迫,因此在保证 FAQ 的易用性上应从以下方面入手:

(1)提供搜索功能,让客户通过输入关键字迅速查找问题和答案。
(2)问题较多时,可以采用分层目录式的结构来组织问题的解答,但目录层次不能太多,一般不要超过 4 层。
(3)设置热点问题列表,将最经常提问的问题放在最前面,其他问题可按一定规律排列,问题较多时可按字典顺序排列。
(4)对于一些复杂的问题,可对答案中的关键字再设置超链接,便于在解决一个问题的同时方便地找到相关专题的问题。

3.选择合理的 FAQ 格式

FAQ 在某种程度上代表着企业的形象,因为这是企业客户服务态度的体现,因此选择合理的 FAQ 格式也显得很重要。常用的方法是按主题将问题进行分类,每类问题都有其对应的区域,对于问题较多的主题应设置"更多"菜单项,链接到该主题的问题列表页面。分类的方法有:

(1)按业务流程分类。如淘宝网的 FAQ 问题分类包括:如何成为淘宝客户;成为会员后如何交易;如何设置和保护账户信息;举报、投诉及退款;淘宝辅助软件及增值服务;淘宝规则。
(2)按产品或服务的关键字分类。如海尔商城的 FAQ 问题分类包括:支付相关;购买相关;配送相关;其他问题。
(3)按产品或服务使用功能分类。如新浪网博客 FAQ 问题分类包括:注册/升级/申请名人博客类问题;文章发表/管理/评论/留言类问题;模板设计/特效/首页内容维护类问题;相册类问题等。
(4)按照问题的特点分类。如百度竞价排名的 FAQ 问题分类包括:常见问题;最热门问题;经典问题等。

4.信息披露要适度

FAQ 为客户提供了与企业有关的重要信息。但是,企业不必把所有产品、服务以及企业的情况公开出去,因为这样做虽然表现了企业对客户的真诚,但对客户却没有太大的用途,同时,还给竞争对手提供了窥探企业核心技术的机会,对企业不利。因此,信息披露要适度,这个"度"应以对客户产生价值又不让对手了解企业的内情为准。只有在两者之间找到合适的均衡点,才能使企业和客户都受益于 FAQ 的设计。

5. 参考竞争对手网站的 FAQ 设计

为争取潜在客户或争夺现有的客户,企业应该从竞争的角度去考虑 FAQ 的设计,了解竞争对手网站的设计,取长补短,设计出特点鲜明的 FAQ。

步骤 5:网站 FAQ 的管理和维护

FAQ 对访问者的影响是最大的,因为通常访问 FAQ 的网民,其目的非常明确,如果能查询到问题答案是令人满意的,这无疑会增强网民对企业产品和服务的信心和忠诚。因此,加强对 FAQ 的管理也是网站管理和维护的重要工作之一。FAQ 管理的主要工作包括两个方面:一是内容更新,二是访问量和点击率统计。

1. 内容更新

FAQ 从设计开始就要不断更新。FAQ 中的问题是来自企业客户服务人员工作经验的积累,他们收集了大量的客户给企业提出的问题、意见和建议,然后站在客户的角度来提出问题。但这些问题经常会出现偏差,因为客户服务人员毕竟是专业人士,他们往往会不自觉地将一些客户从未接触过的专业术语放在问题里提出来,这样就会造成客户连这些问题都不能正确理解,查找答案更无从谈起了。另外,新产品和新技术的出现,要求不断增加 FAQ 中的新问题。还有就是随着某项产品和服务的逐渐大众化或被淘汰,有关它们的问题也要不断减少和删除。

2. 访问量和点击率统计

对 FAQ 中各个问题的访问量和点击率进行统计,一方面是为了给更新 FAQ 提供依据;另一方面,这些数据可作为企业的销售、产品设计、售后服务部门等制定决策的重要信息。

步骤 6:天涯问答网站的 FAQ 设计欣赏

以天涯问答的 FAQ 设计为例,对其进行分析和欣赏,如图11-8 所示。

图 11-8 天涯问答网站的 FAQ 设计

(1)该网站的 FAQ 设计时将所有问题进行了分类处理。

网络营销

(2) FAQ 页面中为客户提供了问题搜索对话框,允许客户搜索问题及答案。

(3) 将客户最常问到的问题"置顶",显示给所有的客户。

(4) 允许客户即时提交问题。如果客户通过搜索或者浏览所有的问题后,仍找不到自己想要问的问题,则允许客户在该页面中通过"我要提问"提交自己的问题。

(5) 允许客户回答其他客户提出的问题。并非所有的问题都由网站的客户服务人员来回答,其他客户也可以对别人提出的问题进行回答。

(6) 列出最新提出的问题。

(7) 列出最近被回答的问题。

(8) 列出尚无人回答的问题。

(9) 提供"专家在线",允许用户实时与在线人员进行沟通和交流。

思政园地

通过本工作任务的学习,同学们具备了以人为本、换位思考、服务客户的理念,增强了整理归纳能力和总结提炼能力,强化了岗位认知,可以更好地了解客户的需求和网络客户关系管理中的不足。

请思考: 在运用网站 FAQ 进行客户关系管理过程中,还需要具备哪些方面的职业素养和专业能力?

工作任务 4 社交软件客户关系管理应用

工作任务描述

1. 任务背景

微信这种社交软件的普及使用及商务功能的开发,使微信公众号成为企业管理客户(粉丝)的普遍选择。公众号已成为客户关系管理的重要应用平台。

2. 任务目标

【知识目标】 了解微信公众号的发展及营销作用。

【技能目标】 学会微信公众号注册、管理及运营操作。

【思政目标】 培养学生与人沟通和团队协作的能力。

工作过程

2013 年 8 月 5 日,微信公众平台进行升级,分成订阅号和服务号两种类型。

服务号旨在为用户提供服务。服务号一个月内仅可以发送四条群发消息。服务号发给用户的消息会显示在用户的聊天列表中,并且,在发送消息给用户时,用户将收到即时的消息提醒。

订阅号旨在为用户提供信息和资讯。订阅号每天可以发送一条群发消息。订阅号发给用户的消息将会显示在用户的订阅号文件夹中。在发送消息给用户时,用户不会收到即时消息提醒。在用户的通信录中,订阅号将被放入订阅号文件夹中。

步骤1:了解微信公众号的作用

(1)提升服务意识:在微信公众平台上,企业可以更好地提供服务,运营方案上有很多方式,可以是第三方开发者模式,也可以是简单的编辑模式。

(2)群发推送:公众号主动向用户推送重要通知或趣味内容。

(3)自动回复:用户根据指定关键字,主动向公众号获取常规消息。

(4)一对一交流:公众号针对用户的特殊疑问,为用户提供一对一的对话解答服务。

步骤2:微信公众号操作

打开微信公众平台官网,单击右上角的"立即注册",按照提示流程注册即可。

1.公众号图文编辑

图文消息可以实现把需要发布给粉丝的相关资讯进行编辑、排版的功能,可展现活动内容、相关产品资讯等,使用后在微信里展现的效果如图11-9所示。

图11-9 图文编辑展示页面

2.使用消息管理平台

进入公众平台—管理—消息管理,页面内展示的是粉丝发送过来的即时消息(全部消息、收藏消息)。可以在此页面直接回复粉丝。

①回复消息每天没有上限。

②消息搜索功能:在搜索输入框中,输入关键字即可搜索消息内容。目前仅支持搜索文字消息内容,且无法通过粉丝微信昵称搜索某个粉丝的所有消息内容。

3.判断是否回复粉丝

如果有粉丝发送的消息,微信公众号回复消息后就会显示红色字体"已回复",设置的自动回复内容也会显示,如图11-10所示。

图 11-10　消息回复页面

4. 对客户进行备注

进入公众平台—管理—用户管理，选择需要修改备注的粉丝，点击即可修改（支持特殊符号，在 30 个字以内，修改没有次数上限）。

微信公众平台分组中的粉丝是根据加入此分组的时间排序的，最近加入的粉丝会排列在前。

5. 对已关注的客户进行管理分组

进入公众平台—管理—用户管理—新建分组（系统已配有默认组、星标组，这两个分组不可修改、删除）。

分组名称只支持设置 1~6 个字符；用户管理不支持显示客户微信号，一个用户只能放入一个分组中；目前微信公众平台客户最高可以设置 100 个分组；点击建立的分组进入，可以重新对该组别命名，如图 11-11 所示。

图 11-11　客户分组管理页面

6. 使用自动回复功能

公众号运营者可以通过简单的编辑，设置"关键词自动回复""被添加自动回复""消息自动回复"等功能。可以设定常用的文字/语言/图片/录音作为回复消息，并制定自动回复的规则。当订阅用户的行为符合自动回复规则的时候，就会收到自动回复的消息，如图 11-12 所示。

项目 11　网络客户关系管理

图 11-12　自动回复设置页面

7.使用自定义菜单功能

公众号可以在会话界面底部设置自定义菜单,菜单项可按需设定,并可为其设置响应动作。用户可以通过单击菜单项,收到设定的响应,如收取消息、跳转链接,如图 11-13 所示。

微信公众号通过建自定义菜单、二次开发、关键词回复、信息推送、互动、活动等方式吸引消费者关注成为粉丝,并且通过各种方式黏住用户。这些关注的粉丝,在一定程度上是认可企业、产品等的。对于微信公众号的粉丝,要与他们保持互动和联系。在公众号中可以对用户进行管理,以便推送信息与互动更加精准。对于用户管理,可以通过设置标签的方式进行,微信公众号也推出了用户管理优化来方便各企业进行管理。利用微信公众号的功能和优势可以实现用户管理优化。

图 11-13　自定义菜单展示页面

步骤 3:运营微信公众号

微信的信息交流严格遵守一对一互动。人的精力有限,这种高效率互动要求信息必须精准、数量少,但内容优质。相对于来源复杂的微博粉丝,公众号只针对手机用户,精确性更高,与用户的沟通更直接。信息可以直接到达用户手机,并且是主动订阅,信息被看到的概率也大大增加。微信是一个强调个性化的平台,如果不能够在运营中形成具有自己个性的品牌,很难在众多公众号中脱颖而出。公众号若想得到长远发展,必须考虑结合微信的意义和核心价值进行平台打造。公众号的传播要符合微信信息传播规律、手机媒体使用习惯和优质内容等多种条件。定制服务、及时沟通互动、用户管理等都是运营公众号过程中不可忽视的问题。

> **思政园地**
>
> 通过本工作任务的学习,同学们具备了利用微信公众号进行客户关系管理时语言表达和文字表达的基本素质,增强了与人沟通、团队协作的能力,有利于养成脚踏实地、不畏艰苦的工作态度。
>
> **请思考**:在运用微信公众号进行客户关系管理时,还要遵守哪些网络规则与网络礼仪?

工作任务 5　认知其他在线客户服务形式

工作任务描述

1.任务背景

强调客户关系和服务管理是新时代企业竞争力的关键。网络时代企业对客户的服务必须主动出击,并保持全天候 24 小时支持。因此,开发和建立各种形式的在线客户服务系统是企业进行网络营销的有力工具。目前,能对企业开展网络营销提供能力支持的在线客户服务系统包括免费客户服务电话、即时通信、会员社区和论坛等。

2.任务目标

【知识目标】　了解企业目前常用的在线客户服务系统。
【技能目标】　学习常见的客户关系管理系统应用。
【思政目标】　加强学生保护客户隐私、保守企业秘密的意识。

工作过程

步骤 1:运用免费客户服务电话

通常很多网站都会在客户服务中心公布免费客户服务电话,提供人工应答和咨询服务,从而较好地解决企业与客户互动的需求。

一个人接听及拨打电话的沟通技巧是否高明,常常会影响到客户服务是否能顺利达成当次沟通的目标,甚至会直接影响企业的形象。因此,应多动脑筋,千方百计地让对方从声音中感受到你的热情友好。要想对方留下诚实可信的良好印象,学习和掌握基本的电话沟通技巧和电话礼仪是很有必要的。接听及拨打电话的基本技巧如下:

1.电话机旁应备妥记事本和笔

在电话机旁放置好记事本、笔,当他人打来电话时就可立刻记录下主要事项。

2.先整理电话沟通内容,后拨电话

给别人打电话时,如果想到什么就讲什么,往往会丢三落四,忘却了主要事项还毫无觉察,等对方挂断了电话才恍然大悟。因此，应事先把想讲的事项逐条整理和记录下来，然后再拨电话，边讲边看记录，随时检查是否有遗漏。

3. 态度友好

有人认为，电波只传播声音，打电话时完全可以不注意姿势、表情，这种看法是不对的。双方的诚实恳切，都蕴含在说话声中。若声调不准就不易听清楚，甚至还会听错。因此，讲话时必须抬头挺胸，伸直脊背。"言为心声"，态度的好坏都会表现在语言之中。如果道歉时不低下头，歉意便不能伴随言语传达给对方。同理，表情亦包含在声音中。打电话时表情麻木，其声音也会冷冰冰的。因此，打电话时应面带微笑。

4. 注意自己的语速和语调

急性子的人听慢话，会觉得断断续续、有气无力，颇为难受；慢吞吞的人听快语，会感到焦躁心烦；年长者听快言快语，难以充分理解其意。因此，讲话速度并无定论，应视对方情况，灵活掌握语速，随机应变。

打电话时，适当地提高声调显得富有朝气、明快清脆。人在看不到对方的情况下，大多凭听觉形成第一印象。因此，讲话时有意识地提高声调，会格外悦耳动听。

5. 不要随意使用简略语、专用语

企业内部的习惯用语，第三者往往无法理解。同样，专用语也仅限于行业内使用，普通客户不一定知道。有的人不以为然，得意扬扬地乱用简称、专业术语，给对方留下了不友善的印象。

6. 养成复述习惯

为了防止听错电话内容，一定要当场复述。特别是同音不同义的词语及日期、时间、电话号码等，务必养成听后立刻复述、予以确认的良好习惯，以保证准确无误。

步骤2：运用即时通信系统

即时通信（Instant Messaging，IM）是一种终端服务，允许两人或多人使用网络即时传递文字信息、档案、语音与视频交流。随着移动互联网的发展，互联网即时通信也在向移动化方向扩张。

目前，随着客户对网络客服要求不断提高，企业通过 E-mail 来回复客户大量的服务请求时，存在一个难以解决的瓶颈——即时回复。而越来越多的客户希望得到即时服务，在线客户服务通信系统通过即时通信工具很好地解决了这一矛盾。即时通信已经成为继 E-mail 和 FAQ 之后的另一种常用的在线客户服务方式。

1. 即时通信的行业应用

目前，即时通信的应用越来越广泛，其中包括：

（1）个人即时通信

个人即时通信主要以个人客户使用为主，采用开放式的会员资料，不以营利为目的，方便聊天、交友、娱乐，如微信、QQ等。此类软件，以网站为辅、软件为主，以免费使用为辅、增值收费为主。

（2）商务即时通信

商务即时通信的主要功能是实现了寻找客户资源或便于商务联系，以低成本实现商务交流或工作交流。它以中小企业、个人实现交易为主，如阿里旺旺贸易通、阿里旺旺淘宝版、惠聪TM、QQ（拍拍网，使QQ同时具备商务功能）等。

网络营销

2. 即时通信的优势

(1) 即时响应

即时响应是即时通信相对于其他网络客服系统的一个优势。在线客户服务可以在客户遇到任何问题时，即时响应请求，保证及时沟通，第一时间为客户提供相应的解决方案。目前，一些网站采用浮动窗口的方式来显示在线客户服务人员的状态，访问者单击选择客户服务人员后，即弹出对话框，供访问者与客服在线交流，并不需要客户端运行任何 IM 软件。例如，在快速问医生网的在线咨询窗口输入咨询内容，并单击"快速咨询"按钮后，即可通过即时通信呼叫在线值班的医生，如图 11-14 和图 11-15 所示。

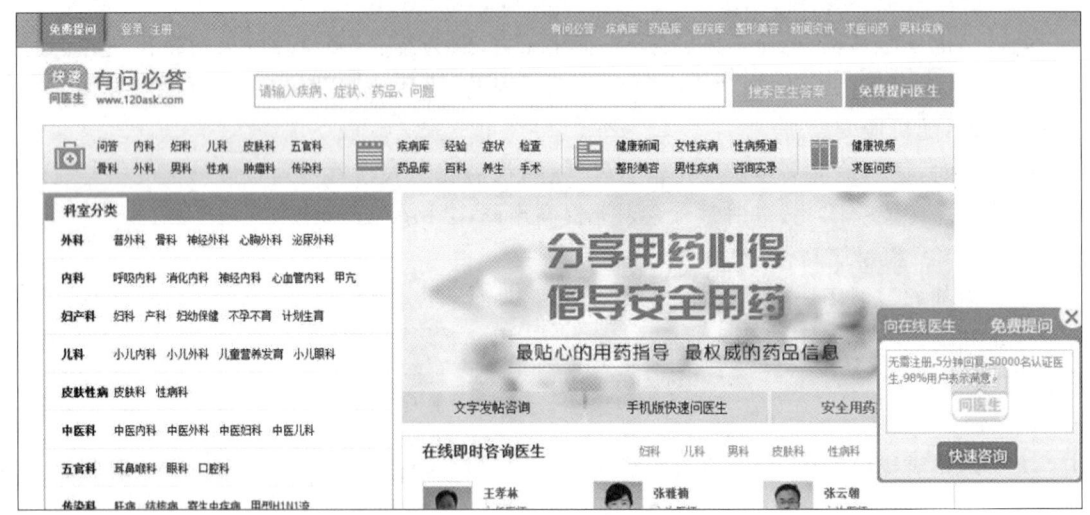

图 11-14　快速问医生网在线咨询

图 11-15　弹出的在线客户服务即时通信窗口

(2) 交互式沟通

在线客户服务人员直接与访问者通过一问一答形式，实现互动式的沟通，可帮助访问者有针对性地解决相关咨询项目。

(3) 一对一个性化服务

即使在线客户服务人员同时与多个在线咨询的访问者进行对话，但在每个访问者的电脑屏幕上始终只有一个对话框,让访问者感受到真正的一对一服务,有利于提升访问者的满意度。

3. 即时通信的不足

(1) 人员素质不足

即时通信对企业客户服务人员素质要求较高,因为客户服务人员对录入的信息必须是即时响应的,即使一些问题是常见的,但也要求客户服务人员有敏捷的反应能力,并且熟悉常见问题的答案,能快速地录入信息。一个在线客户服务人员还有可能同时为多个咨询者提供服务。

(2) 客户服务成本高

即时通信服务的要求高,企业或者增加在线客户服务人员,或者聘请能力强、素质高的客户服务人员,或者使用更强大的网络技术支持,或者延长工作时间,以满足客户不同的需求,这都会增加服务的成本。

(3) 服务水平不稳定

在线服务的质量受多种因素影响,如人员素质、通信条件、硬件水平等,可能造成服务水平不稳定。

(4) 难以提供全天候 24 小时的服务

很多网站在每天 8 小时之外只能通过留言的形式提供服务,因为人工无法实现全天候 24 小时的咨询服务,因为那样会大大增加企业的人力成本。

步骤 3:运用会员社区

最早的关于虚拟社区(Virtual Community)的定义是由瑞格尔德给出的,他将其定义为"一群主要借由计算机网络彼此沟通的人们,他们彼此有某种程度的认识,分享某种程度的知识和信息,在很大程度上如同对待朋友般彼此关怀,从而所形成的团体"。

企业可以将产品、服务或理念(如企业文化)作为主题,将包括现有产品客户、潜在客户、企业员工、经销商、供应商甚至是竞争对手等在内的网民,吸引到由自己创办的社区里,以此来提升企业的品牌知名度、美誉度,并获得更多的销售机会,同时也可以通过相应的栏目来提供客户服务。如资生堂就以社区的模式来发展企业网站并获得了成功,如图 11-16 所示。

图 11-16 资生堂会员社区

网络营销

1. 会员社区的特性

(1)会员社区通过计算机、移动电话等高科技通信技术等媒介得以存在,突破了现实社区地域和时间的限制。会员社区为企业开展网上营销推广搭建了新的平台。

(2)会员社区的互动具有群聚性,将网络交流由双向互动转向多向互动。优秀的社区可以最大限度地将具有相同兴趣爱好的网民聚集在一起,企业通过建设和维护这样的社区,来对社区网民消费行为、购买偏好施加影响。

(3)社区成员身份固定,增加了社区的稳定性和影响力。社区的这一特性使得企业对社区里的网民能够持续地施加影响,能将潜在客户转换成现实客户,将现实客户转换成忠诚客户。

(4)会员社区是开放的,自由环境能让会员轻松交际。网民可以无障碍地加入和离开,向社区各栏目投稿,在论坛中发帖。

2. 会员社区的客服功能

(1)为注册会员提供专业性服务

经营专业技术性较强的产品或服务的企业可以通过会员社区为注册会员提供专业的技术服务,同时也可以通过社区论坛为行业的专业技术人员搭建技术交流的平台。如微软的TechNet社区可以为个人客户、IT人员、开发人员、合作伙伴、企业、编程爱好者提供技术交流的支持,如图11-17所示。

图11-17 微软 TechNet 社区

(2)为注册会员提供额外的利益

额外的利益可以吸引企业的现有客户和潜在客户积极加入社区,以此来鼓励他们尝试购买企业的新产品,或者培养他们对企业产品、服务和品牌的偏好,形成忠诚的客户群。如金拱门官网为会员提供电子优惠券下载,受到消费者的欢迎,如图11-18所示。

(3)为注册会员提供虚拟的社交场所

除了即得的实际利益,网上社区还可以通过提供虚拟的社交场所向注册会员提供长期的利益,这些利益来自会员在社区里所建立起来的人际关系。携程旅行网的社区(图11-19)开

图 11-18　金拱门官网提供给会员的电子优惠券

辟了目的地攻略、游记、问答、伴游、口碑榜、食美林、智慧旅游等栏目，让旅游爱好者在其中分享出行快乐，扩展人际交往，让携程的品牌和服务深入人心。

图 11-19　携程旅行网的社区

步骤 4：运用客服机器人

　　智能问答机器人系统是在大规模知识处理基础上发展起来的一个面向行业应用的人工智能知识交互系统，让机器去理解中文的含义。它是一个涉及多种先进技术的综合体，包括大规模知识处理技术、自然语言理解技术、知识管理技术、自动问答系统以及推理技术等，具有通用化的知识管理建模方案。客服机器人系统采用人类熟悉的相似问法表达模式构建知识库，可以迅速地帮助大型企业对庞杂的知识内容进行面向客户化的知识管理。例如，京东客服中心推出智能机器人 JIMI，如图 11-20 所示。

网络营销

图 11-20　京东智能机器人 JIMI 与客户的聊天记录

思政园地

通过本工作任务的学习，同学们能够遵守行业规范，保护客户隐私，保守企业秘密，增强文明使用网络的意识，养成吃苦耐劳、爱岗敬业、诚实守信、遵纪守法和实事求是的良好品格。

请思考：如何保证运用会员社区进行企业客户关系管理时，能够有效规避不良言论或者不良信息？

任务回顾与总结

通过本项目的完成，我们认识了网络客户关系管理的重要性，同时也看到了网络客户关系管理与传统客户关系管理的区别，学会运用微信公众号、免费客服电话、即时通信、用户社区、网站 FAQ、在线客服机器人、在线人工客服等多种网络客户关系管理工具，为规划、设计和实施特定企业的网络客户关系管理打下坚实的基础。

小试牛刀

搜索你家乡所在地的一家大型企业，访问其网站，查看该企业网站上都运用了哪些网络客服形式？——列举出来，并根据本项目所学的内容，为该企业的网络客服运用提出合理化建议。

第三篇

网络营销策略

项目 12

网络营销策略组合

项目描述

项目背景

虽然杰罗姆·麦卡锡(Jerome Mccarthy)的传统 4P 营销策略组合横扫了半个世纪,但到 20 世纪 90 年代,随着消费者个性化的日益突出,加之媒体分化、信息过载,传统 4P 逐渐被以 4C 为基础的市场营销策略组合所挑战。从本质上讲,4P 思考的出发点是企业,是企业经营者要生产什么产品、期望获得怎样的利润而制定相应的价格、要将产品以怎样的卖点来传播和促销、以怎样的路径来销售。这其中忽略了客户作为购买者的利益特征,忽略了客户是整个营销服务的真正对象。以客户为中心的新型营销思路的出现,使以客户为导向的 4C 策略应运而生。1990 年美国学者劳特朋(Lauteborn)教授提出了与 4P 相对应的 4C 理论。

知识与技能目标

- 深入理解网络营销的 4C 策略与传统 4P 策略的区别
- 掌握 4C 策略在企业实际运营中的应用
- 了解网络渠道与传统渠道和谐结合的方法
- 能灵活运用网络营销策略,提升企业竞争力和盈利水平

思政目标

- 引导学生诚实守信,遵守童叟无欺的商业道德
- 培育并践行诚信经营、公平交易的职业素养,避免虚假宣传

工作任务 1 运用网络营销产品策略

工作任务描述

1. 任务背景

在市场经济中，产品是企业生存的核心。产品是能够提供给市场以满足消费者的需要和欲望的任何东西。产品作为连接企业利益与消费者利益的桥梁，包括实体商品、服务、经验、事件、人物、地点、财产、组织、信息和创意等。

在网络营销活动中，消费者个性化需求更加突出，并且借助于网络的优势，消费者购物的主动性、选择性也大大加强，消费者的个性化需求更易于实现。因此，网络营销的产品概念不应再停留在"企业能为消费者提供什么"的理解上，而应树立起"消费者需要什么，消费者想要得到什么"，即真正以消费者需求为导向的产品整体概念。

2. 任务目标

【知识目标】 认识网络营销产品的整体概念，了解网络营销产品的特点。
【技能目标】 进行核心产品定位，为特定产品找卖点。
【思政目标】 诚实守信，遵守商业道德；商品描述真实，避免虚假宣传。

工作过程

步骤1：认识网络营销产品的整体概念

网络营销产品的基本概念可以概括为：在网络营销活动中，消费者所期望的能满足自己需求的所有的有形实物、无形产品和服务的总称。一个完整的产品包括核心产品、形式产品、期望产品、延伸产品和潜在产品五个层次，如图12-1所示。

1. 核心产品

核心产品是产品最基本的层次，是指产品能够提供给消费者的基本效用或益处，是客户要购

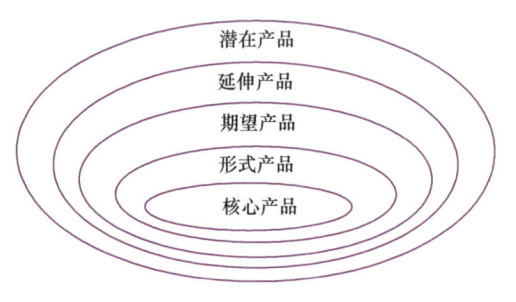

图 12-1　网络营销产品的层次

买的实质性的东西。由于网络营销是一种以客户为中心的营销策略，因此企业在设计和开发产品核心利益时要从客户的角度出发，根据以往营销效果来进行本次产品的设计开发。要注意的是，企业在提供核心利益和服务时要针对全球性市场，如医疗服务可以借助网络实现远程医疗。

2. 形式产品

形式产品是核心产品借以存在并传递给消费者的具体物质形式。它是企业的设计和生产人员将核心产品通过一定的载体，转化为有形的物体而表现出来。它包括产品的品质、品牌、包装、功能、款式和特色等。对于物质产品来说，首先，产品的品质必须要有保障；其次，必须注重产品的品牌；再次，注意产品的包装；最后，在款式和特色方面要根据不同地区的亚文化来进

行针对性设计。

3. 期望产品

期望产品是指客户在购买产品时期望得到的与产品密切相关的一整套属性和条件。在网络营销中,消费呈现出个性化的特征,不同的消费者可能对产品的要求不一样。对同一核心产品而言,消费者更注重产品的质量、使用的方便程度、特点等方面。因此,产品的设计和开发必须满足客户这种个性化的消费需求。为满足这种需求,对于物质类产品,要求企业的设计、生产和供应等环节必须实行柔性化的生产和管理。对于无形产品,如服务、软件等,要求企业能根据客户的需要来提供服务。

4. 延伸产品

延伸产品指由产品的生产者或经营者提供的以及购买者需求的、主要是帮助客户更好地使用核心利益的一系列服务。这一层次产品的内容是为了满足消费者因获得核心产品与期望产品而派生出的延伸性需求。它通常包括满意的售后服务、质量保证、送货上门、优惠、信贷、赠品等内容。

5. 潜在产品

潜在产品是在延伸产品层次之外,由企业提供能满足客户潜在需求的产品层次,主要是产品的一种增值服务。它与延伸产品的主要区别是客户没有潜在产品层次仍然可以很好地使用客户需要的产品的核心利益和服务。在高新技术发展日益迅猛的今天,有许多潜在需求和利益还没有被客户认识到,这需要企业通过引导和支持更好地满足客户的潜在需求。例如,联想电脑推出天禧系列电脑时,在提供电脑原有的一切服务之外,还提供了直接上网的便捷服务。消费者潜在的需求一旦得到满足,对产品的偏好程度与忠诚程度便会大大增强。

步骤2:了解网络营销产品的特点

经营适销对路的产品是企业营销活动的重要策略之一。随着社会生产力以及网络和信息化的发展,企业的跨区域经营、跨国界经营逐步产生,传统的营销受到冲击,网络营销愈显重要,而产品也已不再是传统的实物产品,而是有形产品和无形产品的有机结合。开展网络营销就要经营适合以电子数据方式销售并适合利用互联网传递的商品。

网络自身的特性决定了在网络上销售的产品的特性。适合于网络营销的产品,按其产品形态不同,可以分为两大类:实体产品和虚拟产品。这两种产品的营销方式和销售品种有很大差别。表12-1列举了这两类产品及其基本特征。

表12-1 网络营销产品的特征

产品形态		营销方式	销售品种
实体产品		在线浏览购物、物流送货上门	消费品、工业品、旧货等实体产品
虚拟产品	软件	网上销售、网上传输	计算机系统软件和应用软件等
	服务	普通服务 网络预约、电话预约	航空、火车订票,饭店、餐馆预约,电影票、音乐会、体育赛事入场券预订,饭店、旅游服务预约,医院挂号预约
		互动沟通	网络交友、电脑游戏、远程医疗、法律救助等
		信息咨询服务	法律咨询、医药咨询、金融咨询、股市行情分析、资料库检索、电子新闻、电子报刊等

网络营销

尽管网络营销产品种类繁多,但网络营销产品有其共同的特征:不可破坏性、可复制性、产品效用评价的主观性、产品效用的短期性和累积性、产品的外部性、内容的可变性等。

步骤3:进行核心产品定位

每家企业的产品都不止一种,那么什么产品才是核心产品?核心产品是指企业在一个比较长的时间段里,能够比较稳定、持续地拿来与客户进行沟通的产品。如前所述,核心产品是客户真正要购买的利益,即产品的使用价值。

1.核心产品定位时应遵循的原则

(1)核心产品应代表产业群中的一个有影响力的类别。例如,格兰仕集团的核心产品微波炉在生活电器产业群中的影响力。

(2)核心产品应代表企业的核心技术。例如,康泰克代表了中美史克的核心技术——缓释技术。

(3)核心产品应代表企业的实力和竞争优势。这种优势是能够在市场竞争中转化为经济效益的优势。例如,可口可乐在饮料市场的优势。

2.核心产品在网络营销中的应用

(1)核心产品应放在本企业网站的主要位置展示,让客户能够记住该企业的核心产品,一定要强化客户对核心产品的记忆。因此,应在企业网站首页打开的第一屏幕左上角的黄金位置展示核心产品。核心产品的延伸产品也要在紧靠首页左上角位置展示。

(2)核心产品应为企业产品推广的重点。

(3)选择与核心产品有关的关键字作为核心关键字,并且应该重点优化核心关键字。

步骤4:为产品找卖点

市场经验和市场规律再三告诉我们:任何产品都必须有卖点。产品一旦没有卖点,就意味着:小品牌只能打价格战,而利润终归是有限的;中等品牌除了质量以外,不再有任何竞争优势;大品牌除了名牌效应,再无任何优势。

1.产品的卖点

什么是卖点呢?卖点是企业对产品进行创新的结果,是能让消费者看得见、摸得着、具有可比性的或者是能达到真实效果、实实在在的某种技术或某个部件。我们必须清醒地认识到,现在的市场是一个比较理性的市场,消费者也大多是比较理性的消费者。

无论是低价位的小杂牌、高价位的大品牌,还是中价位的中等品牌,只要想生存、想发展,就离不开产品的创新和卖点,谁认识不到这个市场规律,谁就会被市场淘汰出局。

2.提炼产品卖点的核心法则

(1)确有其能——能让消费者认同

能让消费者认同是最重要的。把产品的优势提炼出来,用最直接、生动、富有冲击力和记忆点的语言加以概括和描述,并通过最有效的途径传递给消费者,让他们知道、理解、喜爱并认定"就是好,就是高档",这样产品核心卖点的提炼就成功了。

(2)确有其市——有足够数量的受众

产品卖点必须有市场,有足够数量的需求者,过分狭小的目标市场将会降低产品获利的可能性与空间。选择的对象必须是有购买能力的目标客户群(有需要且有支付能力的,才构成有效需求)。这种客户群最好是相对集中或相对容易锁定的。太过分散或不知所踪都会给实际传播与行销造成障碍。市场细分已成为取胜市场的法宝之一,但细分的程度需要有一个量化界线。

(3)确有其需——市场尚未被满足

提炼的核心卖点的市场需求或潜在需求必须是实实在在的。这种需求最好是尚未被满足的,这会节省企业许多的推广成本。企业可以深入研究、发现、引导和满足一些潜在需求,但这往往需要较大的市场教育成本和拓展代价——风险和收益可能永远是成正比的。

(4)确有其特——与众不同

提炼的核心卖点要尽量有别于其他同类或相似产品,要有自己的个性和创新,要求突出自身特点。要巧妙别致、给人以美感,有寓意、易识别、易记忆、易传播、不违背习俗。过于直白和哗众取宠都不可取。要能够体现企业精神和产品特质,可延展,可持续。

(5)确有其途——能快速传播

提炼的核心卖点必须有能够传递给目标消费者的途径,最好是捷径。必须用长篇电视广告才能讲清楚的,或必须要开半天专家讲解会才能说明白的核心卖点,可弃之。传播必然有代价,但达到同样传播效果,所付出代价的多寡则是判定"效益"的尺码。好的核心卖点是能够找到其"廉价"的快速传播通路的。产品的核心卖点,若能形成"病毒式"传播的效果将是极佳的。

3.提炼产品卖点的方法

(1)从产品的外观上提炼

一般而言,从产品外观上提炼卖点主要是从设计的风格、形状、款式、色调、材质、新技术等方面入手。

(2)从产品的功能上提炼

产品功能同中有异,提炼功能卖点时主要侧重于"异"字,使自己的产品功能卖点别具一格;但如果是进攻或干扰竞争对手的产品系列,就应该侧重异中求同,在"同"字上做文章,提炼出的功能卖点能在终端干扰对方。

(3)从产品的营销活动中提炼

从产品的营销活动中提炼通常有企业提炼和客户提炼两种方式。

①企业提炼卖点。企业提炼卖点是指一个企业的某种产品在生产之前或生产出来后由相关人员进行产品优势的总结、概括或赋予价值,从而在销售中取得一定的竞争优势。企业提炼卖点的主要来源有:第一,企业的硬件设备;第二,企业的软件,主要包括高素质的队伍、服务理念、企业文化、行业荣誉、社会地位以及销售规模等;第三,产品本身,主要包括产品的工艺、花色、质量、环保性等;第四,赋予产品额外的价值,可以通过一系列的调研和市场策划给产品"增值",如"送给母亲的最佳选择""让您的邻居没话说"等。

②客户提炼卖点。在营销过程中很多卖点是客户提炼出来的。企业提炼卖点是好,但关键还在于企业如何把产品的卖点准确地传达给客户。

总之,从产品中提炼卖点有两种情况:一是创新性的产品和含有新技术的产品,其卖点一般来说是现成的,很好找;二是与竞争产品比较后,从产品的优点、特点或竞争对手从来没有提及过的方面筛选出一个卖点。有些产品的卖点必须从产品之外寻找,这种方法适用于常规的、大众化的产品。如今,每一种品类里都有无数的品牌,产品同质化非常严重,技术和特点是"你有我有全都有",谁都无法突显出来。那么企业该怎么办?出奇才能制胜,我们要从多方位考虑卖点这个问题,才能很好地找到消费者的需要,让他们买到称心如意的产品,让企业走上平稳的发展之路。

> **思政园地**
>
> 通过本工作任务的学习,同学们灵活掌握了网络营销产品策略,尤其是掌握了网络营销领域产品整体概念、核心产品定位、产品卖点的提炼等方面的知识。在此过程中,同学们要注意遵守商业道德,树立正确的价值观和职业操守,在进行商品描述或者卖点提炼时要诚实守信。
>
> **请思考:** 在提炼企业产品卖点时,可能会触碰哪些底线?

工作任务 2 运用网络营销价格策略

工作任务描述

1. 任务背景

价格是营销组合策略中十分敏感的因素,定价是否恰当直接关系到客户对产品的接受程度,影响着企业产品的销售量和盈利水平。因此,价格策略是企业营销策略中富有灵活性和艺术性的策略,也是一个重要的网络营销策略。

2. 任务目标

【知识目标】 掌握网络产品的价格影响因素。
【技能目标】 学会网络营销定价和报价技巧。
【思政目标】 培养学生童叟无欺、诚信经营的品质以及遵守交易规则的意识。

网络营销定价策略分享

工作过程

步骤 1:认识网络产品的价格

1. 网络营销价格的特点

(1)全球性

网络营销面对的是开放的和全球化的市场,客户可以在世界各地直接通过网站进行产品的购买,而不用考虑网站是属于哪一个国家或者地区的。这种目标市场从过去受地理位置限制的局部市场,拓展到范围广泛的全球性市场,使得网络营销产品定价必须考虑目标市场范围的变化而带来的影响。

企业不能以统一市场策略来面对这差异性极大的全球性市场,必须采用全球化和本地化相结合的原则。

(2)低价位

互联网是从科学研究应用发展而来的,因此互联网使用者的主导观念是:网上的信息产品是免费的、开放的、自由的。很多网民之所以选择网上订购产品,除了方便、省事、省时外,还有一个很重要的因素就是一般网上产品价格较常规渠道要低,这也是吸引网民青睐网购的一个核心因素。

(3)客户主导

客户主导定价是指客户通过充分分析市场信息来选择购买或者定制自己满意的产品或服务,同时以最小代价(产品价格、购买费用等)获得这些产品或服务。简单地说,就是性价比高,客户以最小成本获得最大收益。

客户主导定价是一种双赢的发展策略,企业既能更好地满足顾客的需求,同时收益又不受到影响,而且可以对目标市场了解得更充分,企业的经营生产和产品研发可以更加符合市场竞争的需要。

(4)弹性化

网络营销的互动性使得客户可以和企业就产品价格进行协商,也就是说可以议价。另外,企业也可以根据每个客户对产品和服务的不同要求,制定相应的价格。

2. 影响营销定价的因素

营销价格的形成是极其复杂的,会受到多种因素的影响和制约。

(1)市场需求

产品价格除受成本影响外,还受市场需求的影响,即受商品供给与需求的相互关系的影响。当商品的市场需求大于供给时,价格应高一些;当商品的市场需求小于供给时,价格应低一些。反过来,价格变动会影响市场需求总量,从而影响销售量,进而影响企业目标的实现。因此,企业制定价格就必须了解价格变动对市场需求的影响程度。

(2)成本费用

成本是营销产品价格的最低界限。产品的成本是由产品在生产过程和流通过程中耗费的物质资料和支付的劳动报酬所形成的。站在企业发展的长远角度看,任何产品的销售价格都必须高于成本费用,只有这样企业才能以销售收入来抵偿生产成本和经营费用,否则企业就无法经营。

(3)竞争

不同企业之间产品的相互替代性,使得竞争者的产品质量和价格对本企业的产品销售有所影响。因此企业可以借助于网络及时了解竞争者所提供的同种产品质量和价格,并及时调整自己的产品价格及销售方式。

步骤2:学会网络营销定价技巧

1. 低价定价

低价定价策略常用的有直接低价定价策略、折扣定价策略和促销定价策略。

(1)直接低价定价

直接低价定价策略由于在定价时大多采用成本加一定的利润,有的甚至是零利润,因此这种定价在公开价格时比同类产品要低。它一般是制造企业在网上进行直销时采用的定价方式。采用这种策略的基础是产品成本的降低,通过互联网,企业可以节省大量的成本费用。如DELL公司的计算机定价比相同性能的其他企业产品低10%~15%。

(2)折扣定价

折扣定价即在原价基础上给予折扣。这种定价可以让客户直接了解产品的降价幅度,以

温馨提示:采用低价定价策略应注意的问题

促进客户的购买。这种定价策略主要用在一些网上商店,按照市面流行价格进行折扣定价。

(3)促销定价

企业为拓展网上市场,且当产品价格不具有竞争优势时,则可以采用网上促销定价策略。由于网上的消费者面广而且具有很大的购买力,所以许多企业为打开网上销售局面和推广新产品,多采用促销定价策略。促销定价常用的是有奖销售和附带赠品销售。

2. 定制定价

定制定价是个性化服务的重要组成部分,按照客户需求进行定制生产是网络时代满足客户需求的基本形式。定制定价策略是在企业能实行定制生产的基础上,利用网络技术和辅助设计软件,帮助消费者选择配置或者自行设计能满足其需求的个性化产品,同时承担自己愿意付出的价格成本。定制生产根据客户对象可以分为两类:一类是面对工业组织市场的定制生产,属于供应商与订货商的协作,如波音公司在设计和生产新型飞机时,要求其供应商按照飞机总体设计标准和成本要求来组织生产;另一类是面对大众消费者市场,实现满足客户个性要求的定制生产。

3. 使用定价

温馨提示:采用使用定价策略应注意的问题

所谓使用定价,就是客户通过互联网注册后可以直接使用某企业的产品,客户只需要根据使用次数付费,而不需要将产品完全购买。这一方面减少了企业为完全出售产品进行不必要的大量生产和包装浪费,同时还可以吸引过去那些有顾虑的客户使用产品,扩大市场份额。客户只根据使用次数付费,省去了购买产品、安装产品、处置产品的麻烦,还可以节省不必要的开销。

4. 拍卖竞价

网上拍卖是目前发展比较快的领域,经济学认为市场要形成最合理价格,拍卖竞价是最合理的方式。网上拍卖使消费者通过互联网轮流公开竞价,在规定时间内价高者赢得产品。根据供需关系,网上拍卖竞价方式有以下几种:

(1)竞价拍卖

竞价拍卖大多是 C2C 交易,包括二手货、收藏品,也可以是普通商品以拍卖方式进行出售。如 HP 公司将其部分库存积压产品放到网上拍卖。

(2)竞价拍买

竞价拍买是竞价拍卖的反向过程,消费者提出一个价格范围,求购某一商品,由商家出价,出价可以是公开的或隐蔽的,消费者将与出价最低或最接近的商家成交。

(3)集体议价

在互联网出现以前,集体议价方式在国外主要是多个零售商结合起来的,向批发商(或生产商)以数量换价格的方式。互联网出现以后,使得普通的消费者能使用这种方式购买商品。集体议价模式是一种由消费者集体向商家议价的交易方式。

相关案例

易趣的拍卖竞价策略

易趣允许商品公开在网上拍卖,拍卖竞价者只需要在网上进行登记即可,拍卖方只需将拍卖品的相关信息提交给易趣,经其审查合格后即可上网拍卖。

---

5. 免费营销

免费营销策略是市场营销中常用的营销策略,即将企业的产品或服务以零价格或近乎零价格的形式提供给客户使用,满足客户需求。在传统营销中,免费营销策略一般是短期和临时性的;在网络营销中,免费营销策略是一种长期并行之有效的企业定价策略。

有以下几种典型的免费营销策略可供企业参考。

(1)全免费营销

全免费营销是指产品从购买、使用到售后服务等所有环节全部免费。搜狐网早在2006年就推出"名人博客",虽然博客是免费的,但巨大的访问量为搜狐网的其他增值服务创收奠定了坚实的基础,如广告收入和无线业务的收入。

(2)部分免费营销

部分免费营销又称限制免费营销,是指设定一些限定条件对产品实行部分免费。根据"免费经济学"的首创者克里斯·安德森的观点,部分免费营销有两种具体的方式:一是限定时间,如60天免费,之后收费;二是限定特征,如女士免费,男士收费。娱乐场所经常采用这种免费策略,其关键在于既要能吸引免费的客户,又要能吸引更多的非免费客户进行消费。

(3)捆绑式免费营销

捆绑式免费营销是指购买某产品或者服务时赠送其他产品,这有利于企业的产品迅速占领市场。

相关案例

0元购机

在移动互联网时代,使用信用担保进行通信消费是一种趋势,通过建立运营商补贴、银行担保、消费者受益的互惠互利关系,大大降低入网门槛,可以使消费者得到最大的实惠和便利。

0元购机就是充话费送手机,客户办理0元购机业务,只需以手机入网销售价格等额存款作为担保,选择机型对应的套餐在网2年或3年,即可获得智能手机,真正实现让利用户、补贴用户、服务用户。用户需一次性缴纳1~3年的话费,并选择相应的套餐及分月返还金额。合约期限越长,每月最低消费套餐额度也就越低。

如中国联通为了刺激手机用户选购联通定制机的一种合约计划,根据各个地市联通本地政策的不同,具体参与联通0元购机的机型也不尽相同。随着用户对0元购机的认同加深以及0元购机概念的普及,未来将会有更多品牌的手机参与到联通0元购机活动中来。这些机型以最具性价比的联通千元智能机为主,从中国联通0元风暴活动的开展来看,用户显然已经对这种新型的购机方式有了较高的认可度。简单概括来说就是在规定年限按月平均分为固定的费用返还给消费者,因为有套餐最低消费限制,如果消费者超出预订套餐规定额度,就要按照各项收费标准逐一补交费用。

捆绑式免费实质上是一种交叉补贴策略,即用营利产品的利润补贴销售免费产品而带来的损失。如纯净水供应商免费送一台饮水机,但要购买他们的桶装水。

综上所述,为客户提供各种免费的产品,实质上都是这些企业的一种市场营销策略。一般来说,企业提供免费产品的动机有两个:一种是让客户使用习惯以后,开始收费,也就不再免费了;另一种是挖掘后续的商业价值。

因此,对一些实行免费策略的企业来说,必须面对承担很大风险的可能。免费定价策略一般与企业的商业计划和战略发展规划紧密关联。

温馨提示:采用免费定价策略应注意的问题

6.差别(歧视)定价

差别定价又称价格歧视,是指企业根据交易对象、交易时间、交易地点等的不同,对同一产品制定出两种或两种以上的不同价格,以适应客户的不同需要,从而扩大销售,增加收益。需要说明的是,这种价格上的差异并非是由成本费用的差别造成的,而是出于对消费者的不同需求特征的考虑。

(1)按客户身份差别定价

按客户身份差别定价是指企业按照不同的价格把同一种产品或服务销售给不同的客户。例如,网上超市,会员可以享受优惠价格,非会员则不能享受优惠价格。

(2)按产品的形式差别定价

按产品的形式差别定价是指企业对相同质量和成本,而型号、式样、款式等不同的产品制定不同的价格。例如,不同款式的手机,尽管型号、成本相同,但制定的价格则常常有较大差异。

(3)按产品的部位差别定价

按产品的部位差别定价是指企业对处于不同部位的产品或服务制定不同的价格,但并不是因为它们的成本有差异。例如,对火车卧铺的上下铺、剧院座位的前后排、飞机座位的不同位置等制定不同的价格。网上旗帜广告也常常根据发布位置不同而收取不同的费用。

(4)按产品销售的时间差别定价

按产品销售的时间差别定价是指企业对不同季节、不同日期甚至同一天的不同时段生产的产品分别制定不同的价格。例如,长途电话费用在夜间可以享受6折优惠等。

> **温馨提示**
>
> **实施差别定价策略的条件**
>
> 制定适宜的差别定价策略对于吸引客户、增强企业的竞争力、提高收益率十分关键。企业的规模不同,差别定价策略也不同。

7.品牌定价

产品的品牌和质量是影响价格的主要因素,能够对客户产生很大的影响。如果产品具有良好的品牌形象,那么产品的价格将会产生很大的品牌增值效应。名牌商品采用"优质高价"策略,既增加了营利,又让消费者在心理上感到满足。对于这种本身具有很大品牌效应的产品,由于得到人们的认可,在网站产品的定价中,完全可以对品牌效应进行扩展和延伸,利用网络宣传与传统销售的结合,产生整合效应。

8.折扣与让利

在网络营销活动中,企业制定了基本价格后,有必要针对不同的消费心理、购买行为、地区差异、需求差异等对基本价格进行调整。折扣与让利是企业为了争取网上客户、稳定市场的一种促销手段,其形式多种多样,具体表现为:

(1)现金折扣。现金折扣是指企业对大宗现金交易的客户或按约定日期提前以现金支付货款的客户给予一定折扣,旨在加速企业资金周转。

(2)功能折扣。功能折扣即按购买数量的多少分别给予客户不同的折扣,以鼓励客户购买更多的货物。实际上是将大量购买时所节约的一部分费用返还给购买者。

(3)职能折扣。职能折扣又称贸易折扣,是制造商根据中间商在市场营销中的作用和职能差异,分别给予不同的额外折扣,使中间商可以获得低于目录价格的价格。

(4)季节折扣。季节折扣是企业鼓励客户在销售淡季购买的一种减让,主要适用于季节性明显的商品,使企业的生产和销售一年四季都能保持相对稳定。

(5)推广让价。推广让价是指为扩大产品销路,生产企业向中间商提供的促销津贴,主要包括:

①促销让价。当中间商为产品提供各种促销活动时,如刊登广告、设置样品陈列窗等,生产者以给予津贴或降低价格作为补偿。

②以旧换新让价。进入成熟期的耐用品,部分企业采用以旧换新的让价策略,刺激消费者的消费需求,促进产品的更新换代,扩大新一代产品的销售。

企业在市场销售过程中,由于竞争加剧可能多种折扣同时给予某种商品或某一时期的销售。如在销售淡季可以同时使用功能折扣、现金折扣和数量折扣的组合,以较低的实际价格进货。每当碰到市场萧条的情况,不少企业采用复合折扣度过危机。

步骤3:学会网络报价技巧

企业确定了科学合理的价格策略后,如果没有科学合理的报价技巧,商品价值也很难实现。常用的报价方式主要有以下几种:

1.固定报价

固定报价即一口价,是指产品的定价不可浮动,只能以网上商店标出的销售价格成交。一般像当当网、京东商城、凡客诚品等 B2C 模式的网上商城和阿里巴巴、中国供应商等 B2B 交易模式的商家都采用这一报价模式。

2.统一报价

企业对其产品制定统一价格。不论是直接从企业的网站上购买,还是从传统的零售商店购买,产品均采用统一报价。这种线上与线下统一报价的最大优点就是:保证整体市场运作规范,避免市场上的价格混乱,对客户的最终购买提供最大的清晰度和方便。同时这种模式也使得企业较容易地把握和控制整个渠道中的利润。其缺点是不能反映因销售方式不同而导致的成本差异。这种报价方法适用于消费者比较熟悉的商品。

3.折扣报价

折扣报价策略是指销售者为回报或鼓励购买者的某些行为,如批量购买、提前付款、淡季购买等,将其产品基本价格调低,给予购买者一定比例的价格优惠,如图12-2所示。在网上市场中这也是经常采用的一种价格策略。

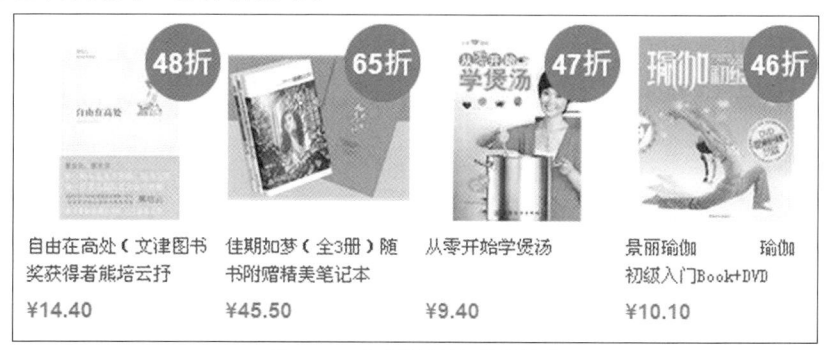

图12-2 当当网的折扣报价策略

4.分解报价

分解报价是指将产品价格的组成部分分解成一个价格组,使消费者能够了解价格形成的要素,从而对产品产生信任,并采取购买行为。需要注意的是,网络营销中企业没必要对分解

网络营销

价格进行加总,加总工作应由消费者自己完成。例如,对于有物流费用的产品,就可以采取"产品价格+物流费用"的分解报价方法。

5.比较报价

比较报价是网上商店报价过程中常用的一种方法。网上商店在标示某件商品价格时常常标示出会员价、市场价、折扣价、优惠价、折扣率、原价、节省金额等信息,以帮助消费者比较决策。

6.个性化报价

个性化报价是指利用网络的互动性和消费者的个性化需求特征,对同种产品制定有差别的价格。

消费者对产品的功能、款式、颜色、样式等方面有着鲜明的个性化需求。在网络营销条件下,网络为企业满足这种个性化需求提供了强有力的技术支持,企业在技术条件允许的前提下,可以最大限度地为客户提供"一对一"的个性化产品与服务。

7.特殊品报价

特殊品是指特定品牌或具有特色的产品,或为特定客户群专门供应的物品,如高档乐器、名牌钟表、供收藏的邮票和古董等。网络营销中,对特殊品可以根据该产品在网上的需求状况来制定产品的价格。一般来说,特殊品具有稀缺性和垄断性的特点,因此,当某种产品有其特殊需求时,几乎不用考虑竞争因素,只要认真分析需求状况,制定出合适的价格就可以了。网络营销中,具有典型意义的特殊品主要有两种类型:一种是创意独特的新产品("炒新"),它利用网络沟通的广泛性、便利性,满足了那些品位独特、需求特殊的客户的需要;另一种是有特殊收藏价值的商品("炒旧"),如古董、纪念物、邮票、文物或其他有收藏价值的商品,对于这些产品,企业可以考虑采用网上拍卖或其他一些定价策略。

8.自动出价

自动出价即在竞买过程中,竞买方选择自动出价工具并输入愿意支付的最高金额后,计算机会按系统的设定以最小的加价幅度出价。其目的是使买方以尽可能低的价格买到想要的商品。最高出价金额只有在其他买家也出到这个价格后才会显示出来。

思政园地

通过本工作任务的学习,同学们理解和掌握了影响网络营销价格的因素,具备了合理定价和报价的能力。由于互联网上企业可以采用的定价和报价方式五花八门,所以更需要同学们进行有效甄别和正确选择,力争做到诚实守信,童叟无欺。

请思考:在网络营销价格策略中,还需要注意哪些商业或者职业道德?

工作任务 3 构建网络营销渠道

工作任务描述

1.任务背景

营销渠道作为沟通生产商和消费者的中间环节,在整个企业营销管理活动中起着至关重要的作用。相对于传统的营销渠道,网络营销渠道由于突破了地理空间的局限,采用了单一的层次,同时也减少了人为因素的影响,因而能有效避免传统营销渠道所造成的问题。

2.任务目标

【知识目标】 了解网络营销渠道的特点和功能。
【技能目标】 学会网络营销渠道建设的方法。
【思政目标】 培育并践行诚信经营、公平交易的健康网络价值观。

工作过程

步骤1:认知网络营销渠道

1.网络营销渠道的特点

营销渠道就是产品和服务从生产商向消费者转移的具体通道或路径。它涉及信息沟通、资金转移和实物转移等内容。网络营销渠道就是借助互联网将产品或服务从生产商转移到消费者的中间环节。具体来讲,相较传统营销渠道,网络营销渠道突出表现出以下特点:

(1)功能增加和效率提高

①网络在真正意义上实现了无疆界、无时限的沟通,并保证了信息传播的整体性和即时性。网络渠道通过商品的信息和服务与实体的有效分离,杜绝了人为差价、窜货、信息黑洞等传统渠道的管理难题。

②网络渠道在发布商品和服务信息的同时,可以提供各类增值的信息服务。

③网络渠道提供了货比三家的便捷途径。

④网络渠道是企业间洽谈业务、进行客户技术培训和售后服务的理想虚拟场所。

⑤网络渠道提供了企业与消费者互动交流和培训的功能,为企业提供超值而贴身的售后服务创造了条件。

⑥网络渠道通过与专业储运、物流公司以及银行机构的合作,真正实现了商流、物流、信息流、资金流的四流合一,提高了企业营销活动的效率。

(2)渠道缩短

按照有无中间商,传统营销渠道可以分为直接分销渠道和间接分销渠道。直接分销渠道没有中间商,又称为零级分销渠道。间接分销渠道则包括一级、二级、三级甚至更多级的渠道,如图12-3所示。

与传统营销渠道相比,网络营销渠道的结构要简单得多,如图12-4所示。

①网络直接分销渠道和传统直接分销渠道一样,都是零级渠道,但能通过互联网提供更多

网络营销

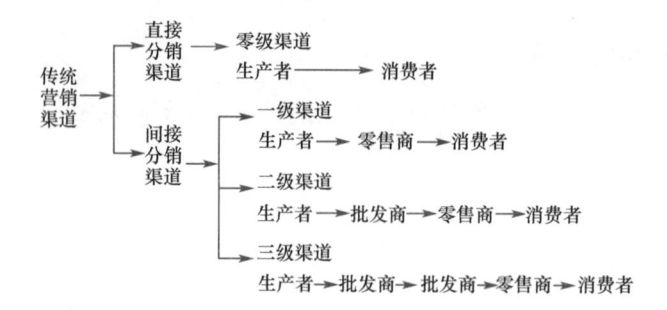

图 12-3　传统营销渠道的模式

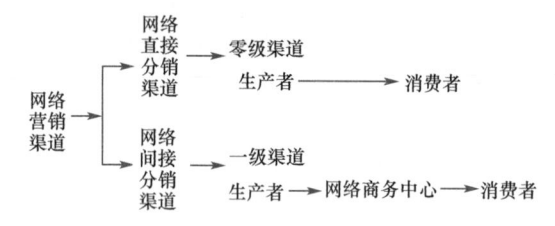

图 12-4　网络营销渠道的分类

的增值信息和服务。

②网络间接分销渠道只有一级渠道,即只存在一个商务中介平台(网络商务中心),以供买卖双方进行信息的沟通,而不存在多个中间商的情况,因而也就不存在多级渠道。这种分销渠道能大大减少渠道之间的内耗和降低渠道成员的管理难度。

(3)中间商改变

网络间接分销渠道的中间商由传统形式的批发商和零售商转变为网络商务中心。网络商务中心起着商品与信息的集中、平衡和扩散的功能:一方面,它能够以最短的渠道销售商品,满足消费者对商品价格的要求;另一方面,它能够通过计算机自动撮合的功能,组织商品的批量订货,满足生产商对规模经济的要求。其存在大大简化了市场交易过程,使生产商和消费者都感到方便和满意,效果十分明显。

(4)成本费用减少

网络环境下的营销,无论是直接分销渠道还是间接分销渠道,都较传统的营销渠道在结构上大大减少了中间的流通环节,因而有效地降低了交易费用,具有很强的成本优势。

2.网络营销渠道的功能

一个完善的网络营销渠道应具有四大功能:网络信息传递功能、网络订货交易功能、网络支付结算功能和网络物流管理功能。

(1)网络信息传递功能(网络信息流)

网络信息传递功能即网络宣传促销,它为消费者提供产品信息,同时方便厂商获得消费者的需求信息,以影响目标客户需求,激发目标客户的购买欲望,促进目标客户的购买行为。这部分工作主要通过网站建设、网络促销等网络信息发布功能完成。

(2)网络订货交易功能(网络商流)

商流是指商品所有权的流动,网络商流就是通过网络销售渠道实现商品所有权从生产商向消费者的顺利转移。网络销售渠道是通过其网络订货交易系统实现产品销售的。一个完善的订货系统,可以最大限度地降低库存,减少销售成本。

(3)网络支付结算功能(网络资金流)

消费者在购买产品后,可以由多种方式方便地进行付款,因此厂商应有多种结算方式。目前国外流行的方式有信用卡、电子货币、网上划款等。而国内付款结算方式主要有第三方支付、银行卡等。

(4)网络物流管理功能

物流是指物品的流动,商业物流是指商品实体的流通,即独立于生产过程之外的商品的实际流通。一般来说,产品分为有形产品和无形产品,对于无形产品(如服务、软件、音乐等产品)可以直接通过网上进行配送。因此配送系统仅涉及有形产品的配送问题,主要包括运输和仓储问题。我国目前专业性快速配送企业除了邮政系统,主要有顺丰、圆通、韵达、天天、申通等。

步骤2:建设网络营销渠道

1.网络营销渠道的构建方式

(1)B2B(企业对企业模式)

B2B每次交易量很大,但交易次数较少,并且购买方比较集中,因此网络营销渠道的建设关键是订货系统,以便于购买企业进行选择;由于企业一般信用较好,所以通过网上结算实现付款比较简单;由于量大、次数少,因此配送时可以进行专门运送,既可以保证速度,又可以保证质量。

(2)B2C(企业对消费者模式)

B2C每次交易量小,但交易次数多,而且购买者非常分散,因此网络营销渠道建设的关键是结算系统和配送系统,特别是面对大众购物时必须解决好这两个环节才有可能获得成功。

2.建设网络营销渠道时应考虑的因素

(1)从消费者角度设计渠道

只有采用消费者比较放心、容易接受的方式才有可能吸引消费者使用网上购物,以克服网上购物的"虚"的感觉。例如在中国,目前采用像支付宝等第三方平台方式比较能让人认可。

(2)订货系统要简单明了

不要让消费者填写太多信息,而应该采用现在流行的"购物车"方式模拟超市,让消费者一边看物品比较选择,一边进行选购。在购物结束后,一次性进行结算。另外,订货系统应该提供商品搜索和分类查找功能,以便于消费者在最短时间内找到需要的商品,同时还应对商品提供消费者想了解的信息,如性能、外形、品牌等重要信息。订货系统还应该方便厂家获取消费者的需求信息,以达到供求平衡。

(3)选择结算方式时考虑目前实际发展状况

应尽量提供多种方式方便消费者选择,同时还要考虑网上结算的安全性,对于不安全或消费者不放心的直接结算方式,应换成间接安全方式。如8848将网站的信用卡号和账号公开,消费者可以通过信用卡终端自行转账,避免了网上输入账号和密码而带来的风险。

(4)建立完善的配送系统

消费者只有看到购买的商品到家后,才真正感到踏实,因此建设快速有效的配送系统是非常重要的。在进行网上销售时一定要考虑到该产品是否适合于目前的配送体系。

3.实现网络渠道与传统渠道的共赢

如今的商业渠道和人们的消费习惯都在悄然变化,节假日不逛商场逛网店已经不是什么新鲜事了。新购物习惯形成的速度让人吃惊。但同时,网络渠道与传统渠道的冲突也逐渐凸显出来。怎样与传统渠道实现共赢?化解网店和实体店之间现实冲突的关键在于唱好调和网店与实体店之间利益冲突的三部曲:"区隔""收编""整合"。以下以鞋服店为例进行说明。

(1)"区隔"

经验:把握官方网店精准定位,平衡与实体专卖店的利益冲突。

网络营销

在明确鞋服品牌与网店渠道品牌隶属关系的基础上,需要进一步确立网店的经营定位,以与现有实体专卖店有效区隔,具体包括品牌结构、目标人群、货品结构、销售地域等方面。

①品牌结构区隔

基于产品形态、市场定位和目标人群消费行为特点等因素的差异,通过锁定细分目标人群,发展独立的网络销售渠道品牌,从而实现实体店专卖体系与网店销售渠道之间的差异化定位。这方面,报喜鸟西服在国内一线传统男装行业做出了表率。报喜鸟学习 PPG 的模式,开辟了一个新的网络销售市场,定位于不同类型的细分人群,发展了一个全新的网络渠道品牌"宝鸟",再利用该品牌发展线下渠道。

②目标人群区隔

针对传统服装品牌网络销售的目标群体,我们姑且聚焦三类主力人群:

• 追求实惠之人士,本地买得到但价格不够优惠,追求最大化的综合性价比。根据相关调研数据,价格是吸引潜在服装网络购物客户进行初次购买的主要因素,在中国目前的市场消费环境下,价格主导网购市场在短期内不会改变。

• 追逐潮流之人士,讲究生活质量、追求时尚潮流,本地目前买不到,希望超前消费、个性化消费以引领当地着装时尚,避免和别人发生"撞衫"的尴尬情形,这一点在女性消费群体中表现较为突出。

• 追求省时之人士,本地买得到同时价格低,但是没有时间去比较、没有兴趣去逛街购买,网店购买可以节省逛街的时间和精力,这一点在众多的男士身上体现得尤为明显。

③货品结构区隔

因为传统鞋服品牌网店与线下实体店的经营定位不同,针对的目标消费群体不同,在货品组合上也就存在适度甚至完全区隔的必要性和可能性。锁定不同目标消费人群,直接决定了网店和实体店货品组合的差异。

货品结构区隔可以从品类、系列化、价格带、款式等各个角度加以考虑。经营的货品结构不同,也就消除了网店与线下实体店之间区域冲突和价格冲突的根源。

④销售地域区隔

在与代理商难以协调的区域,传统鞋服品牌可以尝试在互联网应用手段上做出技术屏蔽设置,限定特定区域、特定城市的网络购买客户"光临"网店。一方面从整体上推进网络销售渠道建设,覆盖现有实体专卖店没有进入的空白区域城市、无法覆盖的市场层级、无法兼顾的细分人群;另一方面完善多元化渠道结构,同时最大限度地保护现阶段的核心区域代理商和重点终端加盟商的经营利益。这也可以成为平衡实体店专卖渠道与网店渠道经营利益的权宜之举,当然也可以为传统鞋服品牌赢得互联网时代网络销售的先发优势。

(2)"收编"

经验:推行网店授权加盟制,适度管控货品价格折扣。

例如,国内某运动品牌开展网络销售,其在互联网上有三个核心代理商。这三个核心代理商在淘宝网、易趣商城、当当网和拍拍网开设了为数不少的网上授权专卖店。

针对之前自发形成的数以千计的网店,该运动品牌开展有针对性的"收编",以纳入其规划的货品价格体系。

通过逐步收编并适度限定网络销售的价格折扣,该运动品牌基本上做到了品牌厂家、区域代理商和终端加盟商三者之间的利益平衡。

(3)"整合"

经验:借力 IT 信息化系统,实现网店与实体店高效协作。

例如，××利用现有产品品牌，发展网络销售渠道品牌，线上线下良性互动。依托强大的后台 ERP、CRM、供应链平台，××可以时时掌握各地区线下实体店的库存信息。××的网店没有库存，所有的库存都在仓库或实体店里，因此，高效的供应链系统可以使得网店的配送流程更加顺畅。线上网店利用更多的资金和强大品牌推广力度，发展更多的网民来购买产品，充当了信息流和资金流的角色。当网店收到订单后，CRM 系统会根据提交信息人所在区域的地理位置，将送货单下发到最近的实体专卖店发货。线下实体专卖店就近配送，可以节省大笔的物流费用，充当了物流的角色，并获取一定返点。

这种网店与实体店之间各司其职、优势互补、和平共处、同生共赢的和谐渠道格局，已经为传统鞋服品牌发展网络销售勾勒出了一个可望且可及的远景。

思政园地

通过本工作任务的学习，引导并培养了学生诚信经营、公平交易的健康网络营销价值观，实现了与社会主义核心价值观的同频共振，引导学生体会和思考，认识和认同社会主义核心价值观。

请思考：网络营销渠道构建过程中还需要培养哪些方面的品质？

工作任务 4　网络促销

工作任务描述

1. 任务背景

促销是指企业为了激发客户的购买欲望，影响他们的消费行为，扩大产品销售而进行的一系列宣传、报道、说服、激励、联络等促进性工作。作为企业与市场联系的手段，促销包括了多种活动，企业的促销策略实际上是对各种促销活动的有机组合。与传统促销一样，网络促销的核心问题也是如何吸引消费者，为其提供具有价值诱因的商品信息。但网络手段的运用，使传统促销活动具有了新的含义和形式。

2. 任务目标

【知识目标】　认知网络促销，掌握网络促销的方法。
【技能目标】　学会制订促销方案，制作促销网页。
【思政目标】　网络促销过程中要注意实事求是，不进行过度宣传或者虚假宣传。

工作过程

步骤1：认知网络促销

1. 认知网络促销的概念、特点与作用

网络促销是指利用现代化的网络技术向虚拟市场传递有关产品信息，以引发需求，引起消费者购买欲望和购买行为的各种活动。

(1) 网络促销的特点

①网络促销通过网络传递商品和服务的存在、性能、功效及特征等信息。多媒体技术提供了近似于现实交易过程中的商品表现形式,采用双向、快捷的信息传播模式,将互不见面的交易双方的意愿表达得淋漓尽致,也留给双方充分思考的时间。

②网络促销活动是在虚拟市场中进行的。这个虚拟市场就是互联网,由于互联网聚集了广泛的人群,融合了多种文化成分,所以从事网上促销的人员必须分清虚拟市场和实体市场的区别,跳出实体市场的局限性。

③全球统一市场。Internet 虚拟市场的出现,将所有的企业,无论规模大小,推向了一个世界统一的市场。传统的区域性市场的小圈子正在被逐步打破,企业不得不直接面对激烈的国际竞争,如果一个企业不想被淘汰,就必须学会在这个虚拟市场中做生意。

(2) 网络促销的作用

①告知功能。企业通过网络进行促销活动,把企业的产品、服务、价格等信息传递给目标公众,引起他们的注意。

②说服功能。网络促销的目的是解除目标市场对产品或服务的疑虑。

③反馈功能。网络促销能够通过电子邮件、网站意见箱、BBS 等及时地收集消费者的需求和意见。网络促销所获得的信息基本上都是文字资料,具有信息准确、及时、可靠性强等特点,对企业制定经营决策具有较大的参考价值。

④创造需求。网络促销活动不仅可以诱导需求,而且可以引发创造需求,发掘潜在的消费群体,扩大销售量。

⑤稳定销售。企业通过适当的网络促销活动,树立良好的产品形象和企业形象,有可能改变客户对本企业产品的认识,改善客户对本企业产品的印象,使更多的客户形成对本企业产品的偏爱,达到稳定销售的目的。

2. 了解网络促销与传统促销的区别

虽然传统促销和网络促销都是让消费者认识产品,引起消费者的注意和兴趣,激发他们的购买欲望,并最终实现购买行为,但由于互联网强大的通信能力和覆盖面积,网络促销在时间和空间观念上、信息传播模式上以及客户参与程度上都较传统的促销活动发生了较大的变化。网络促销与传统促销的区别见表 12-2。

表 12-2　　　　　　　　　　网络促销与传统促销的区别

项 目	网络促销	传统促销
时空观	电子时空观	物理时空观
信息沟通方式	网络传输、形式多样、双向沟通	传统工具、单向传递
消费群体	网民	普通大众
消费行为	大范围选择、理性购买	冲动型消费居多

步骤 2:学会制订促销方案

在互联网上促销,对于任何企业及营销人员来说都是一个新问题,需要在实践中不断学习和体会,不断地总结经验。企业在制订促销方案时必须掌握以下要点:

1. 明确促销活动的目的

企业开展网络促销活动的目的主要有以下几个:

(1) 树立企业形象

企业可以通过网店开展的促销活动和企业形象宣传达到提高企业知名度，扩大企业在网民心目中的影响，获得网民对企业的认同感等目的。

（2）刺激消费

企业可以通过采取一项或多项网络促销手段来提高销售额。

（3）优化商品结构

将滞销的商品通过网络促销方式推销出去，以调整库存结构，加速资金流转。

（4）推介企业新商品

网店联合生产厂家共同参与的促销活动可以直接向消费者推荐厂家的新商品。加强宣传消费新观念、新时尚、新生活方式以及与之对应的新商品，在缩短了接受某种生活观念的过程中，不仅普及了新商品，也使商家获得了利润。

2. 明确促销活动的对象

在进行网络促销之前，必须明确谁是企业产品的使用者，谁是企业产品购买的决策者，谁会对产品的购买产生影响，只有弄清楚这些问题之后，企业才能做到有的放矢。网络促销对象是指在网络虚拟市场中可能产生购买行为的消费群体。随着互联网的普及，在虚拟市场中进行消费的网络群体也在不断膨胀。这一群体主要包括三部分人员：

（1）产品的使用者

产品的使用者是指产品的实际使用者或消费者。实际的需求构成了这些消费者购买的直接动因。通过各种网络促销形式抓住这一部分消费者，网络销售就有了稳定的市场。

（2）产品购买的决策者

产品购买的决策者是指实际决策购买商品的人。在许多情况下，产品的使用者与购买者是一致的。但在另外一些情况下，产品的使用者与购买者是分离的。例如，中小学生在网络光盘市场上看到富有挑战性的游戏，非常希望购买，但是实际对购买行为做出决策的是学生的父母。婴幼儿的用品更是如此。因此，网络促销同样应把对购买决策者的研究放在重要的位置上。

（3）产品购买的影响者

产品购买的影响者是指其看法或建议对最终购买决策可以产生一定影响的人。因为对于高价耐用品的购买，购买者往往比较谨慎，希望广泛征求意见后再做出决定。这部分人群也不能忽视。

3. 设计网络促销内容

当企业确定了对哪些人进行促销活动之后，接下来就是进行促销内容的设计。网络促销最理想的结果是引起促销对象的注意，保持兴趣，激发其购买欲望并采取行动。促销目标是通过具体的信息内容来实现的，因此设计网络促销内容对实现目标是十分重要的。消费者的购买过程是一个复杂的、多阶段的、波动性的过程，促销内容应当根据产品所处的生命周期的不同阶段和购买者目前所处的购买决策过程的不同阶段来决定。

4. 决定网络促销组合方式

网络促销组合是一个非常复杂的问题。网络促销活动主要通过网络广告促销和网络站点促销两种促销方法展开，但由于企业的产品种类不同，销售对象不同，促销方法与产品种类和销售对象之间将会产生多种网络促销的组合方式。企业应当结合网络广告促销和网络站点促销两种方法各自的特点和优势，根据自己产品的市场情况和客户情况，扬长避短，合理组合，以达到最佳的促销效果。

网络营销

5. 制订网络促销预算方案

在明确希望影响哪个群体、哪个阶层,即目标确定好之后,对整体投资数额就有了预算的依据。制订网络促销预算方案是企业在网络促销实施过程中最困难的一个问题。因为运用互联网技术进行促销是新生事物,所有的价格、条件都需要在实践中比较、学习和体会,不断地总结经验。只有这样,才能利用有限的资金达到尽可能好的效果,做到事半功倍。

6. 衡量网络促销效果

企业执行每项活动都应该进行总结和效果评估,网络促销也不例外。网络促销的实施过程到了这一阶段,必须对已经执行的促销内容进行评价,衡量促销的实际效果是否达到了预期的促销目标。对促销效果的评价主要依赖于两个方面的数据:一方面,要充分利用互联网上的统计软件,及时对促销活动的效果做出统计。这些数据包括主页访问人次、点击次数、千人广告成本等。另一方面,销售量的增加情况、利润的变化情况、促销成本的降低情况,也有助于判断促销决策是否正确。此外,还应注意促销对象、促销内容、促销组合等方面与促销目标的因果关系的分析,从而对整个促销工作做出正确的判断。

7. 网络促销过程的综合管理和协调

网络促销是一项崭新的事业。要在这个领域取得成功,科学的管理起着极为重要的作用。在衡量网络促销效果的基础上,对偏离预期促销目标的活动进行调整是保证促销取得最佳效果必不可少的程序。同时,在促销实施过程中,不断地进行信息沟通的协调,也是保证企业促销连续性、统一性的需要。

步骤 3:掌握网络促销的方法

在实施网络促销时要遵循以下原则:环境适应原则、网络可行性原则、创意多变原则。运作良好的网络促销活动不仅可以诱导需求,而且可以创造需求,挖掘潜在客户,扩大销售量。就目前而言,常见的网络促销方法有:

1. 打折促销

打折促销是目前网上最常用的一种促销方式,因为网民普遍认为网上商品的价格一般都要比传统方式销售时要低。商家利用网民的这一心理对有价格优势或有比较好的进货渠道的产品采用打折促销,直接满足了他们对低价的欲望,击中了他们的兴奋点,引爆了他们的消费热情。另外,由于网上销售商品存在不能给人全面、直观的印象,也不可试用、触摸,再加上配送成本和付款方式的复杂性等缺陷,因此,采用较大的折扣可以促使消费者进行网上购物的尝试并做出购买决定。目前,大部分网上销售商品都有不同程度的价格折扣,如亚马逊、当当网上书店等。

2. 节日促销

每逢节假日,各大商场里各种促销活动此起彼伏。而对于网上商店来说,这样的节日同样是促进销售、回馈客户的大好时机,节日促销已经成为网店常用的方法。节日促销与一般的促销意义不同,应注意与促销的节日关联,注重节日的各种风俗、礼仪、习惯、文化等民族特点,这样才能更好地吸引用户的关注,提高转化率。图 12-5 就是一个很好的示例。

3. 纪念日促销

网站可以在建站周年、访问量突破某一大关、成交额突破某一金额、达到多少个用户等名目下,利用这些纪念日展开网络促销,如图 12-6 所示。

图 12-5 父亲节促销宣传　　　　　图 12-6 麦包包周年庆促销宣传

4. 限时限量促销

限时限量促销是大型网站常用的一种方法,如淘宝、京东商城等大型网站每天都有一系列产品以限时限量方式促销,其目的就是吸引广大客户前来购买并建立消费习惯,提高销售业绩。限时限量促销方式很多,目前流行的主要有"闪购""秒杀""团购"等方式。

(1)"闪购"

"闪购"模式又称限时抢购模式,即以互联网为媒介的 B2C 电子零售交易活动,以限时特卖的形式,定期定时推出商品,一般以原价 1~5 折的价格供专属会员限时抢购,先到先买,限时限量,售完即止。客户在指定时间内(一般为 20 分钟)必须付款,否则商品会被重新放到待销售商品的行列。

(2)"秒杀"

"秒杀"的概念来源于网络,是网上竞拍的一种方式。所谓"秒杀",是指网络卖家发布一些超低价格的商品,所有买家在同一时间网上抢购的一种销售方式。由于"秒杀"商品价格低廉,所以往往一上架就被抢购一空,有时甚至只用秒来计算。

(3)"团购"

"团购"就是团体购物,指的是认识的或者不认识的消费者联合起来,以加大与商家的谈判能力,力求得到最优价格的一种购物方式。根据薄利多销、量大价优的原理,商家可以给出低于零售价格的团购价格和单独购买得不到的优质服务。团购通过消费者自行组团、专业团购网站以及商家组织团购等形式,提升客户与商家的议价能力,并最大限度地获得商品让利,引起消费者及业内厂商甚至是资本市场的关注。团购一般会指定最低的团购人数,并限时限量销售。但由于价格更为优惠,所以极具吸引力。

5. 优惠券促销

消费者如果已注册为网站会员,每消费一定数额或次数,便可得到电子优惠券或如图 12-7 所示以较低价格购买优惠券的机会,这样会促使客户下一次再登录企业的网站进行消费。优惠券是一种证明持有者在购买某种特定的产品时可按规定少付一些价款的凭证。一般来说,这种方式会吸引对品牌有一定好感或已试用过产品并感到满意的消费者。如果企业较长期地采用优惠券促销,就可培养消费者的品牌忠诚度,特别是当产品的差异化不大时,成

网络营销

效更加明显。

图 12-7　淘宝网出售的优惠券

6. 赠品促销

赠品促销是指客户在购买产品或服务的时候,可以给客户赠送一些产品或者小礼品,其目的是促进主产品的销售。赠品促销目前在网上的应用不算太多,一般情况下,在新产品上市、开辟新市场、产品更新、对抗竞争品牌等情况下运用赠品促销可以达到比较好的促销效果。赠品促销不仅可以提升品牌和网站的知名度,还可以鼓励人们经常访问网站以获得更多的优惠信息,同时根据消费者索取赠品的热情程度,还可以总结分析营销效果和产品本身的需求状况。

赠品促销一定要选择具有特色、客户感兴趣的产品。例如,买笔记本电脑赠送散热底座、电脑包、鼠标等配件大礼包,如图 12-8 所示。

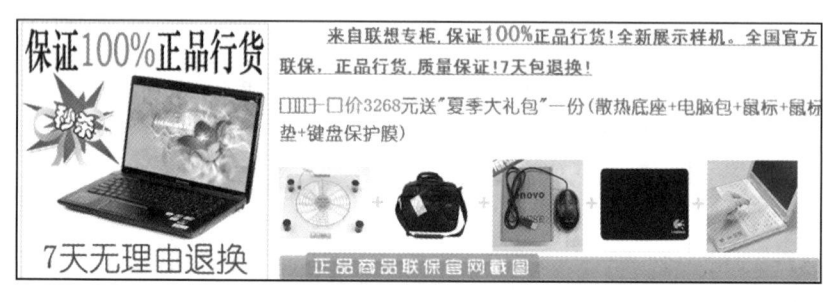

图 12-8　联想笔记本电脑赠品促销

温馨提示

赠品促销应注意赠品的选择:

(1)不要选择次品、劣质品作为赠品,这样反而会适得其反。

(2)注意时间和时机。注意赠品的时间性,如冬季不能赠送只在夏季才能用的物品。

(3)注意预算和市场需求。赠品要在能接受的预算内,不可过度赠送赠品而造成营销困境。但是,企业有时在紧急情况下也可考虑采取不计成本的赠品活动以挽回企业公关危机。

7.积分促销

积分促销是很多网店支持的一种促销活动,其操作比传统营销方式简单,且可信度高。客户每消费一次或参加网站上设置的在线游戏,就可获得累计积分,当这些积分达到一定额度之后,可以兑换小赠品或在以后的消费中当作现金使用,如图12-9所示。

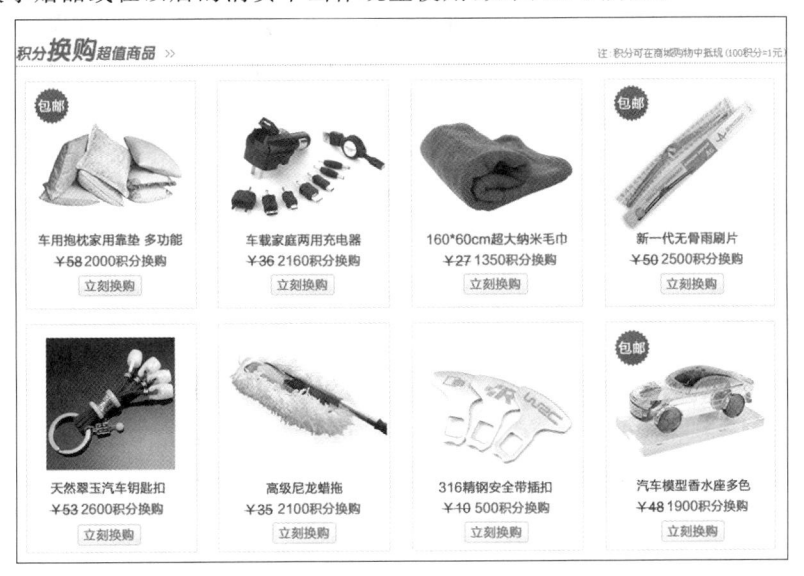

图 12-9　淘宝积分换购商品

"虚拟货币"也是积分促销的一种体现,如腾讯公司的Q币、Q点等。网站通过举办活动来帮助会员"挣钱",然后在网站使用"虚拟货币"购买本站的商品,其实质就是给会员购买者提供相应的优惠。

8.抽奖促销

抽奖促销也是网络促销常用的方法,是以承诺消费者或访问者通过填写问卷、注册、购买产品或参加网上活动等方式,有机会获得超出参加活动成本的奖品为手段所进行的商品或服务的促销。

开展网上抽奖促销活动应注意:奖品必须有诱惑力;活动参加方式必须简单;抽奖结果一定要公正、公平,并及时通过E-mail、公告等形式向参加者通告活动进度和结果。

9.联合促销

由不同商家联合进行的销售促进活动称为联合促销。如果企业网站的产品与其他网站产品有互补性,就可以联合促销。联合促销如果应用得当,对扩大双方的网络销售都有好处。如儿童医院网站可以和儿童用品生产企业网站联合进行促销,网上销售汽车的公司和润滑油公司可以联合促销等,以实现双赢。此外,还可以让两个或两个以上的品牌或企业在优惠或竞赛中进行合作,以扩大其影响力。

联合促销与赠品促销不同,如图12-8所示赠品促销的笔记本电脑配件大礼包是免费送出的,而联合促销的配套产品往往是以优惠价获得的。如图12-10所示,主打产品是笔记本电脑,在购买笔记本电脑的同时,可以以169元的优惠价格获得价值200多元的电脑包、以30元的优惠价格获得价值60多元的鼠标等配套产品。

图 12-10　笔记本电脑和配件的联合促销

网络营销

目前,店主联合厂家进行促销的做法在很多网店也较为流行,以给消费者更大优惠。

10."不打折"促销

（1）反促销

反促销就是声明自己的网站或网店商品质量有保证,从不打折促销,以"不打折"作为促销卖点。网上促销虽说花样百出,但大部分促销方式的核心还是价格战,而反促销促销是一种跳出价格之外的心理战术。由于网上折价容易使消费者认为商家以降低产品品质来换取较低成本,所以反促销促销有时也会奏效。当然要想利用这种促销方式,必须对自己网站和产品的要求较高。因此,要具备一定实力的网站才能这样操作。

（2）增加产品附加值促销

增加产品附加值促销是指在不打折甚至稍微提高产品价格的前提下,以设法提高产品或服务的附加值,让消费者感到物有所值或物超所值的方式进行的促销。相对于折价促销,这种方式会更容易获得消费者的信任。

（3）产品示范和比较

企业在网上利用各种先进的技术将产品以生动的形式展示出来或与其他同类相关产品比较,使得消费者可以从视觉和听觉上体验产品,从而产生拥有产品的冲动。这种方式可直接激发消费者的购买欲望和购买行为。

网络促销的方法是多种多样的,以上介绍的只是其中最常见的种类。要成功地进行网络促销,一方面必须对各种促销方法有所了解,及时地采纳新的促销方法;另一方面必须结合实际条件,有创意地组织实施促销活动,使促销活动新奇、富有销售力和影响力。

步骤4：了解促销网页制作的关键因素

企业进行网络促销,促销网页的制作十分关键。要想让产品销量能在促销过程中成倍增长,促销网页就必须涵盖以下七个因素：

（1）产品的卖点名称。确定产品的卖点是什么,适合什么人群使用,马上锁定客户。

（2）产品的品牌价值。用更多权威性的证据说明产品价值,使产品快速获得客户的信任。

（3）产品专业性描述。专业性描述可以进一步获得客户的信任。

（4）成功客户清单。列举成功客户案例是消除客户疑虑的最佳办法。

（5）心动的促销信息。无论是提供免费礼品,还是折扣、优惠券或者免费送货、零风险承诺,其唯一的标志就是能激发客户"占便宜"的欲望,消除客户的疑虑,并让他们产生好感。

（6）时间的紧迫感。推动客户立即购买,不要等到明天。

（7）正确的时间选择。自古以来就有"师出有名"一说,同样促销也应该"师出有名",给自己的促销一个正确的时间,无论是国庆、春节、五一,还是小店的店庆,至少让消费者明白,企业为什么进行促销。

思政园地

通过本工作任务的学习,引导学生在进行产品网络促销时,注意避免过度宣传和虚假宣传,要具备实事求是的精神和职业素养。尤其是在网上进行商品展示时,不要过度修图,导致产品的颜色失真、形状失真。

请思考：在网络促销中,还有哪些方面能够体现实事求是的职业精神和社会主义核心价值观？

任务回顾与总结

在完成本项目的过程中,我们学习了网络营销环境下的促销组合,即网络营销产品策略、网络营销价格策略、网络营销渠道策略、网络营销促销策略。传统营销的4P策略在网络营销环境下演化为4C策略。这种转换绝不是表面的变化,而更多的是理念和方式的变化。通过本项目的学习,要求学生重点掌握网络营销环境下产品的定位策略、网络营销环境下的报价策略、网络营销环境下的渠道构建策略以及网络营销环境下的特殊促销策略。

小试牛刀

请针对你本人的网站或以你所熟悉的身边某一个商业性质的企业网站为例,分析该网站的网络营销策略组合实施的情况,做出简要的评价,并提出意见和建议。

项目 13

构造高效网站运营系统

项目描述

项目背景

网站是企业基本的营销基地,除了要对网站进行优化和设计之外,更重要的是打造一个能够高效运转的网站运营系统。这是网络营销领域中一个十分重要的课题。

知识与技能目标

- 熟悉网站运营流程
- 了解网络营销团队的组成
- 懂得运用绩效考核对网络营销部门开展绩效管理
- 掌握企业网络营销效果评价方法以及相关指标的应用
- 能够撰写网络营销策划方案

思政目标

- 遵守网络职业道德
- 具备文字表达能力
- 避免版权纠纷问题

工作任务 1　打造高效网站运营系统

工作任务描述

1. 任务背景

建立一个网站，对于大多数人来说并不陌生，尤其是已经拥有自己网站的企业和组织。建立网站的目的只有一个，那就是辅助传统营销模式。但是，提到网站运营，可能很多人不理解，对网站运营的重要性也不明确。谁也不希望网站建成之后变成一个死站，不能为企业效力。从这个意义上来说，网站若想得到好的回报，就应当进行运营，而且是科学的运营。网站的管理水平直接反映了该企业的管理水平，体现了完整的企业文化。

2. 任务目标

【知识目标】　了解网站运营的基本内容。
【技能目标】　学习网站运营的一般流程。
【思政目标】　运营网站时应遵守网络职业道德。

工作过程

步骤 1：认识网站运营

网站运营是指从事与网站运作及网站营收相关的一切工作，也可以称为网站运作、网站营运等。网站运营包括网络营销体系中一切与网站后期运作有关的工作。就目前我国的互联网发展趋势来看，网站运营应当融入企业的整体经营体系中，使网络与原有的机制有机结合，这样才能发挥网站及网络营销的商业潜力。

企业的网站运营包括很多内容，如网站宣传推广、网络营销管理、网站的完善变化、网站后期更新维护、网站的企业化操作等，其中最重要的就是网站的维护和推广。

网站运营日常工作内容：

(1) 关键词挑选、剖析：列举行业有关关键词，把主关键词、辅关键词、长尾关键词列举出来并剖析其应用领域。

(2) 百度应用：利用百度百科、百度问答、百度经验开展制造行业专业知识的普及化与宣传策划，并完善百度地图、百度贴吧。

(3) B2B 服务平台：完成 B2B 服务平台的申请注册，每星期对每一服务平台开展商品的发送和升级。

(4) 分类信息网服务平台：申请注册免费的分类信息网，公布有关的商品或是服务项目信息内容。

(5) 百度新闻源：撰写推广软文，塑造企业品牌形象和商品品牌形象，每星期准时定量发布新闻稿。

(6)外链建设:设置高品质友情链接,交换高质量外链。

(7)博客网站:在天涯社区、网易博客、新浪博客等服务平台,每星期准时定量发布稿件。

(8)数据监测:每星期出示上星期网络运营数据分析报告,包含关键词排名状况、流量状况等。

步骤2:熟悉网站运营流程

1.了解客户的需求

网站的设计是展现企业形象,介绍产品和服务,体现企业发展战略的重要途径,因此必须明确设计网站的目的和用户需求,从而做出切实可行的设计计划。要根据消费者的需求、市场的状况、企业自身的情况等进行综合分析,牢记以"消费者"为中心,而不是以"美术"为中心进行设计规划。在设计规划之初要考虑以下内容:建设网站的目的是什么?为谁提供产品和服务?企业能提供什么样的产品和服务?企业产品和服务适合什么样的表现方式?

2.制作项目规划文案

与客户沟通并了解网站项目的需求后,便可着手制作项目规划文案,将项目制作规范化。项目规划文案包括项目可实施性报告、网站建设定位及目标、网站内容总策划书、技术解决方案、网站推广方案以及网站运营规划书等内容的文档。

3.设计网页图像

在确定好网站的风格和搜集完资料后就需要设计网页图像了,包括Logo、标准色彩、导航条和首页布局等。可以使用Photoshop或Fireworks软件来具体设计网站的图像。有经验的网页设计者,通常会在进行网页制作之前,设计好网页的整体布局,这样在具体设计过程中才会胸有成竹,大大节省工作时间。

4.制作网页

网页设计是一个复杂而细致的过程,一定要按照先大后小、先简单后复杂的顺序制作。所谓先大后小,就是在制作网页时,把大的结构设计好,然后逐步完善小的结构设计。所谓先简单后复杂,就是先设计出简单的内容,然后设计复杂的内容,以便出现问题时进行修改。要根据站点目标和用户对象去设计网页的版式以及进行网页内容的安排。一般来说,至少应该对一些主要的页面设计好布局,以确定网页的风格。在制作网页时要灵活运用模板和库,这样可以大大提高制作效率。如果很多网页都使用相同的版面设计,就应为这个版面设计一个模板,然后以此模板为基础创建网页。以后如果想要改变所有网页的版面设计,只需简单改变模板即可。

5.开发动态网站模块

页面制作完成后,如果还需要动态功能(网站的某些数据需要从后台数据库中调取),就需要开发动态功能模块。网站中常用的动态功能模块包括搜索功能、留言板、新闻发布、在线购物、论坛及聊天室等。

6.申请域名和服务器空间

此环节是要为企业网站设计一个好域名,并完成域名和服务器空间的申请与购买。网站是建立在网络服务器上的一组电脑文件,它需要占据一定的硬盘空间,这就是一个网站所需的服务器空间。关于域名设计和注册的相关事项在前面域名营销部分已经涉及,此处不再赘述。

7.网站优化

网站优化是通过对网站功能、结构、布局、内容等关键要素的合理设计,使得网站的功能和表现形式达到最优效果,可以充分表现出网站的网络营销功能。网站优化包括三个层面的含义:对用户体验的优化,对搜索引擎的优化以及对网站运营维护的优化。

(1)对用户体验的优化

经过网站的优化设计,用户可以方便地浏览网站的信息,使用网站的服务。具体表现是:以用户需求为导向,网站导航方便,网页下载速度尽可能快,网页布局合理并且适合保存、打印、转发。

(2)对搜索引擎的优化

以通过搜索引擎推广网站的角度来说,经过优化设计的网站可以使得搜索引擎顺利抓取网站的基本信息。当用户通过搜索引擎检索时,企业期望的网站摘要信息出现在理想的位置,用户能够发现有关信息并引起兴趣,从而单击搜索结果并到达网站获取进一步信息,直至成为真正的顾客。

(3)对网站运营维护的优化

网站运营人员要方便进行网站管理维护,有利于各种网络营销方法的应用,并且可以积累有价值的网络营销资源。

8.网站维护

一个好的网站,不可能一次制作完美。由于市场环境在不断地变化,网站的内容也需要随之调整,给人常新的感觉,网站才会更加吸引访问者,而且给访问者留下很好的印象。这就要求对网站进行长期的、不间断的维护和更新。网站维护一般包含以下内容:内容更新;网站风格更新;网站重要页面设计制作;网站系统维护服务。

9.网站推广

互联网的应用和繁荣提供了广阔的电子商务市场和商机,但是互联网上大大小小的各种网站数以百万计,如何让更多的人迅速地访问到你的网站是一个十分重要的问题。企业网站建好以后,如果不进行推广,那么企业的产品与服务在网上就仍然不为人所知,起不到建立站点的作用,所以企业在建立网站后即应着手利用各种手段推广自己的网站。

步骤3:了解打造高效网站运营系统的注意事项

打造高效网站运营系统的注意事项如下:

1.销售流程优化

销售流程的不断优化是企业打造高效网站运营系统的开始,作为企业领导者,企业开展网络营销,需要关注的数据是流量、询盘率及有效咨询率、成交额。如何让这些数据都得到最大化的提升呢?

首先,在流量提升方面,付费推广、图片和视频的收集、原创软文的发布、社会化营销和邮件营销的开展、网站的优化、各类平台信息的更新和发布等都是流量提升的方式,这些方式企业都可以去尝试,重点在于企业要不断地去做,把适合自己的方式坚持下去,比如企业要做到每天都更新网站上的信息。

其次,在询盘转化提升方面,企业需要做的是用户登录页面的策划、网站 Title 和常见问题(FAQ)的设置、客户关系管理系统的建设,其中常见问题和客户关系管理系统是最重要的。以客户为中心的管理理念能够帮助客服人员了解和提炼用户的真正所需,提高用户的忠诚度,寻找有价值的目标用户以及挖掘用户的潜在价值,更重要的是帮助客服人员做追销,把每一次的询盘都做好记录,这样能够帮助企业把更多的用户拉回来,实现达成销售的机会。

网络营销

最后,业务成交率的提升方面,找对人、说对话是企业开展网络营销的话术设计原则。企业要懂得分析用户的需求,对用户进行分类、分配以及管理,企业不要让客服一个人来做,而是把所有的业务伙伴都加入进来,客服人员在与用户进行有效的沟通之后,把用户的联系方式和名字交给业务伙伴去进行跟踪,再由客服人员对业务伙伴进行跟进。这样每个人的工作才更加清晰,分工合作,能够提高企业的工作效率。

2. 网络营销团队架构搭建

目标是成功的灯塔,而企业网络营销团队的架构则是实现目标的阶梯,让他们朝着共同的目标一步步地往上爬,一步步地去实现。那么企业网络营销团队应该由哪些人员组成呢?运营总监、推广人员、SEO专员、网络编辑、美工以及客服。网络营销没有执行,一切就等于零。网络营销不是计划出来的,而是做出来的,网络营销团队至关重要。

3. 检查工具的使用

网络营销离不开数据的检查。这里所说的数据包含销售流程优化过程中需要的数据,定位的准确性、网站转化率提升所需的数据,企业日常决策需要的数据,分析用户需求的数据以及投入回报的数据。

除了以上这些数据,企业需要做的还有员工的绩效考核。每一个岗位都有自己的标准和流程,通过对过程的管理去实现每个岗位目标的达成。通过绩效考核的设置,可以不断发现问题和解决问题,促进企业的成长与发展。企业还需要对员工进行不断地勉励,对员工持有一颗关怀和鼓励的心,支持他们的工作,关心他们的工作进度,共同讨论如何解决当天遇到的问题,表现优秀的员工可分享经验,让大家一起互相学习,为员工提供一个良好的成长环境。

思政园地

在运营网站时,既要遵守网络职业道德,又要注重维护网络安全,不能随意盗用他人版权,提高自身的版权保护意识。

请思考:在网站的运营维护中,如遇到他人套用你的网站内容,应该怎么办?

工作任务 2　有效训练网络营销精英战队

工作任务描述

1. 任务背景

企业网络营销人员一般是对市场有经验,但对网络营销并不熟悉的传统营销人员,也可由网络技术人员兼任网络营销人员。网络营销除了销售本身以外,还有提升企业品牌价值、加强与客户沟通、改善客户服务等功能。

2. 任务目标

【知识目标】　掌握网络营销团队的组建过程。

【技能目标】 学会网络营销团队的训练方法。
【思政目标】 培养组织协调能力和团队协作能力。

工作过程

步骤1：组建企业网络营销战队

企业网络营销战队即网络营销团队的核心组成，包括以下方面的人员：

1. SEO 主管

一个网站推广团队中必然少不了一个 SEO 主管。团队的主要方向把控都要有一个明确的目标，而这个目标制定是由 SEO 主管最后决定的。当遇到问题时，也可以团结队员，来共同解决问题。当然团队工作的配合紧密度也是 SEO 主管应该负责的问题。

2. SEO 文案

SEO 文案在团队中的作用特别重要，甚至可以说，一个团队推广的效果如何，大部分取决于 SEO 文案的水平。

3. 外链专员

外链专员的工作是按照既定的计划发布外链，当然必须遵守发布外链的要求，否则外链起不到应有的作用。

4. 数据分析人员

专业的数据分析人员对数据敏感且能够从大量的数据中提取具有商业价值的信息，及时提供这些信息给策划和决策人员，应具备良好的商业演示能力。

5. 程序员

一些 SEO 策略，如果有程序员的加入，是可以节省大量时间的，同时也可以让 SEO 策略有更大的拓展空间，因此一个推广团队有程序员的加入，就会如虎添翼。

步骤2：熟悉网络营销战队每个岗位的工作职能

(1) 网络营销主管(Online Marketing Lead)：部门主管，负责团队的管理以及整体营销战略的规划和管理。

(2) 网络营销专员/助理(Online Marketing Specialist/Assistant)：负责营销战略的管理和执行，并协助部门主管进行规划管理工作。

(3) 网络设计师(Web Designer)：负责网站的设计相关事务，能熟练使用 Photoshop、Coreldraw、Frontpage、Dreamweaver 等网页设计软件。

(4) 网络运营师(Network Operator)：负责完成网站的日常宣传推广，企业整体的网络营销管理。

(5) 网站编辑(Website Editor)：负责网站内容的编辑工作，要有很好的写作功底，能够写出高质量的文章。

(6) 营销客服(Marketing Customer Service)：负责解决客户在网站上购买商品时遇到的问题，通过解答问题，形成客户转化。

步骤3：加强对网络营销战队成员的培训

网络营销工作依托于互联网，对网络营销人员的知识更新程度要求也比较高，因此企业必须对网络营销人员进行相关培训，并且长期坚持下去，以确保完成网络营销任务。企业在设计培训内容时应注意加强对网络营销人员以下能力的培养：

1. 文字表达能力

"把问题说清楚"是作为网络营销人员的基本能力，如果能真正做到把问题说清楚，就已经很了不起了。不信？你不妨看看一些企业的产品说明书，看看一些网站的产品介绍，很多网站对客户希望了解的问题其实并未说清楚。

2. 资料收集能力

收集资料主要有两个方面的价值：一是保存重要的历史资料；二是尽量做到某个重要领域资料的齐全。如果能在自己工作的相关领域收集大量有价值的资料，那么对于自己卓有成效的工作将是一笔巨大的财富。

3. 客户体验能力

我们需要更多的实践体验，这样才能更深入地理解网络营销。网络营销学习最好的实践方式之一是建设个人网站。因为通过个人网站的建设和维护，可以对网站建设、网站推广、网站效果评估等方面的知识有更深刻的认识，而且这是一项可以自行控制的网络营销实践。

4. 网页设计能力

网页设计师要对网站页面进行整体设计，并对网页进行合理布局。在网页的设计中，首先要确保主题明确，对网站的构思和总体设计方案做出准确定位。其次，页面的版式设计、页面布局是一种视觉营销，因此页面的排版是很有讲究的，版式设计可以将文字、图形完美组合，表现出美感。

5. 网站编辑能力

网站编辑是网站内容的建造者，如果说网页制作是创作页面的骨架，那么文章就是网站的肌肉，是展现给网民看的重要内容。因此网站编辑要有对信息收集、信息分类、信息编辑的能力。

6. 创意执行能力

在解决了"说什么"之后，"怎么说"就是创意执行人员的工作了。在社交媒体上，内容呈现形式越丰富，接受度和传播范围就越广。一个好的团队，要会快速消化专业知识撰写专业文章，还要会做社交媒体上流行的gif动图和信息图。例如，有一家猎头公司，通过把枯燥的数据转化为信息图，一次大范围的分享就获得了和5 000多位客户交流的机会。能力全面的团队还必须会开发互动H5网页和小游戏，懂得混剪视频，甚至完成视频拍摄（和普通网站相比，带有视频的网站点击率要高很多），传统文案和美工人员都需要不断提升自身能力才能够胜任工作。

7. 跨平台运营能力

对美食、家居、服饰等企业来说，图片类社交媒体是非常好的选择；咨询、教育类企业采用音频类社交媒体也符合受众利用碎片化时间学习的习惯；想通过专业度较高的回答创造业务机会，知乎是不可错过的窗口；如果重视移动端流量，各大新闻移动端的自媒体专栏和导购类、社交类APP也是决定成败的战场。社会化媒体整合营销不只是简单地选择叠加，还要将诸多媒体和更多企业自有媒体打通，设计一条让目标人群从"认知"到"认同"，再到"购买"，最终到

项目 13　构造高效网站运营系统

"积极分享并成为忠实用户"的良性循环轨迹。

而在操作层面,不同的平台都有各自的规定。原创程度要求,是否有审核过程,是否必须首发,各种政策规则甚至产品一直在变。这就要求一线网络营销人员必须在第一时间顺应变化,调整战略并修改团队内部的执行标准。

> **思政园地**
>
> 要想打造网络营销精英战队,我们需要培养组织协调能力,还要提高团队协作意识,这样才能更好地发挥网络营销团队的价值。
>
> **请思考:** 在网络营销团队培训时,每位成员都需要熟悉全部岗位的工作职能吗?

工作任务 3　网络营销部门管理与绩效考核

工作任务描述

1. 任务背景

越来越多的实体企业重视网络营销的发展,加入网络营销的大军中,但多数企业只知其形,不知其意,导致大部分企业的网络营销部门能力薄弱。如何有效地管理网络营销部门并开展绩效考核工作,提高网络营销部门的工作效率,是企业面临的重要问题。

2. 任务目标

【知识目标】　掌握网络营销部门管理与绩效考核的内容。
【技能目标】　学会网络营销部门的绩效考核方法。
【思政目标】　培养领导能力和管理能力。

工作过程

步骤 1:对网络营销部门进行细分

对网络营销部门进行细分的目的是使工作分工更明确,各司其职。一个相对完整的网络营销部门可分成以下四个部门:

1. 网站建设部

网站建设部负责企业网站的建设及其维护,后期行业网站的开发。其工种有网站后台程序设计和前台网站美工,主要任务是完成基础的首页设计、产品详情页设计、日常图片处理等工作。一般人员配备在 3 个人:设计师 1 人,美工 2 人。

2. 网站编辑部

网站编辑部负责企业所有网站的信息编辑以及后期行业网站内容的编辑和整理,定期结合企业的业务撰写软文来进行宣传。同时,它也负责一些网站栏目的策划。其工种主要也就是网站编辑。

3. 网站推广部

网站推广部负责企业网站的搜索引擎推广,包括企业网站的搜索引擎排名,后期行业网站的推广。同时,推广人员需要利用一些网络中的免费平台发布大量的企业业务信息,提高企业在互联网上的曝光率,以及企业在搜索引擎中的信息量。其工种主要是 SEO 主管和网站推广专员。

4. 客服部

客服部负责售前接待、售中维护、售后处理工作,直接跟客户接触,要求对自己产品和推广平台规则熟悉,有一定销售能力和经验。一般人员配备在 3 个人,可视实际销量情况决定。

步骤 2:对网络营销部门进行绩效考核

绩效考核也称为成绩或成果测评,是指企业为了实现生产经营目的,运用特定的标准和指标,采取科学的方法,对承担生产经营过程及结果的各级管理人员完成指定任务的工作实绩和由此带来的诸多效果做出价值判断的过程。

绩效考核是当前很多企业考核员工和分支机构的重要管理方法。企业对员工和分支机构进行绩效考核有助于提高销售业绩,打造有竞争力的团队。针对网络营销部门的职能,可以按照以下步骤开展绩效考核:

1. 确定考核周期

依据网络营销部门的实际情况(包括市场周期、销售周期和生产周期等),确定合适的考核周期,工作考核一般以月度为考核周期。每个周期进行一次例行的重点工作绩效考核。对需要跨周期才可能完成的工作,也应列入工作计划,进行考核。可以实行时段与终端相结合的考核方法,即在开展工作的考核周期,考核工作的进展情况;在完成工作的考核周期,考核工作的终端结果。

2. 编制考核计划

按照考核周期,作为考核对象的职能部门、业务机构和工作责任人,于周期期初编制所在部门或岗位的工作计划,对纳入考核的重点工作内容进行简要描述(表 13-1)。每一项重点工作都要明确设置工作完成的时间指标和绩效指标。同时按照预先设定的计分要求,设置每一项重点工作的考核分值。必要时,附加开展重点工作的保障措施。周期工作计划应按照时间要求编制完成,并报送考核执行人确认,然后付诸实施。

表 13-1　　　　　　　　　网络营销部门的绩效考核计划

网络营销部门(岗位)	绩效考核重点
网络营销部经理	业绩
网络推广专员	网站的整体表现,关键字排名情况,网站 PR,流量等
网站编辑专员	文章水平,编校水平,上传及时性等
网络业务专员	订单等
网站客户服务代表	服务态度,处理客户问题的及时性
网站程序员	按时完成程序设计
网站美工设计	高质按时完工

3.校正量、效化指标

绩效考核强调重点工作的开展和完成必须设置量、效化指标。量化指标是数据指标,效化指标是成效指标。重点工作的量、效化指标反映了重点工作的效率要求和价值预期。此外,在实际工作中,并不是所有的工作结果或成效都可以用数据指标进行量化的,而效化指标比较难以设置和确定,需要一定的专业素质和及时的信息沟通。因此,考核执行人应会同考核对象,对重点工作的效化指标进行认真校正并最终确定,保障重点工作的完成效果。针对网络营销部门制定的绩效考核指标见表 13-2～表 13-4,各个企业可以根据自己的实际情况确定各项考核指标,力求最大化地反映工作业绩。

表 13-2　　　　　　　　网络推广专员_____月绩效考核表

部门　　　　岗位　　　　姓名　　　　日期　　　　得分

考核项目及标准		考核权重	考核评分等级			得　分
有效客户量	A.高于40个(含40个)有效咨询客户 B.低于40个有效咨询客户 C.0个有效咨询客户	20	A 20	B 10	C 0	
组织活动量	A.2次(含2次)以上 B.1次 C.没有	10	A 10	B 5	C 0	
约见版主、QQ群主	A.2个以上 B.1个 C.没有	10	A 10	B 5	C 0	
网络推广	A.按要求完成 B.低于要求 C.没有	30	A 30	B 15	C 0	
被投诉量	A.当月无投诉 B.当月被投诉1次 C.当月被投诉1次以上	10	A 10	B 5	C 0	
服从安排	A.有令即行 B.有令偶行 C.有令不行	5	A 5	B 3	C 0	
学习能力	A.按时完成每周工作总结 B.缺少1周以上周工作总结 C.不写周工作总结	5	A 5	B 3	C 0	
团队精神	A.坚决服从企业安排 B.能服从企业安排 C.不服从企业安排	10	A 10	B 5	C 0	
说　明	以上考核作为月度考核,但考核分数将纳入年度考核范畴;总计分数为100分,90分以上为月优秀员工,80分以上为月合格员工,60分以下为需激励员工;连续2个月被评为需激励员工将被警告;连续3个月被评为需激励员工将被劝退;连续2个月得分位居倒数3名的员工将被劝退;每个月前3名的优秀员工将获得一定奖励(奖励根据每个月实际情况定);连续3个月得分位居前3名的员工将被授予"明星员工"称号,可获得晋升中层干部预备机会,并享受带薪学习机会					

注:以上表格要求每人、每月严格考核一次并存入财务部归档保存。

网络营销

表 13-3 　　　　　　　　网络技术人员＿＿＿＿月绩效考核表

部门：　　　　　岗位：　　　　　姓名：　　　　　日期：　　　　　得分：

考核项目及标准		考核权重	考核评分等级			得　分
公司网站的优化与管理	A.按要求完成 B.低于要求 C.没有	25	A 25	B 10	C 0	
文章编写/帖子管理	A.按要求完成 B.低于要求 C.没有	20	A 20	B 10	C 0	
网页制作/工具监测与维护	A.按要求完成 B.低于要求 C.没有	25	A 25	B 15	C 0	
被投诉量	A.当月无投诉 B.当月被投诉1次 C.当月被投诉1次以上	10	A 10	B 5	C 0	
服从安排	A.有令即行 B.有令偶行 C.有令不行	5	A 5	B 3	C 0	
学习能力	A.按时完成每周工作总结 B.缺少1周以上周工作总结 C.不写周工作总结	5	A 5	B 3	C 0	
团队精神	A.坚决服从企业安排 B.能服从企业安排 C.不服从企业安排	10	A 10	B 5	C 0	
说　明	以上考核作为月度考核,但考核分数将纳入年度考核范畴;总计分数为100分,90分以上为月优秀员工,80分以上为月合格员工,60分以下为需激励员工;连续2个月被评为需激励员工将被警告;连续3个月被评为需激励员工将被劝退;连续2个月得分位居倒数3名的员工将被劝退;每个月前3名的优秀员工将获得一定奖励(奖励根据每个月实际情况定);连续3个月得分位居前3名的员工将被授予"明星员工"称号,可获得晋升中层干部预备机会,并享受带薪学习机会					

注:以上表格要求每人、每月严格考核一次并存入财务部归档保存。

表 13-4 　　　　　　　　网络编辑＿＿＿＿月绩效考核表

部门：　　　　　岗位：　　　　　姓名：　　　　　日期：　　　　　得分：

考核项目及标准		考核权重	考核评分等级			得　分
公司网站文章上传	A.按要求完成 B.低于要求 C.没有	25	A 25	B 10	C 0	
论坛发帖	A.按要求完成 B.低于要求 C.没有	30	A 30	B 15	C 0	

(续表)

考核项目及标准		考核权重	考核评分等级			得 分
博客管理	A.按要求完成 B.低于要求 C.没有	15	A 15	B 10	C 0	
被投诉量	A.当月无投诉 B.当月被投诉1次 C.当月被投诉1次以上	10	A 10	B 5	C 0	
服从安排	A.有令即行 B.有令偶行 C.有令不行	5	A 5	B 3	C 0	
学习能力	A.按时完成每周工作总结 B.缺少1周以上周工作总结 C.不写周工作总结	5	A 5	B 3	C 0	
团队精神	A.坚决服从企业安排 B.能服从企业安排 C.不服从企业安排	10	A 10	B 5	C 0	
说 明	以上考核作为月度考核,但考核分数将纳入年度考核范畴;总计分数为100分,90分以上为月优秀员工,80分以上为月合格员工,60分以下为需激励员工;连续2个月被评为需激励员工将被警告;连续3个月被评为需激励员工将被劝退;连续2个月得分位居倒数3名的员工将被劝退;每个月前3名的优秀员工将获得一定奖励(奖励根据每个月实际情况定);连续3个月得分位居前3名的员工将被授予"明星员工"称号,可获得晋升中层干部预备机会,并享受带薪学习机会					

注:以上表格要求每人、每月严格考核一次并存入财务部归档保存。

4.调控考核过程

在管理运行中,存在并发生着不确定性因素,容易造成工作变数,考核也是如此。当工作的变化、进展和预置的计划发生冲突时,首先应对变化的事物进行分析,准确识别变化的原因和趋势,然后对工作计划和考核指标进行及时、适当的调整与改进。

5.验收工作成效

每个周期期末,在设定的时间内,考核执行人依据预置或调整的周期工作计划,对考核对象的重点工作完成情况进行成效验收。按照每项工作设置的效化指标和考核分值,逐项核实工作成效,逐项进行评分、记分,累计计算考核对象该考核周期重点工作完成情况的实际得分,并就工作的绩效改进做出点评。

6.运用考核结果

考核的目的是改进绩效、推进工作和提高效率。考核对象重点工作完成情况的实际得分即考核结果。如何运用考核结果,会直接影响考核的激励作用。要切实结合企业管理资源的实际情况,充分考虑企业文化的负载能力,在这个基础上选择和确定考核结果的运用方式。

思政园地

要想管理好网络营销部门并做好效绩考核工作,就需要提高自身的领导能力和管理能力,同时注意在绩效考核上要做到公平公正、奖惩并存。

请思考: 在网络营销部门的管理中,我们是应该任人唯亲,还是任人唯贤?你认为正确的做法是什么?

工作任务 4　网络营销效果评价

工作任务描述

1. 任务背景

一个企业建立了自己的网站,并且开展了一定的推广之后,怎么知道网络营销是否有效果呢?网络营销必不可少的一项工作是对其效果进行评价,可分为事后评价和过程控制。事后评价反映了网络营销活动的综合效果,过程控制则是网络营销目标得以实现的保证。因此,网络营销的评价应将事后评价与过程控制相结合。

2. 任务目标

【知识目标】　了解网络营销目标的分类。
【技能目标】　学会针对特定企业网站的运营情况,进行网络营销的效果评价。
【思政目标】　做到准确评价网络营销的效果,避免盲目自大。

工作过程

步骤 1:确定网络营销目标

要进行网络营销效果的评价,必须明确网络营销目标。目前网络营销目标可分成以下几类:

1. 销售型网络营销目标

销售型网络营销目标是指企业为拓宽网络销售,借助网络的交互性、直接性、实时性和全球性为客户提供方便快捷的网上销售点。目前许多传统的零售店都在网上设立销售点,例如苏宁电器建立的苏宁易购,如图 13-1 所示。

2. 服务型网络营销目标

服务型网络营销目标是指企业主要为客户提供网上联机服务,客户通过网上服务人员可以远距离进行咨询和获得售后服务。目前大部分信息技术型企业都建立了此类站点,如图 13-2 所示为某律师事务所网站首页。

项目 13　构造高效网站运营系统

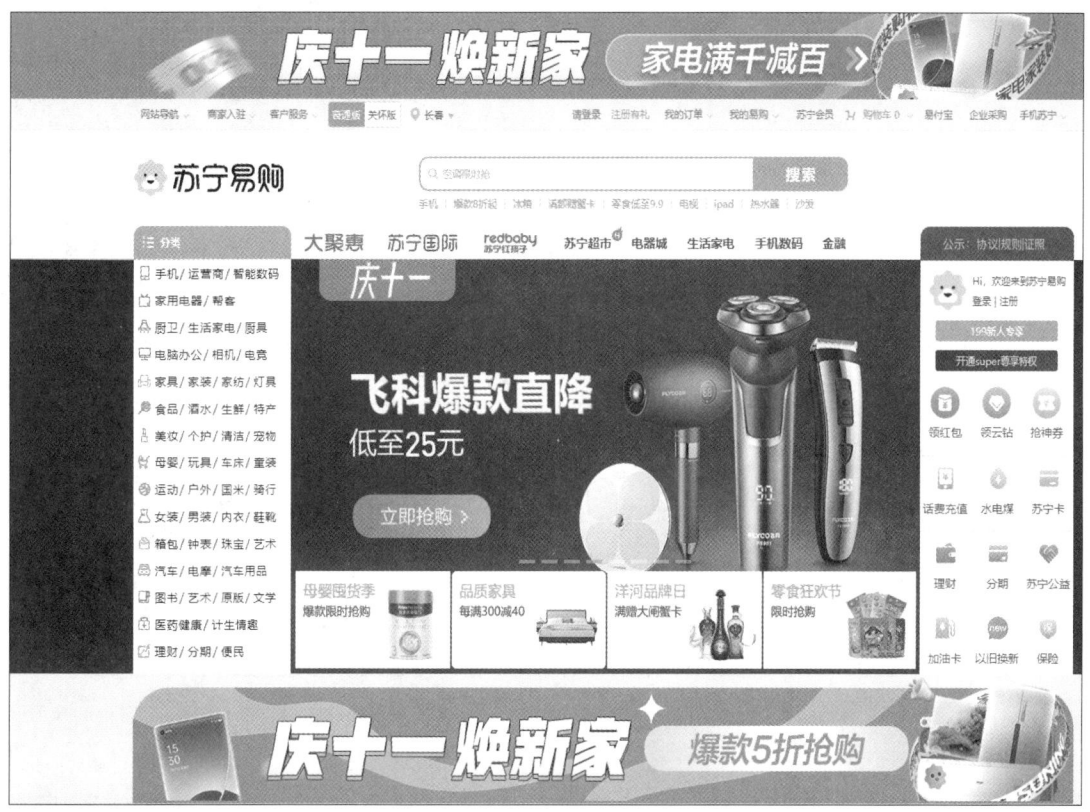

图 13-1　苏宁易购

图 13-2　某律师事务所网站首页

3.品牌型网络营销目标

　　品牌型网络营销目标主要是在网上建立自己的品牌形象,加强与客户的直接联系和沟通,建立客户的品牌忠诚度,为企业的后续发展打下基础并配合企业现行营销目标的实现。目前大部分站点属于这种类型,例如贵人鸟在天猫、京东都有官方旗舰店,目的就是更好地进行品牌推广,在网上建立自己的品牌形象。如图 13-3 所示为天猫上贵人鸟的官方旗舰店。

网络营销

图 13-3　天猫上贵人鸟的官方旗舰店

4. 提升型网络营销目标

提升型网络营销目标主要是指企业通过网络营销替代传统营销手段,全面降低营销费用,改进营销效率,改善营销管理和提高企业竞争力。目前 Haier 等站点均属此类。如图 13-4 所示为海尔集团网站。

图 13-4　海尔集团网站

5. 搜索引擎的可见度

网络营销效果评价的一个重要指标是搜索引擎的可见度,即网站被搜索引擎收录的数量和网站在搜索引擎中的关键词排名。

6.获得其他网站链接的数量和质量

获得相关网站的链接是常用的推广方法之一,因此,获得其他网站链接的数量和质量在一定程度上可以表明对网站推广工作所做的努力,尤其可以反映网站在行业中受到其他网站关注的程度。不过网站链接数量与网站访问量之间并没有严格的正比例关系。有些相关网站链接可能带来明显的访问量,而有些链接对网站推广的效果并不显著。

7.网站访问量和注册用户数量

网站访问量和注册用户数量是网络营销取得效果的基础,也在一定程度上反映了获得顾客的潜在能力。网站访问量指标直接反映了网站推广的效果,对网站访问数据的统计分析也是网络营销管理的基本方法和内容。注册用户数量反映了通过网站推广获得的网络营销资源,如注册用户资料是开展内部列表 E-mail 营销的基础之一。

步骤 2:计算网络营销目标的价值

明确了网络营销目标后,还要计算网络营销目标达成时对企业的价值。如果是电子商务网站,则计算非常简单,其目标价值就是销售产品所产生的利润。

其他情况可能需要下一番功夫才能确定。如果网站目标是吸引客户订阅电子杂志,那么后台管理人员就要根据以往统计数据,计算出电子杂志订阅者中有多大比例会成为付费客户,这些客户平均带来的利润是多少。假设每 100 个电子杂志订阅者中有 5 个会成为客户,平均每个客户会带来 100 元的利润,那么这 100 个电子杂志订阅者将产生 500 元的利润。也就是说,获得一个电子杂志订阅者的价值是 5 元。

步骤 3:记录网络营销目标达成次数

一个电子商务网站,每当有客户来到付款确认网页,流量分析系统都会记录网站目标达成一次。有客户访问电子杂志订阅确认页面或感谢页面,流量分析系统也会相应记录网站目标达成一次。有客户打电话联系客户服务人员,客户服务人员也应该询问客户是怎样得到电话号码的,如果是来自网站,也应该做相应记录。

这一部分的工作可以由网站流量分析工具/软件来完成,目前有很多免费的专业网站流量分析工具,如百度统计。

1.网站流量的基本数据

网站访问统计分析的基础是获取网站流量的基本数据,这些数据大致可以分为以下三类,每类包含若干数量的统计指标。

(1)网站流量指标

网站流量指标常用于对网站效果进行评价,主要包括:独立访客(Unique Visitors)数量;指单位时间内访问网站的独立访问客户数量;页面浏览数(Page Views),又称访问量,指在统计周期内,客户浏览网站页面的次数,独立访客每打开一个页面,访问量加一,多次打开或者重复刷新同一个网页,浏览量均累加;平均访问量,又叫平均访问深度,表示在统计周期内,用户每次访问浏览的页面数量平均值;停留时长,是指用户在一次访问行为内,访问网站的时长,通常用平均访问停留时长作为数据分析指标;入站次数,指在一个统计周期内,用户从网站外进入网站内的次数;跳失率,指在统计周期内,访客进入网站后,只浏览一个网页就离开的次数占总入站次数的比例;展现量,指在统计周期内,企业网站推广广告展现到用户面前的次数;点击数,指在统计周期内,企业推广广告被用户点击的次数;转化率,指进行了有价值行为的访问数量占总访问数量的比值。根据企业追求的目标不同,设定的有价值的行为也有所不同,比如注册、收藏、转发、购买等。

(2)客户指标

客户是企业进行电子商务运营的重要基础,客户指标主要是用来描述可营销的客户对于企业的忠诚度和黏度。注册客户数,指在电子商务平台注册的客户总数;活跃客户数,指在单位时间内,有购物消费或者登录电子商务平台行为的客户数量;重复购买率,又叫复购率,指在单位时间内,有两次及两次以上购买行为的客户占总购买客户的比例;客户回购率,是指上一周期活跃客户在下一周期有购买行为的客户比率。

(3)客户浏览网站的方式

客户浏览网站方式的相关统计指标主要包括:客户上网设备类型;客户浏览器的名称和版本;客户计算机分辨率及其显示模式;客户所使用的操作系统名称和版本;客户所在地理区域的分布状况等。

2.使用百度统计等开展以效果为导向的营销活动

(1)广告投资回报率

①目标:跟踪销售和转化情况。根据所定义的阈值来衡量网站客户参与度。

②根据关键字、搜索查询、匹配类型等方面的点击数据来优化网站的广告效果。报告可向发布商表明哪些网站内容产生的收入最高。

③完善的广告系列跟踪功能:跟踪电子邮件广告、横幅广告和离线广告等。

④电子商务报告:跟踪带来交易的广告系列和关键字,获取客户忠诚度和等待时间指标,确认最佳收入来源。

(2)跨渠道和多媒体跟踪

①移动跟踪:跟踪移动网站、移动应用程序和可上网的移动设备,包括高端手机和未启用JavaScript 的手机。

②内部网站搜索:了解客户意图,找出客户真正想要查找的产品或服务,然后加速转化过程。

③对 Flash、视频和社交网络应用程序等的跟踪:跟踪 Ajax、Flash、社交网络和Web 2.0 等应用程序的使用情况。

步骤4:计算网络营销目标达成成本

计算网络营销目标达成成本时,较便捷的方式是使用网站竞价排名[每点击付费(Pay Per Click/PPC)]。这时每个点击的价格、某一段时间的点击费用总额、点击次数,都在竞价排名后台有显示,非常容易计算成本。

对其他网络营销手段,则需要按经验进行一定的估算。有的时候比较简单,有的时候则比较复杂。如果网站流量来自搜索引擎优化,就需要计算出外部SEO 顾问或服务费用以及内部配合人员的工资成本。如果是进行论坛营销,则需要计算人力、时间及工资支出,换算成本。

有了上述四项数据,就可以比较清楚地计算网络营销的投资回报率。假设网站竞价排名在一天内支出 100 元,网站目标是直接销售,一天内销售额达到 1 000 元,扣除成本 500 元,毛利为 500 元,那么这个竞价排名推广的投入产出比就是 5。

除此之外,网络营销的成本构成还包括营销人员的薪资、福利、办公工具等费用、营销平台的开通和付费推广等费用、网络营销所用的一些工具的费用和第三方服务的费用。

> **思政园地**
>
> 在对网络营销的效果评价中,我们要避免认识不清、盲目自大,也要避免束手束脚的现象,要对效果有一个准确、真实的评价。
>
> **请思考:** 对网络营销的效果进行评价分析后,发现并没有达到预期效果,我们应该怎么做?

工作任务 5　撰写网络营销策划方案

工作任务描述

1.任务背景

网络营销成功的第一步就是撰写一份详尽、完备的网络营销策划方案。这可以帮助创业者进行更深一步的思考,在撰写方案过程中会有很多以前没有考虑到的问题暴露出来。撰写一份网络营销策划方案将在以后的项目进展过程中帮助你避免很多错误。

2.任务目标

【知识目标】掌握网络营销策划方案的格式。
【技能目标】学会撰写较为全面、合理的网络营销策划方案。
【思政目标】培养自身做事考虑全面的素养与能力。

思维导图工具在网络营销策划中的应用

工作过程

步骤 1:确定网络营销策划方案的格式

1.封面
(1)策划方案的名称。将策划主题体现出来,让使用者一目了然。
(2)策划者姓名。策划小组名称以及成员姓名。
(3)策划方案制作时间。写明具体年、月、日。
(4)策划方案的编号。

2.正文
(1)摘要。策划目的以及对策划内容的简要说明。
(2)目录。
(3)前言。策划经过的说明。
(4)策划内容的详细说明。
(5)策划实施步骤以及各项具体分工。具体包括时间、人员、费用、操作等。

(6)策划的期望效果与预测效果。

(7)策划中的关键环节及策划实施中应注意的事项。

3.附录

(1)参考文献与案例。

(2)备选方案及其概要。

(3)其他与策划相关的事宜。

步骤2:确定网络营销策划方案的内容要点

在编制网络营销策划方案之前,我们一定要思考和解决以下问题:

1.网络营销策划目的

要对网络营销策划所要达到的目标、宗旨树立明确的观点,作为执行策划的动力或强调其执行的意义,力求全员统一思想,协调行动,共同努力保证策划方案高质量地完成。

2.网络营销环境的分析

(1)行业外部环境分析:包括政治环境、经济环境、社会环境、法律环境分析等。企业在进行经营战略选择时,首先要考虑的问题就是企业所在国家和地区政局的稳定性和安全性,在此基础上,要着重考虑政府对发展地方经济的支持力度和政务工作的效率。为了促进当地经济的发展,一般来说,政府会出台一系列优惠政策来吸引投资者,为企业提供优质高效的行政服务,切实保障企业的利益。

经济环境直接影响企业生存和发展,包括国家经济发展状况和趋势、经济体制及其运行状况、国家经济政策和措施等因素。企业必须密切关注国家经济政策的变化。

(2)行业内部环境分析:要进行竞争对手网络营销调查分析,知己知彼。在确定推广策略和方法之前应先分析竞争对手在做什么,这一点很重要,任何一个有经验的网络营销策划者都能从网络上搜集到此类信息,因此要权衡相关网络市场需求,评估网络消费者的购买行为,结合传统营销学中的"4P—4R—4C"发展理论来思考本企业的网络营销策略。

3.网络营销目标

网络营销目标是指网络营销策划方案执行期间的经济效益目标,例如总销售量为××万件,预计毛利××万元,市场占有率实现××。

4.具体网络营销策划方案

撰写具体网络营销策划方案时,应考虑以下内容:

(1)网站分析:主要包括网站流量分析、站点页面分析、网站运用技术和设计分析、网络营销基础分析、网站运营分析等。

(2)网站优化:主要包括网站结构优化、网页标签优化、网页压缩、超链接优化、页面内容优化等。

(3)网站推广:主要包括搜索引擎排名、相关链接交换、网络广告投放、口碑推广等。

5.网络营销计划与管理

根据策划期内各时间段特点来撰写网络营销策划方案,推出各项具体行动方案。行动方案要细致、周密,操作性强又不缺乏灵活性。还要考虑费用支出,一切量力而行,尽量以较低的费用取得良好的效果为原则。尤其应注意季节性产品淡、旺季营销侧重点,抓住旺季营销优势等。

6.网络营销计划的七个要素

(1)形势分析。审视企业的经营环境,进行SWOT分析;审视企业现有的营销计划,以及其他关于公司和公司品牌的信息；审视企业的电子商务目标、战略以及绩效考核指标。

（2）网络营销战略规划。判断组织与多变的市场机遇之间的一致性，完成营销给予分析、供求分析、细分市场分析。第一层面战略包括市场细分战略、目标市场战略、差异化战略、市场定位战略等。

（3）经营目标。经营目标源自网络营销战略的一般目标。

（4）网络营销战略。识别由电子商务模式创造的收入来源。第二层面战略包括设计产品战略、定价战略、分销战略、促销战略、客户关系管理战略，据此对经营目标进行必要的修改。

（5）实施计划。设计网络营销组合战术；产品及服务战术、定价及评估战术、分销及供应链管理战术、整合营销沟通战术；设计客户关系管理战术；设计消息收集战术；为实施计划设计组织架构。

（6）预算。预测收益；估计为达到目标所需付出的成本。

（7）计划评估方案。确定适当的绩效考核指标。

思政园地

一份成功的营销策划方案，需要考虑的方面有很多，只有考虑周全，各环节紧密配合，才能做好一次营销方案，同时要有应对突发情况的预案。

请思考：营销策划方案执行时，如外部条件发生变化，原方案无法继续执行，你会怎么处理？

任务回顾与总结

通过本项目的完成，我们系统地学习了网站运营流程、网络营销精英团队的构建、网络营销效果评价以及网络营销策划方案的撰写方法。本项目的内容具有很强的综合性，学生能将以前所学的各种知识和技能融入本项目中，针对特定的企业撰写出一份较为完整的网络营销策划方案。

小试牛刀

请找一家身边尚未运作网络营销的企业，为该企业撰写一份网络营销策划方案。

第四篇
网络营销创业

项目 14

网络创业实践

项目描述

项目背景

网络购物就是消费者通过网络实现购物的过程,商家与客户互不见面,通过网络使商品信息和钱款以电子形式在网络上传播。网络购物降低了商户的经营成本等,充分体现了其方便、快捷、低成本的特点。站在网店运营者的角度来看,网店如何运营才能成功呢?

知识与技能目标

- 把握网上开店的基本原则
- 明确网上开店货源选择的要点及物流实现
- 能在第三方平台上开店创业
- 能对网店进行有效经营与推广

思政目标

- 培养正确的自我认知能力
- 提高注册商标权的侵权防范意识
- 具备诚实守信的经营理念

工作任务 1　网上开店前的准备

工作任务描述

1.任务背景

不是所有的人都适合进行网上创业开店，也不是所有商品都适于网上销售。在网上开店创业之前，应对自己和市场进行综合分析，确定自己是不是已经做好了网上开店的各项准备。

2.任务目标

【知识目标】　了解网上开店的准备工作。
【技能目标】　能够完成网上开店的准备工作。
【思政目标】　具备深入剖析自我的能力，能准确地认知自我。

工作过程

步骤1：审视个人能力

要开一个有持续经营能力并且可以获得收益的网上商店，需要经营者有多方面的能力与素质：

(1) 良好的市场判断能力。能选择出适销对路的商品。

(2) 良好的价格分析能力。既能进到同等质量价格最低的商品，又能将出售商品标出一个既能获取利润又能让买家心动的价格。

(3) 良好的网络推广能力。能通过各种方式吸引更多的浏览者进入自己的网上商店，成为现实客户，而且还能留住客户。

(4) 敏锐的市场观察力。能随时把握市场的变化，据此调整自己的经营商品与经营方式，以降低经营风险。

(5) 热情周到的服务理念。能通过良好的客户在线服务培育起自己的忠实客户群体。

(6) 店铺运营软件应用能力。

(7) 产品图片、视频制作及文案编辑能力。

所以，并非所有人都适合开网店，开网店前要先审视一下自己的个人能力和素质。

步骤2：选择商品与市场定位

这是开网店前重要的一个环节。这一步要确定网店到底要销售什么样的商品，打算把商品卖给哪些人。

选择商品时一般要注意以下几个方面：

(1) 能找到高品质、低成本而数量充足的货源。

(2) 该产品在网店间的竞争不是很激烈。

(3) 有足够的利润空间。

(4)容易进行品牌包装。

(5)具有区域特色。

(6)选择的产品要通过数据分析软件的测评。

当行业和产品确定下来之后,接下来要分析该产品的消费人群,一定要进行市场细分和目标市场选择。

步骤3:商品价格设定

根据目标市场的消费能力,确定本店商品的价位。任何一种商品都有高价、中等价格和低价之分。开店之初,经营者就要初步确定本店商品在同业竞争中的地位和价格,从而设定正确的产品价格和营销活动方案。

步骤4:选择合适的网络平台

在网上开店创业之初,选择合适的创业平台也是开店成功的前提条件。我们在评价创业平台时,主要是评价平台的功能、可信度、实力、管理、集聚力等方面。目前在中国,比较成功的可供网络创业选择的第三方平台主要有:C2C平台淘宝、B2C平台京东、C2M平台拼多多和一些大公司开发的可供个人加入的C2C平台。虽然有些公司开发的C2C平台条件更加优惠,但我们建议网上开店还是首选淘宝、京东、拼多多等大平台。

淘宝是国内领先的个人交易(C2C)网上平台,2003年5月10日由阿里巴巴公司创办,致力于构建个人交易网站。淘宝可提供免费注册、免费认证、免费开店服务。在淘宝开店,会借助淘宝的知名度来获得流量。

京东是自营式B2C电商网上平台,2004年1月由北京京东世纪贸易有限公司创立。目前其已成为综合网上购物商城,销售商品囊括家电、手机、电脑、母婴、服装等13大品类。

拼多多是国内移动互联网的主流电子商务应用产品,是专注于C2M拼团购物的第三方社交电商平台,成立于2015年9月,用户通过发起和朋友、家人、邻居等的拼团,可以以更低的价格,拼团购买优质商品。拼多多旨在凝聚更多人的力量,用更低的价格买到更好的东西,体会更多的实惠和乐趣。通过沟通分享形成的社交理念,形成了拼多多独特的新社交电商思维。

步骤5:网上开店的物流实现

在网店经营过程中,当买卖双方达成交易并且买家付款后,接下来就应该是卖家向买家发送货物了,发送货物需要通过物流来完成,物流大体可分为邮政、快递公司和零担货运三种。

1. 邮政

邮政可以提供邮政普通包裹、邮政特快专递、邮政快递包裹、E邮宝四种服务。

对于普通快递到达不了的地方,建议使用通达全国范围的邮政服务,部分买家为了节省邮费会选择使用费用相对较低的邮政普通包裹服务,这种运送方式在网上被称为平邮。

在普通快递公司无法送达,买家又要求保证速度的情况下,应选择邮政特快专递(EMS)服务或者E邮宝服务,EMS与E邮宝的邮寄流程相同,不同的是EMS的收件、派件范围可以涵盖全国,E邮宝派件范围可涵盖全国但收件范围受限,只有开通了E邮宝的地方才能使用E邮宝发件,E邮宝的价格低于EMS的价格。

邮政快递包裹与普通快递相比不具有价格优势,也不具有速度优势,且需要自取,是一种较少选择的运送方式。

2.快递公司

快递公司可分为高速快递公司(如顺丰)和普通(普遍)快递公司(如申通、圆通、宅急送、天天)。快递公司不同,价位不同,服务质量也不同,网上开店时应该仔细对比考察。

3.零担货运

零担货运是以公路运输为主的物流方式,主要有天地、华宇等。体积较大或超过 10 千克的货物适于选用公路零担货运公司,价格相对低廉,可节省很多邮费。

在各种物流方式中,一般情况下,收费越高、速度越快,服务质量越好,其中快递公司提供上门服务,而邮政平邮及零担货运不提供上门服务。调查显示,在网上交易中使用率最高的为普通快递公司。此类快递公司涵盖范围广,价格适中,速度较快,受到买、卖双方的支持。

思政园地

在网上开店的各项准备工作开始前,我们应该审视个人能力,准确认识自己的优势、劣势,分析自身是否适合网上开店,如果适合,则根据自身特点选择适合的开店平台。

请思考:在选择好网络平台开店后,如发现此平台的运营模式与自己的产品定位不适合,我们应该怎么调整?

工作任务 2 淘宝个人店铺的开通与运营

工作任务描述

1.任务背景

截至 2021 年 6 月 30 日,天猫和淘宝的月度活跃用户达 9.39 亿。因此,这里我们以在淘宝网创业为例,介绍淘宝网店的开通与运营。淘宝可以开设个人店铺和企业店铺,下面我们先来介绍一下淘宝个人店铺的开通与运营。

2.任务目标

【知识目标】 了解淘宝网个人店铺开通的流程。
【技能目标】 学会在淘宝网开通个人店铺。
【思政目标】 提高银行账户安全意识。

工作过程

步骤 1:开通网上银行

网上银行是一种全新的业务渠道和客户服务平台,客户足不出户就可以享受到不受时间、空间限制的银行服务。

(1)首先,带上个人身份证件去银行柜台申请一张银行卡。

(2)登录银行网站。
(3)进入网上自助注册须知页面,查看网上自助注册须知。
(4)进入银行网上自助注册个人客户服务协议书页面,查看协议。
(5)按要求如实填写用户的个人信息。
(6)提交以后出现用户自助注册确认,以确认注册开户。
至此,网上银行开通成功。

步骤2:注册为淘宝会员

淘宝账户注册和开通支付宝账户的步骤与流程是不断变化的。下面我们以2020年淘宝账户注册流程为例进行说明。实际进行注册测试时,有些流程和步骤可能已经发生了变化,要以注册当时的流程和步骤为准。

1.进入淘宝官网
登录淘宝网,单击页面顶部的"免费注册"。

2.填写注册信息
进入注册页面,按照要求,填写基本注册信息。

3.账户激活
(1)手机验证。填写手机号码,必须是未被注册使用的手机号码。进入账户激活页面,说明之前提交的注册信息已成功,此时用户已有了一个未激活的淘宝账户,需要输入手机收到的校验码进行激活,若用户不小心把该页面关闭了,则进入登录页面输入账户名和密码,单击"登录",该页面又会出现。
(2)输入手机收到的校验码,进行激活验证。校验成功后,淘宝账户即注册成功。

步骤3:开通支付宝账户

支付宝是独立第三方支付平台,致力于为中国电子商务提供"简单、安全、快速"的在线支付解决方案。

目前除淘宝和阿里巴巴外,有超过100万的商家和合作伙伴支持支付宝的在线支付和无线支付服务,范围涵盖了B2C购物、航旅机票、生活服务、理财、公益等众多方面。

开通支付宝账户的步骤如下:
(1)淘宝会员注册成功后,淘宝自动为会员开通了支付宝账户。
(2)登录支付宝账户。
(3)支付宝账户注册。
(4)支付宝账户信息自动补全。

步骤4:支付宝实名认证

支付宝实名认证服务是由支付宝提供的一项身份识别服务。支付宝实名认证的同时核实会员身份信息和银行账户信息。通过支付宝实名认证后,相当于拥有了一张互联网身份证,用户可在淘宝网等众多电子商务网站开店、出售商品,增加了支付宝账户拥有者的信用度。

支付宝实名认证的步骤如下:
(1)申请实名认证服务。
(2)填写个人信息。
(3)填写银行卡信息。
(4)确认信息。

(5)填写卡内转入金额。
(6)确认金额。
(7)支付宝实名认证成功。

步骤5:网店开通与实名认证

淘宝开店的标准慢慢趋于完善,为了规范经营秩序,淘宝开店除了要进行支付宝实名认证之外,还要进行开店认证。

(1)进入淘宝官网首页,输入用户名和密码登录。
(2)登录后单击网页上面的"千牛卖家中心"进入淘宝管理页面,然后单击"免费开店"。
(3)如果是个人申请开店,选择"个人店铺",并阅读开店须知。
(4)单击"立即认证",进入"淘宝网身份认证"页面,单击该页面中的"立即认证"。
(5)下载安装"手机淘宝",在客户端中扫码进行认证;根据手机页面提示依次进行人像识别、身份证上传等操作。
(6)待手机端审核通过后,返回电脑端操作,选择同意遵守开店协议,即可完成淘宝开店。

步骤6:发布商品

1.发布宝贝

登录淘宝账户,进入卖家中心。单击"宝贝管理"下面的"发布宝贝"。

2.选择宝贝类目

网上商店发布宝贝需要选择一个类目,类目很重要,以方便淘宝对宝贝进行抓取、信息储存和排名,为用户提供搜索结果。

3.编辑宝贝信息

进入"发布宝贝"页面,填写宝贝的基本信息,如需要编辑宝贝的类型、属性、标题、价格、特征、图片、描述、物流、售后等详细信息。

以上信息看似简单,但编辑时要注意营销思想的运用。

(1)标题中关键字运用要恰当。如男T恤,可以这样设计标题:"纯棉短袖衣服男士短袖t恤 T恤夏季潮新款修身半袖开口男衫"。
(2)商品详情页设计要丰富。商品主图和细节图要搭配合理,商品详情信息描述也要体现营销思想。
(3)要凸显品质、物流和退换货等信息。
(4)爆款的选择。在网店开设之初,店长需要从本店众多款式的商品中选择一款商品作为本店的爆款。爆款商品选择对错,会直接影响本店各款商品的销售。当然,随着时间的推移,店长可以依据销售数据来重新确定爆款商品。

4.发布成功

点击发布即可。发布好后,可以在卖家中心—出售中的宝贝,找到已发布的宝贝。

通过上述步骤,一个宝贝就发布成功了,开店需要继续上传宝贝,重复上面的过程,发布10个左右就可以正常营业了。

步骤7:对店面进行装修美化

好的店铺装修能增加用户的信任感,甚至能对自身店铺品牌的树立起到关键作用。调查显示:94%的买家会受店铺装修的影响;超过80%的卖家表示,店铺装修与点击量和成交率有直接关系。

在免费开店之后,买家可以获得一个属于自己的空间。和传统店铺一样,需要对店铺进行相应的装修,以便店铺能正常营业、吸引客户。

1. 选择店铺类型

淘宝提供的店铺类型包括旺铺标准版、拓展版(营销型)、旺铺旗舰版、旺铺扶植版。各种店铺收费标准不同,也有免费的店铺类型,供零成本卖家选择。

2. 选择模板

选好了店铺类型后,在淘宝网提供的网店装修模板中选择一个适合自己风格的网店,有免费的,也有付费的,店主可根据实际情况决定。

3. 装修注意事项

(1)网店风格要统一,与产品相符

网店的整体风格要一致。从店标的设计到主页的风格再到宝贝页面,应采用同一色系,最好有同样的设计元素,让网店有整体感。在选择分类栏、店铺公告、音乐、计数器等的时候要有整体考虑。

(2)避免使用过多图片

店主特别是新手卖家会觉得图片越多店铺越好看,其实这是一个误区。图片太多、质量太高会影响页面打开的速度,这也是网店与实体店铺的不同之处:除了注重效果之外,还要考虑打开速度的问题。

思政园地

在淘宝网开通个人店铺,需要开通网上银行,并且进行支付宝实名认证。在此过程中要有自我防范意识,因为涉及收入钱款,应该避免个人信息泄露,保护银行账户安全。

请思考:在开通淘宝网个人店铺时,能否用他人身份信息开通账户?在开通网上银行账户和支付宝账户过程中你认为还有哪些风险需要防范?

工作任务 3　淘宝企业店铺的开通与运营

工作任务描述

1. 任务背景

淘宝企业店铺是介于个人店铺与天猫店铺之间的一种店铺类型,只需要缴纳保证金即可,保证金(一般类目为 1 000 元)后期是可以退还的。在开店条件方面也比较简单,只需要提交相应的企业材料即可,不同于天猫在商标和注册资金方面有具体的限制。在淘宝上开通企业店铺,会大大增加企业产品和服务的热度、曝光度以及销售量。

2. 任务目标

【知识目标】　了解淘宝企业店铺开通的流程。

网络营销

【技能目标】 学会在淘宝网开通企业店铺。
【思政目标】 提高注册商标权的防范意识。

工作过程

步骤1:开设公司

根据要经营的产品类目,选择相应的经营范围,按照工商流程注册有限公司,取得营业执照,然后刻录名章。

(1)确定公司名称、法人和股东,选定经营范围。公司名称多准备几个,以免注册时名称已被占用而不能注册。

(2)准备好公司注册地址的房产证明,一般包括房产证或者购房合同、租赁协议,办理人的身份证件,到注册地址所在区的政务中心进行公司注册。

(3)注册成功后拿着营业执照到刻章窗口刻录名章:公章、财务章、税务章、法人章。

步骤2:约定银行开设公司账户

(1)联络银行约定时间进行注册场地现场核验,公司法人一定要到场。

(2)现场核验成功后带着营业执照、名章、法人身份证件到银行窗口开设公司账户,同时开通公司账户网银。开通网银流程按照银行柜员指导操作即可。

步骤3:企业支付宝注册及账户绑定

(1)在支付宝首页,选择"免费注册"。
(2)在注册页面,有"个人账户"和"企业账户",这里选择"企业账户"。
(3)输入自己的邮箱,淘宝会发送一封邮件到邮箱。
(4)设置支付宝账户名、账户密码、支付密码、安全保护问题等。
(5)进行企业实名认证。
(6)填写企业名称、注册号、组织机构代码,上传相关图片等信息。
(7)填写银行卡信息,填写好之后提交。
(8)账户注册好之后,登录账户,进入卖家中心后台,选择"企业开店"。

以上是淘宝企业店铺的开设方法,后续环节个人店铺与企业店铺的操作方法相同。

思政园地

在淘宝平台进行企业店铺的开通,要提高注册商标权的防范意识,防止他人冒用自己的商标,生产假冒伪劣产品,影响品牌声誉且造成经济损失。

请思考: 淘宝企业店铺运营时,如发现冒用自己的商标,或者抄袭自己产品设计的情况,我们该如何维护自己的合法权益?

工作任务 4 网店的运营与推广

工作任务描述

1.任务背景

如果你认为网店成功开通,店面装修精美,商品发布完毕,商品描述详尽动人,商品质量一流,接下来,就是等着用户上门了!那你就大错特错了!"酒香不怕巷子深"的经营理念,在这个时代、在这样的市场环境下已经不再适用。不去推广网店,就可能出现这样的现象:几天,几个月,甚至一年过去了,你的网店仍然访客零星,门可罗雀!

2.任务目标

【知识目标】 了解网店运营与推广的特点。
【技能目标】 学习网店推广的方法与技巧。
【思政目标】 具备诚实守信的经营理念。

工作过程

步骤1:区分企业网站推广与网店推广

其实网店推广和普通的企业网站推广二者有相同之处,更有不同之处。必须分清二者的关系,才能在实际工作中区分不同情形,采用不同的策略和方法,做到得心应手。

1.企业网站推广与网店推广的相同点

网店推广与企业网站推广二者的目标相同:都是为了引流,提升网店或网站的访问量,提高搜索引擎排名,提升品牌影响力,从而提高销售额,增加利润。

2.企业网站推广与网店推广的不同点

二者的不同点主要表现在:

(1)独立程度不同。企业网站拥有独立的一级域名,如www.abc.com,而网店都是挂靠在平台下的二级域名,如abc.taobao.com。所有淘宝店铺的一级域名都是".taobao.com"。独立程度不同意味着二者对搜索引擎的友好程度不一样。

(2)流量来源不同。网站的流量多数来自普通的独立搜索引擎,如百度、搜狗等,而网店的流量多数来自平台内的站内搜索,如淘宝店的流量就多数来自淘宝的站内搜索。

(3)推广方法不同。可以这样讲,各种网店推广方法均适用于企业网站推广,但却有相当多的网站推广方法对于网店推广并不适用,或者效果不明显。

(4)考核指标不同。网店推广的考核重点在于转化率和成交量。而企业网站推广的考核重点在于网站访问量以及客户咨询量、品牌影响力等指标,一般不会直接考查销售额和成交量。

步骤2：掌握网店推广的方法与技巧

通过分析网店推广与企业网站推广的关系，我们可以把网店推广的方法分为两类：一类是平台内推广方法，一类是平台外推广方法。其中，平台内推广是重点，而平台外推广是辅助。

1.平台内推广方法

（1）微淘

微淘对消费者来说是优质消费内容的聚集地，消费者可以通过微淘观看商家、达人的推荐内容，从而发现想购买的商品，通过更为真实的内容分享体验来进行购买决策。

微淘对商家来说是面向消费者进行自营销的内容电商平台，通过微淘，商家可以进行粉丝关系管理、品牌传递、精准互动、内容导购等。

微淘对达人来说是向消费者推荐生活好物的内容平台，可以生产深度垂直的内容，帮助消费者做出购买决策。

（2）买家群

淘宝在不断更新完善平台的进程中，店铺群产生了，于2016年底上线。店铺群的转化率能够达到30%以上，一方面能够帮助我们维护店铺的粉丝，另一方面也方便我们进行老顾客的召回，提升老顾客的成交转化，在新品破零方面也给我们带来非常大的帮助。

（3）淘宝评价

2015年淘宝网评价规则全新改版，于2015年3月31日正式施行。评价的目的是促进买卖双方基于真实的交易做出公正、客观、真实的评价，进而为其他消费者在购物决策过程中和卖家经营店铺过程中提供参考。评价包括买家给卖家的评价和卖家给买家的评价两种。卖家可以充分利用对买家评价解释的时机做一些推广工作，切记不要只对买家给出的"中评"或者"差评"进行解释，对于好评的解释同样重要。但是这方面工作也要符合评价规则。

（4）网商联盟

淘宝网上的商盟就像现实中的各大商会一样，基本上每个区域都有自己的商盟。加入商盟有以下好处：能提高顾客对卖家的信任；能提高店铺知名度；能从盟内带来生意；能增强商盟荣誉感；能树立品牌意识感。

（5）淘宝试用

由于淘宝网的大量用户或新手用户对于一些陌生品牌或产品持怀疑态度，因此"淘宝试用"便应运而生。与其东奔西走，到处收集口碑评论，来决定买什么商品，不如亲自领取试用装更为划算和安心。

"试客"这个新名词也开始渐渐走红于网络。商家参加试用活动是有一定条件的，而且条件很苛刻，比如，集市店铺要求：1钻以上（商城店铺，要求综合评分在4.5分以上），必须加入消保，99%以上好评率，90天内没有因产品质量被投诉，商家需要加入7天无理由退换货。作为卖家，加入试用的好处主要有：利用试用推广赢得好评；借助试用，营销提高店铺的曝光率；借助试用，收集试客提供的图片作为销售见证；借助试用，让买家帮助宣传店铺；借助试用，多与买家交流，了解其需求特征和消费偏好。

（6）淘宝客

淘宝客推广是一种按照成交来计费的推广模式，由淘宝客（个人或网站）帮助淘宝卖家推广商品，买家通过推广的链接进入，完成交易后，淘宝卖家支付一定比例的佣金给帮助推广的淘宝客。未成交淘宝客是不收取任何费用的。

利用淘宝客进行推广的优势如下：
①投入少，回报高，按成交计费，广告展示及点击都不计费。
②省时省事，只要把佣金比例设置好，等着淘宝客来推广。
③推广精准到店铺和商品，直击用户需求。
④推广内容和推广途径完全自定义，灵活多样。
⑤推广流程简单，加入即可获得站外优质流量。

（7）钻石展位

钻石展位是淘宝图片类广告位自动竞价平台，是专为有更高信息发布需求的卖家量身定制的产品，精选了淘宝最优质的展示位置，通过竞价排序，按照展现计费，性价比高，更适合店铺、品牌及爆款的推广。

钻石展位不仅适合发布宝贝信息，更适合发布店铺促销、店铺活动、店铺品牌的信息，可以为店铺带来强大流量，同时增加买家对店铺的好感，增强买家黏度。

钻石展位有可能分布在淘宝首页上，有可能出现在各频道的首页上，还可能出现在特卖促销的频道首页上，或者广告联盟的首页上等不同的位置，不是固定不变的。

钻石展位是按照流量竞价售卖广告位的，计费单位为CPM（每千人印象成本），即根据广告所在的页面被打开1 000次所需要支付的费用来计算。当CPM已经确定，则广告所在页面的浏览量的多少就决定了该广告的费用高低。例如，假设在淘宝首页的钻石展位，CPM在5～10元，而淘宝首页每天的浏览量在6 000万～1亿次，则淘宝首页的钻石展位一天的广告费为30万～100万元。这个价格对中小企业和个人来讲都不是一个小数目。

综上，店铺在进行钻石展位广告投放时要重点考虑目标人群、投放目标、投放位置、广告图片、广告文字、投放时段、竞价技巧。

（8）淘宝直通车

淘宝直通车是为专职淘宝卖家量身定制的按点击付费的效果营销工具，为卖家实现宝贝的精准推广。它是一种全新的搜索竞价模式。它的竞价结果可以在淘宝网以"图片＋文字"的形式显示。

每件商品可以设置200个关键字，卖家可以针对每个竞价词自由定价，并且可以看到在淘宝网上的排名位置，排名位置可用淘大搜查询，并按实际被点击次数付费（每个关键字最低出价0.05元，最高出价99元，每次加价最低为0.01元）。淘宝直通车没有服务费，第一次开户预存500元，全部是广告费，点击费用就从这里面扣除。

以下是淘宝直通车的展示位置：
①淘宝直通车在淘宝网上出现在搜索宝贝结果页面的右侧（12个单品广告位、3个页面推广广告位）和宝贝结果页的最下端（5个广告位）。
②其他的展现位："已买到宝贝"页面中的掌柜热卖，"我的收藏"页面中的掌柜热卖，"每日焦点"中的热卖排行，"已买到宝贝"中的物流详情页面。
③淘宝直通车活动展示位：淘宝首页下方的热卖单品；各个子频道下方的热卖单品等。
④天猫页面下面的淘宝直通车展示位：通过输入搜索关键字或点击搜索类目时，在搜索结果页面的最下方"商家热卖"的五个位置。

毫无经验的新手卖家不要盲目做淘宝直通车，图片不好看的商品不要参加淘宝直通车，价格太高或太低的产品不适宜做淘宝直通车，没有销量的产品不适宜做淘宝直通车，中小卖家不要去争夺太热门的关键字。

(9)淘宝直播

①淘宝直播是一种动态的视听直播的过程。相比之前的网上购物方式是根据图片和文字描述选择和购买商品,淘宝直播可以展示产品,对于产品的真实性有着极大的提升,在产品的使用中或者是外观上可以体现的细节会比其他的方式好很多。

②淘宝直播可以产生互动。互动的效果就是可以将商家和消费者的关系拉近,有着更加直接的交流。当消费者可以更近距离地了解产品和了解商家,对于产品本身来说,就会有更大的展示空间,消费者也会更加乐意去购买。

③淘宝直播具有趣味性。很多淘宝主播在直播中不光展示产品,还有一些直播时候的语言技巧,在娱乐大众的同时将产品销售出去。因此,趣味性是很重要的环节。

淘宝商家应该了解淘宝直播的优势,利用这些优势,紧跟时代步伐,将产品通过淘宝直播的方式做好宣传,提升销量。

(10)社交新媒体

可以利用一系列的社交新媒体或者自媒体社区平台进行淘宝店铺推广,如微博、抖音、快手、小红书等。可以自己建立各平台账号推广,也可以与各平台中适合自己产品的账号进行合作推广。

2.平台外推广方法

其实,店铺虽然在平台内,但一些站外通用的推广方法和手段仍然是有用的,只是效果要差一些。站外推广店铺的方法主要有:搜索引擎、导航网站、微信、QQ、电子邮件、网络广告、网络团购、传统的线下营销等。这些方法和技巧我们在前面已经讲过,这里不再赘述。

步骤3:打造完美的售后服务

1.售后服务的作用

售后服务是整个交易过程的重点之一。售后服务和商品的质量、信誉同等重要,在某种程度上售后服务的重要性或许会超过信誉,因为有时信誉不见得是真实的,但是适时的售后服务却是无法作假的。

(1)贴心周到的售后服务会给买家带来愉悦的心情,从而成为忠实客户,以后会经常来购买企业商品。

(2)售后服务增加了与买家交流的机会,同时拉进了与买家之间的距离,增强了相互信任,买家很可能会介绍更多的亲朋好友来光顾。

2.售后服务的内容

(1)随时跟踪包裹去向

买家付款后要尽快发货并通知买家,货物寄出后要随时跟踪包裹去向,如有运输意外要尽快查明原因,并和买家解释说明。

(2)交易结束及时联系

货到后及时联系对方,首先询问其对货品是否满意、有没有破损,如对方回答没有,就请对方确认并评价。这就是所谓的"先发制人",都满意了他还能给你差评吗?如果真的有什么问题,因为我们是主动询问的,也会缓和一下气氛,不至于"剑拔弩张",更有利于解决问题。因为往往好多事情从情理上来讲争取主动要比被动更容易占"上风",当然遇到"胡搅蛮缠"的买家则另当别论。

(3)认真对待退换货

货品寄出前最好认真检查一遍,千万不要发出残次品,也不要发错货。如果因运输而造成货物损坏或其他确实是产品本身问题买家要求退换货,我们也应痛快地答应买家要求,说不定这个买家以后会成为你的忠实客户。

(4)心平气和地处理投诉

因为来自五湖四海的买家性格不同,加之货物运输力所不及等原因,所以会不可避免地出现各种各样的纠纷,能和平解决的尽量和平解决。如果遇到居心不良或特别顽固的买家,卖家也要拿起法律武器据理力争。

(5)管理买家资料

随着信誉的增长,买家越来越多,管理买家资料也很重要,除了买家的联系方式之外,还应记录以下信息:货物发出、到货时间;买家喜欢自己挑选还是别人推荐;买家的性格;在价格或产品问题上的态度等。管理这些资料的作用是:一可以在买家再次购买时用适当的方式与之沟通;二可以积累实际经营经验。

(6)定时联系买家,并发展潜在的忠实客户

交易结束后,不要以为什么事都没有了,就此冷落了买家。适时发出一些优惠或新品到货的信息,可能会吸引回头客;每逢节假日用短信或旺旺发一些问候用语,会增进彼此的感情。当然,也有的人不喜欢这些,要适度掌握并随机应变,尽量挑选比较随和、有潜在购买性的买家去发展,从而使其成为忠实客户。

思政园地

在网店的运营推广中,要始终牢记诚实守信的经营理念,严格把控产品质量,同时做好售后服务,进行满意度调查,有利于改进服务。

请思考: 在网店的运营推广中,能否用刷单来提高店铺的知名度?刷单行为是否违法?

工作任务 5　防范网上开店的经营风险

工作任务描述

1. 任务背景

网上交易活动永远伴随着风险,网店经营中要不断强化风险意识,保持谨慎、冷静的态度和理性的心态,将经营风险降到最低。

2. 任务目标

【知识目标】 了解网店经营过程中的纠纷类型。

【技能目标】 学习避免经营纠纷的方法。

【思政目标】 增强法律意识,防范网店经营风险。

工作过程

步骤1：了解网上商店经营过程中的纠纷类型

在经营网上商店的过程中，可能会和买家发生一些经营纠纷。经营纠纷具体可以分为以下六种类型：

1.对商品的品质存在争议

商品的品质主要是指商品的质量。买家收到商品后，认为购买的商品质量有问题，从而产生纠纷。

2.对商品的细节存在争议

买家收到商品后，发现收到的实物和网店上的照片不符合，完全是两种商品，或者是买家收到的商品，有些细节与网店上宝贝商品描述不一致，从而产生纠纷。

3.对商品的使用效果存在争议

例如，减肥类的商品，买家购买使用后，没有明显的减肥效果，从而产生纠纷。

4.因物流的问题导致的纠纷

商家在给买家发货的时候要用到各种物流。因为某种原因，物流可能无法让买家及时收到所购买的商品，或者是因为物流的疏忽，把商家发给买家的商品弄丢了，从而产生纠纷。

5.因店主的服务态度产生的纠纷

有些买家认为店主的服务态度不好，从而产生纠纷。

6.其他可能出现争议的纠纷

例如，在给买家发货时，少发、漏发、错发商品或答应给买家的赠品忘记发等，从而产生纠纷。

步骤2：规避产品品质纠纷

在买家收到商品时，有时会因为商品品质与质量问题与卖家产生纠纷。规避这种纠纷的方法有：严把进货关，以保证商品质量；认真验货，防止欺诈；瑕疵品要注明。

步骤3：规避商品细节纠纷

网上购物，买家看不到实物，只是通过商品照片和商品描述来了解商品，有时候会因为商品描述不够详细，细节问题没有完全展示出来，从而与买家产生纠纷。规避这种纠纷的方法有：

(1)提供准确、清晰、真实的商品照片。

(2)提供全面的宝贝描述，包括商品的品质、规格、付款信息、物流信息、折扣信息、商品的售后服务以及店家的联系方式等。

步骤4：规避物流问题纠纷

在网店经营过程中，物流方面出现的问题有时也可能引起我们与买家的纠纷。我们要怎样做才能规避因物流原因产生的纠纷呢？

(1)在宝贝描述中说明物流情况。

(2)发货时包装完好坚固，例如用泡沫、废旧的书本和报纸等包装。

(3)发货后及时跟踪。

(4)及时提醒买家。

(5)掌握淘宝平台发货规则，严格按照规则发货。

步骤5：规避态度问题纠纷

在经营网店过程中，卖家有时候可能会因态度问题与买家产生纠纷。网店经营和实体店经营一样，都需要热情周到的服务。卖家要做到以下几点来规避态度问题产生的纠纷：用语礼貌、态度热情；回复及时、自动回复；心态平和、避免争执。

步骤6：防范遭到的投诉

随着新广告法的发布，如果对违规违禁字词不熟悉，网店经营中产品的文字、图片描述很可能触犯《广告法》，遭到竞争对手或者其他人的投诉，致使产品链接下架，甚至网店被封关停。所以经营网店要掌握哪些是违规违禁字词。

步骤7：产品合法授权

销售有品牌的产品要有品牌方的授权，否则很可能遭到品牌方的投诉，导致产品链接下架，店铺扣分，封店。

步骤8：关注店铺订单数据

店铺产生订单要及时发货，特别是新店，如发货不及时会产生恶意拍单退款的发货赔付，赔钱的同时导致店铺评分下降。

思政园地

在网上开店会遇到各种各样的经营纠纷问题，应采取合法正规的手段来解决，必要时可以采取法律手段来维护自身的合法权益。

请思考：在发生纠纷时，我们应该怎么做？

任务回顾与总结

通过本项目的学习，我们了解了在网上创业的实际环节，并以在淘宝网上开店的实例，详细讲解了网店的开设、装修、产品发布、与客户交流与沟通以及如何避免发生各种纠纷等内容。通过学习，希望同学们能掌握网上自行创业的过程、方法和应注意的问题，并避免发生各种风险，为将来自行创业打下良好的基础。

小试牛刀

1. 在淘宝论坛推广自己的网上商店。
2. 为自己的网上商店添加10个以上交换链接。
3. 选择购物联盟网站为自己的网上商店发布免费广告。
4. 为自己的网站写一份完整的网店推广策划。

参考文献

1. 何晓兵.网络营销基础与实务.2版.北京:人民邮电出版社,2021
2. 邱碧珍,张娜,陶晨晨.网络营销与推广——理论、策略和实践.武汉:华中科技大学出版社,2021
3. 渠成.全网营销实战:开启网络营销4.0新时代.北京:清华大学出版社,2021
4. 王震.网络营销与网上创业.北京:首都经济贸易大学出版社,2020
5. 迅雷.网络营销与电商实战.北京:中国商业出版社,2020
6. 王玮.网络营销.北京:中国人民大学出版社,2020
7. 蒋晖.网络营销运营之道.北京:北京大学出版社,2019
8. 刘冰.网络营销策略与方法.北京:北京邮电大学出版社,2019
9. 郑俊雅.网络营销168招.北京:电子工业出版社,2017
10. 杨路明等.网络营销.北京:机械工业出版社,2017
11. 谭贤.网络营销推广实战从入门到精通.北京:人民邮电出版社,2016
12. 陈水芬,孔伟成.网络营销.重庆:重庆大学出版社,2016
13. 尚万成,黄燕.网络营销.上海:华东师范大学出版社,2016
14. 史达.网络营销.大连:东北财经大学出版社,2016
15. 黄敏学.网络营销.武汉:武汉大学出版社,2015